书架上的近代中国

唐小兵 著

一个人的阅读史

人民东方出版传媒
東方出版社

图书在版编目（CIP）数据

书架上的近代中国：一个人的阅读史 / 唐小兵 著 . — 北京：东方出版社，2020.3
ISBN 978-7-5207-1294-1

Ⅰ. ①书… Ⅱ. ①唐… Ⅲ. ①书评 — 中国 — 现代 — 选集 Ⅳ. ① G236

中国版本图书馆 CIP 数据核字（2019）第 266992 号

书架上的近代中国：一个人的阅读史
（SHUJIA SHANG DE JINDAI ZHONGGUO：YIGEREN DE YUEDUSHI）

作　　者：唐小兵
策　　划：陈　卓
责任编辑：李　森
责任审校：曾庆全　谷铁波
出　　版：东方出版社
发　　行：人民东方出版传媒有限公司
地　　址：北京市朝阳区西坝河北里 51 号
邮　　编：100028
印　　刷：北京楠萍印刷有限公司
版　　次：2020 年 3 月第 1 版
印　　次：2020 年 6 月第 2 次印刷
开　　本：880 毫米 × 1230 毫米　1/32
印　　张：9.625
字　　数：220 千字
书　　号：ISBN 978-7-5207-1294-1
定　　价：49.00 元
发行电话：（010）85924663　85924644　85924641

目 录

第二辑　家国之变

第三辑　明暗之间

第四辑　人文之思

序言　有抵抗感的阅读才是严肃的阅读

在今天这样一个时代提倡“严肃阅读”很容易被扣上“精英主义”的帽子，在一个所谓多元化和平等的时代，阅读变成完全个人化的私事，包括其阅读的文本、阅读的方式乃至阅读的目标，都是由个人的偏好与惯习所决定，任何他人都没有足够的正当理由来进行臧否或指责。因此，当我在与旅美学者徐贲教授的对谈中，对青年一代大学生的阅读状况表达了某些忧虑时，便遭受了个别网民和读者愤怒的“反击”：凭什么我们的阅读清单和阅读方式要由你们这些所谓的知识分子来决定？这难道不是另外一种意义上的“趣味专制主义”吗？

如果仔细考察当今中国的阅读生活，会发现存在两种极端相反的趋向，一种是追求严肃阅读、倡导回归经典性和思想性的阅读，强调阅读不是一种消遣，而是一种艰难却值得为之努力的精神长成，阅读是通往心智成熟的有效方式。这在十多年来中国报刊、网络中大量出现的书评版面、空间，以及年度好书评选（甚至年度失望之书也是其表现形式），以及所涌现的书评人群体和大量存在于学校、民间的各种类型读书会中都有体现。阅读既是汲取新知，砥砺情操，同时也是形成横向的知识共同体，是一种抱团取暖的相互慰藉。比如这些年相继出现的有关前东欧、苏联和纳粹时期德国的历史书籍就是一种引人瞩目的阅读文化现象，包括《第三帝国的语言》《纳粹德国的腐败与反腐败》《弯曲的脊梁》《耳语者》《天鹅绒监狱》《被淹没与被拯救的》《他们以为他们是自由的》《布达佩斯往事》等都属于这个系列。这无疑都是极为严肃和深刻的作品，它们所折射的是作者对20世纪极权主义体制的动力机制、语言艺术、日常生活与精神世界的反思，他山之石可以攻玉，对我们重构和反思中国的20世纪构成了一种隐秘的对话和镜鉴。

另外一种趋向就是伴随各种新媒体空间的崛起（包括各种论坛、博客、人人网、微博、微信等），中国人的阅读发生巨大却未必深刻的转向。越来越多的阅读指向了对信息的追赶与抓取，这也正是这个所谓大数据时代强调“信息抓取能力”的体现。何兆武在《上学记》里所倡导的自由自在地阅读以怡情养性踪影全无，赵越胜在《燃灯者》里所描述的与周辅成先生研读伦理学经典的严肃阅读也逐渐式微，北岛等人编的《七十年代》中所发掘的“文革”时期充满反叛意味与探索精神的阅读生活也难以重现，更遑论北岛本人所撰写的《时间的玫瑰》中那种极为深切、细腻和深刻的对诗歌与诗人的阅读。新媒体为平台的阅读往往更追求一种即时的、显著的效果，就像注射肾上腺激素一样需要立竿见影的结果。而日常生活世界的高度浓缩化和快节奏化，生活压力和工作压力的爆棚式增长，以及娱乐生活的极为多样化，都在导致中国人的公共生活与私人生活弥漫着一种“系统性的焦虑”，而依赖于网络资讯与文本的“悦读”就承载了排解焦虑感和无聊感的心灵功能。显然，正如前不久的AlphaGo人机大战一样，在智能机器人乃至智能手机的面前，自以为具有选择与判断能力的个人往往成了“对象的奴隶”而丧失了“主体性”。互联网阅读与传统文本阅读的最大区别就是前者往往对严肃阅读具有一种“天然的敌意”，其实这种状况其来有自，自晚清经典逐渐淡出读书人的生活世界，慢慢地就是一些短平快的畅销书、小册子或者一些口号式的政治读物在抓取青年人的心灵。只是到了这个“阅读是平的”的网络阅读时代，在传统中国所形成的经史子集等严肃的等级化（指精神趣味等）秩序荡然无存，每个人都变成自我决断阅读趣味的个体。经常有学生对我说，每每在手机上读书或文章，都被一种潜在的焦虑所强迫，总是忍不住地“触摸”与“滑动”，对阅读效率的追求压制了思想、趣味与美感的形成（自然这在商家那里就成了一种“食指经济”），面对稍微严肃的内容，总是觉得有一点抵触甚至腻烦。在手机阅读中，阅读成了一种追求显示度的“文化竞赛”，展示谁能够第一时间在朋友圈转发资讯和文章，以及转发的数量与品质，其实只是被一种炫耀性和攀比心所左右。阅读是让人回归一种自然的灵性与深度的潜沉，可这里的带有强烈消费主义性质的阅读，却似乎在将阅读者推向其追求目标的反面。我经常跟一些师友谈及这样一个现象：尽管我在朋友圈和微信公众号读到过很多优质的文章，可是当我自己写作的时候，这些文章几乎从来不会进入我的大脑系统被调度出来，而能够记忆起来的往往还是在纸质文本上读到过的文章和书籍。由此可见，即使是严肃的内容，当其呈现的方式是高度电子化的形式时，往往也难以深深地嵌入阅读者的记忆之中。

严肃阅读绝不仅仅是私人的偏好，它其实也关涉一个民族共同体的公共生活的构建、历史记忆的形塑和心灵生命的滋养，而对于严肃阅读的抵制和消解，往往就是在导向一种温吞吞、懒洋洋的公共文化的形成，这种文化依赖于个人的低幼化阅读、短平快式的阅读和不假思索的“稳定”，后者所构建的往往是私人领域的消费主义与公共领域的犬儒主义的内在结合，进而导致一种僵尸社会的面貌。何为严肃阅读？我想这“严肃”既包括其阅读的选取文本是严肃而真诚的，不是恶搞的，也不是戏说的，更不是在一种商业利益的精致计算下对受众心灵的拿捏，同时“严肃”也指阅读的方式是极为严肃的，是寻找一种有抵抗感的阅读（对阅读者固有的价值观念和知识体系构成某种挑战甚至颠覆）。托克维尔的《旧制度与大革命》是经典，在中国曾经热极一时，可这仅仅是某种特殊因由之下的阅读文化，甚至某些读者可能是将它与《厚黑学》视为同样的“权术”与“心术”之学，这无疑是对严肃作品的矮化和极度简化。可是如果我们去认真阅读托克维尔研究专家崇明教授的《创造自由：托克维尔的民主思考》，就会发现这才是真正的严肃阅读，将托克维尔的思想放回到历史的语境来阐释其在自由理念（贵族或精英）与民主（平等）观念之间的巨大张力及其解决之道。非严肃的阅读自然也有愉悦感，可这是一种类似于口腹之欲的暂时性的愉悦，来去皆匆匆，而需要严肃思考的阅读，尽管艰辛、漫长，却可能带来一种长久的智性上的欢愉，比如同样是关心明清知识分子，王汎森、赵园、杨国强、卜正民、孔飞力等学者的著作就显然是一种必须严肃对待的对象，这些一流学者的作品所带来的“洞见”与“史识”远非时下书市流行读物所可比拟。

也许有读者会问：理想很丰满，而现实很骨感甚至灰暗，曾经的阅读所构成的是一个相对稳定的“三观”，让我从零开始用严肃的方式阅读严肃的作品还得追求一个严肃的目标，这不是在追求幸福，而是在拥抱痛苦，甚至会摧毁“三观”导致整个人生变成一地鸡毛无处逃匿。这其实就涉及我们究竟是为什么而阅读的问题，阅读的首要目标究竟是追寻当下的快乐甚至快感，还是丰富我们对历史与世界的整体认知，以及进一步滋养自我的心灵，锤炼思想的能力？这些都是我们需要认真对待的问题。

第一辑　读史之道

儒者的自由主义想象

刘梦溪曾在一篇印象记式的短文里这样描述美国学者狄百瑞："他有点像中国传统的有声望的儒者，力倡以'天下'为己任。他不仅自己这样做，也要求他的学生这样做。遗憾的是我没来得及参加他主持的《孝经》会读，但他大驾光临的一场东亚儒学研讨会我却幸运地躬逢其盛。主讲人是英国一位女教授，特地从伦敦飞来纽约，下飞机就来到了会场。演讲题目是关于韩国的儒学问题。她准备的讲稿大约只讲了三分之一，坐在长形会议桌另一端的狄百瑞便打断了她，问她有一本书看过没有。我看到女教授摇头表示没有读过，于是狄百瑞开始了他的论说。他讲的时候，会场的空气变得格外凝重。足有十多分钟他的话讲完，然后拿起文件包转身就离开会场。"对于研究中国儒家传统而蜚声学界的狄百瑞来说，这是一个富有意味的场景，他在学术场合彰显了其念兹在兹的儒家的"抗议传统"，这在他看来，也许正是儒家自由教育精神的体现，却未曾料到这种打断他人发言的行动，在某种意义上是损害了他人的言论自由。言论自由等所构成的自由主义基本价值，却又是狄百瑞以及其他试图将传统进行创造性转换的现代学者，试图从儒家传统里发掘出来的精神元素。尽管狄百瑞如此“粗暴无礼”地对待一个来自自由主义价值体系原生地英国的女性学者，他却可以享受道德人格上的豁免权，甚且，这被美誉是狄百瑞的“风格”，因为他已经是研究东亚儒学的权威了。权威就成了可以从心所欲而不“逾矩”的儒者。

这个无足轻重的故事所映射的狄百瑞的悖论式形象，其实也正是我们在阅读其代表作《中国的自由传统》（系其 1982 年主讲香港中文大学钱宾四学术文化讲座讲演的论文集）时挥之不去的印象。出生于美国的狄百瑞，曾经在中国的燕京大学和岭南大学从事研究，并结识陈荣捷先生，开始渐入儒学研究之佳境。黄宗羲的《明夷待访录》是他最初研读的儒家著述之一，他以此上溯，力图在中国传统中发掘自由的元素。狄氏坦言与其敬重的钱穆之区别在于，后者努力在中西之间寻求差异，而他则致力于发掘中西文化之间具有共性的价值。《中国的自由传统》就代表了这种努力。在这系列演讲中，他以“人之更新与道统”“朱熹与自由教育”“新儒学思想中的个人主义”“明代理学与黄宗羲的自由思想”等专题，细致地勾描儒家传统中的自由。他认为儒家是一个相对开放的价值体系，通往真理的特殊途径并非人人可得，这条途径乃由内在的灵感或独特的认知而取得，而非由经典所提供；它又诉诸更高层次的真理来对某些文化价值或经典文献赋予新的解释、意义与重要性。

通过对《白鹿洞书院揭示》的研究，狄百瑞指出，朱熹两度指出学习的方式是由讨论而开始：不只是依赖师生之间的交谈，还必须依赖学生们自己问辩探讨的公开讨论。所有的知识探索和研究、审查和结论都必须在这种一来一往的过程中进行，让学生有充分的自由来完成自己的判断，并为自己的看法及行动负责。对于黄宗羲，狄百瑞更是推崇有加，认为他已经开始从制度层面反思中国政治，尤其可贵的是，黄宗羲认为教育除了要发展个人内在的能力之外，还必须是让更多、更有见解的大众参与政治的管道。他努力证明古代的学校乃是一切社团及政府活动的中心；它们扮演了重要的角色，让民众参与讨论问题，借国君谘议。因此在理想中学校应该能用下面两种方法服务群众：教育所有的人；成为表达舆论的机关。

狄百瑞的基本论述是以宋代儒者为重心，他小心翼翼试图证明的是中国儒家的自由传统。他承认这是很微弱的一条线索，却坚持其重要性，以至为了证明儒家的这种自由观，他从自由主义的“自”这个字出发，考察其自发性、自主性与儒家经常提及的“自任”“自得”等意义上的重叠性。以狄百瑞之博学与聪慧，在他展开论述的时候，已经意识到这是一种比较冒险的思路，容易陷溺在牵强附会的比附之中。也许正因为这种考量，他的演讲最后冠名《中国的自由传统》，而非《中国的自由主义传统》。“自由”含义丰富，可以以拿来主义态度取舍拣择，而自由主义则有着一套约定俗成的价值观与基本预设。问题就在于，他在最后一次讲演中直接讨论自由主义的局限时，也坦率地指出中国的自由思想传统非常脆弱，正如中国的道统一样，可脆弱并不等于其不重要，相反这种微弱的传统深刻地塑造了传统中国有风骨的君子群体，可见自由主义是其考察儒家传统时运思的根本依托之一。

通观全书，可以很直接地感到，狄百瑞所力图发明的自由传统，其实在论证上非常薄弱，而这种薄弱并非以儒者自居的狄氏之“力有未逮”，而是中国的传统确实有其独特的面相，不能轻易地与西方自由主义归置在同一个价值系统里来进行攀亲式的比对与阐释。从这点来说，狄氏也可谓知其不可为而为之的儒者了。因此，《中国的自由传统》恰恰可以作为一个反面教材来研读，既可以从中窥察中国传统中自由的局限，也可以从中感知传统中国人精神世界的独特性。儒家强调的是人格的自主性，这个修己的道德进程是可以永无止境的，自我的道德提升通达的是个人的内在自由，这种自由更多的是精神层面的心智自由和道德担当，而对于士大夫群体以外的苍生，儒家并未以自身阶层的道德标准来强作要求，他们体察民瘼，关注民生，以教化的方式来“治人”，正如杜甫在诗歌中所言“致君尧舜上，再使风俗淳”，化民成俗或者移风易俗，让普通百姓的生活回归安居乐业的淳朴敦厚之状态，是君子治理天下的目标。可见，对于传统的儒家来说，修己与治人是遵循着两套不同层次的道德标准的，这说明了儒者的审慎，也证明了儒者在骨子里的精英意识，其与大众在人格上从来就没有被预设为平等的。人格上的平等却是自由主义最核心的价值之一。

儒家的个人主义是一种道德上的人格主义，强调的是个人人格上的自主性，不以物喜，不以己悲，如阳明言：“天理人欲，其精微必时时用力省察克治，方日渐有见。如今一说话之间，虽只讲天理，不知心中倏忽之间已有多少私欲。”这种道德上的自我修为，最后成全的是圣贤气象的儒者，是一种道德精英。而自由主义的个人主义，却基本上是权利本位的个人主义，它尽量剔除了道德的意涵，将个体放置在权利义务的社会网络中理解。自主与自由，或者说积极自由与消极自由，是理解中西价值系统的两对关键词。儒家强调自主人格，其实就是一种伯林所谓的积极自由，也可以说是一种成全自我的内在自由。这同儒家对于人性的预设有关，儒家也深知人心塌陷的可能，但从大体上而言，他们还是更相信人性向上提升的可能性，因此才会有人人皆可为尧舜、满大街都是圣人的说法。而深受基督教传统影响的西方自由主义，却深知权力对于个体的腐蚀性及人的原罪，因此在设计制度预防人性之恶的时候，不惜叠床架屋分立制衡。

阿伦特在这个议题上的论述对我们理解中西传统中的个人主义的这种差异极富启发性。她在《人的境况》里曾说，“倘若自主真的等同于自由，那么就没有人能够真正自由，因为自主，即无条件地自足及自我主宰的理想，与复数性的人的境况恰恰是矛盾的。没有人能够自主，因为不是单个的人，而是复数的人们，居住在地球上”。自主发展到极端，就会变异成对他人的奴役。与其说是完整地支配了自我，不如说是任意地支配了别人，因为它不承认人与人之间的具体差异，不承认个体之间的边界。儒家的这种道德努力与政治诉求，按照张灏的说法，就是幽暗意识不够强烈的表现。所谓幽暗意识是发自对人性中与宇宙中与始俱来的种种黑暗势力的正视与省悟：因为这些黑暗势力根深蒂固，这个世界才有缺陷，才不能圆满，而人的生命才有种种的丑恶，种种的遗憾。显然，儒家传统对于人性的可堕失性缺乏一种时时刻刻的警惕性。正是这种幽暗意识的程度之强弱，导致了张灏所指出的中西政治发展取向的一个重大差别：西方的政治制度是从客观制度着眼，对权力加以防范，而儒家的抗议精神则是着眼于主观德性的培养以期待一个理想的人格主政，由内在的德性对权力加以净化。

新儒家如徐复观、牟宗三在进行与狄百瑞类似的努力时，就显然更敏锐地把握到了这一关键之区别。牟宗三厘清个人之道德实践与政治社会教化上之道德的分际，徐复观则论儒家修己与治人乃属两个层面，基本上把握了积极自由与消极自由之问题核心。林毓生的建议倒是非常有道理，他建议新儒家应重视消极自由之为实现自由的必要条件，自由主义者则应了解其非充分条件。人生自由完全实现的过程，必须先确立外在自由，再进而谈内在自由，而不能入卢梭、黑格尔之以内在自由消融进而取代外在自由的理路。说得直白一点，林先生的意思是，作为一个现代人，我们先得有基本的政治自由，在这个基础上，个人寻求人生意义的道德努力才有一个多元的安置空间。狄百瑞论述的传统中国，虽然亦有黄宗羲所谓的有抗议传统的书院、学校，有地方社会的自治传统，可活动在这些空间里的基本上是读书人群体和地方精英，普通民众是被隔离在政治参与之外的。这个社会的结构是严格遵循着治人者与治于人者两个群体划分的（前者才是儒家传统言说的对象），两者之间虽然亦有偶尔的人际流动，但幅度很小。

真正困扰狄百瑞的是他对于20世纪中国历史经验的考察。他从五四新文化运动、“文化大革命”等一系列的历史事件里，清晰地感知到了传统中国被妖魔化、被污名化的厄运。而狄百瑞关切的是，其所信奉的自由主义价值如何才能与传统儒家价值熔为一炉，构造出一种现代中国人独特的生活世界和精神生命。而若将自由主义认为是只存在于西方的舶来品，因此不能与中国的生活及文化方式融合，就可能破坏了让它从中国的内部自然滋长的机会，也就会破坏世界的和平生存和文化交流。从这个角度来看，狄氏还真是一个以天下为己任的主张世界大同（至少也是和而不同，而非各自为政或互为敌人）的儒者。狄氏的幸运在于，他基本上以宋代的儒者的思想世界与历史世界来探求中国的自由传统，比如朱熹、程颐等人，而宋代士大夫群体之所以能够呈现出谔谔之士的风骨，乃至与皇帝“共治天下”的气象，却是与宋代独特的政治文化密切相关的，尤其与宋朝“不杀大臣及言事官”的“祖宗家法”有关。这是一个历史的例外。余英时就曾指出，宋代不但是“士”最能自由舒展的时代，而且也是儒家的理想和价值在历史上发挥了实际影响的时代。这就说明宋代在中国历史上是相对比较特殊的时代，也就是不怎么具有普遍意义的时期，用这样一个时期的士大夫的精神气象和政治行为，来抽绎古代中国的自由传统，极易一叶障目。更何况即使是在陈寅恪所谓思想最为自由、文章亦臻上乘的宋代，也是存在史不绝书的士大夫遭受政治和思想迫害的悲剧。这种悲剧往往并非起于与皇权的冲突，而缘于高度自主的士大夫阶层的自我分化与权力竞争。这就说明即使没有皇权的压制，士大夫亦可能因为社会自由和学术自由的缺乏，而不得不面对政治的悲情。因此，把历史上的某一个时期因为爱屋及乌而过于理想化、浪漫化都可能损害对历史真相的探寻与叙述。

即以狄百瑞非常推崇的黄宗羲（他认为黄代表了新儒家的自由主义的新综合）而言，诚然黄对于专制皇权的反思和批评达到了一个前所未有的高度，而且其主张在朝廷之外另立学校为政治权威和士人清议的中心，也是独出心裁。可是从根本上而言，黄的思想仍旧未脱圣贤政治的窠臼。狄百瑞说，黄宗羲的独特性在于其不再相信道德英雄能够赤手空拳，用意志力量来阻挡权力的腐化，来克服人与人之间的相忌，消除邪恶，完成王阳明这种人所梦寐以求的大同。狄氏认为黄宗羲已经开始从制度层面来构思权力制衡的架构了。可综观黄宗羲的《明夷待访录》，其政治想象力，仍旧跳不出（也不可能跳出）三代之治的框架，其圣君贤相的历史想象仍旧是一种道德理想主义的表达。石元康曾就梁启超认为黄宗羲的《明夷待访录》包含了民主主义精神的判断进行了深入的辨析，他通过考察《原君》《原臣》《原法》《学校》等文，指出黄宗羲对法律的思考就儒家传统而言有极大的原创性，但其思想模式仍旧局限在传统的框架之内，虽然对于君主的批评很尖锐，却拿不出一套限制君权的制度架构，而黄宗羲所论述的学校再理想化，也毕竟不是现代议会，不是一个权力机构，议政不等于治理。黄宗羲没有朝限制君主权力的机制上面用心思，他也没有想到人民有权利对政府进行监督，所以，他心目中学校如果能够发挥作用的话，还是要依靠君主的开明。

事实上，狄百瑞在进行这场注定将极富争议的传统中国的"自由主义之旅"时，就已经审慎地指出，在寻找中国思想与西方自由主义传统的共性的同时，不能夸大儒家的自由传统与西方自由主义之间的相似性，应该涉及两者之间的重要不同。遗憾的是，作为儒者的狄百瑞，已经完全地沉浸在中国儒家的自由传统之中了，而且主要是宋明思想史中的自由传统，他对于中国的言官传统、清议传统、士绅社会、佛道传统、宋明清商业经济和城市发展等纷繁复杂的各种力量所形成的另一种政治史和社会史中的“自由传统”，几乎未作深入讨论，而对于与西方自由主义的区别，更是语焉不详。这就导致本来应该是普世主义的自由主义，到了儒家传统之中，仍旧是一种精英主义的思想传统，仍旧是一种书斋里的自由主义，而很难与现实的政治实践发生对接的关联。其实，无论是从新加坡、中国台湾地区还是中国大陆的政治实践，都可以很清晰地看出，儒家传统与自由社会之间既不是正相关的，也不会对自由社会的形成天然地构成窒碍，没有儒家传统也并不意味着自由主义政治更容易实现。因此讨论儒家传统与自由主义的相容性或不相容性，似是一个“伪问题”。儒家传统的真正重要性在于，它能够在一个自由主义达成的社会里，给多元化的社群提供一套程序理性之外的价值系统，给解决所谓的人生意义的问题提供一种富有张力和意味的思想资源。这或许正是生活在美国的狄百瑞先生对于儒家传统情深意笃的根由之一吧。

《中国的自由传统》，狄百瑞著，
贵州人民出版社 2009 年版

“知士论世”的史学

1990年代初期，余英时发表《中国知识分子的边缘化》，引发了史学界与知识界对于知识分子边缘化现象持久的讨论与反思，包括余先生的论文在内，大体上都是从20世纪中国知识分子在政治、经济、文化与自我的边缘化现象，以及造成此种现象之根源进行检讨。这诚然是紧扣20世纪时代脉动之解读，而若深长思之，则试图理解20世纪知识分子之边缘化，则不可不追溯到晚清的士人与世相。换而言之，20世纪中国知识分子的诸种问题，或许在晚清的士人向近代知识分子的转型之中已埋下历史的伏笔。

而要了解晚清的士人向近代知识分子的转型，史家杨国强先生的《晚清的士人与世相》无疑是最值得研读的著作之一。可以说，贯穿或者缠绕着杨先生的核心问题意识正是晚清的士人是如何向近代知识分子转型，以及这一艰难的转型所折射出来的利弊与得失。杨先生在收入该文集的不同篇章反复回到这个基本的命题，即士人向近代知识分子的“嬗蜕”或“蜕变”（杨先生常用词），比如在论述近代知识分子的志士化与近代化时，他说：“在传统士人向近代知识分子转化的过程中，知识人与圣贤意态越离越远，与豪杰意态越趋越近。知识人的近代化因之而与知识人的志士化常常叠合。由是，在晚清最后十年里，一面是学理与学说的激荡播扬，一面是知识人以侠气点燃个人意志，焚烧出一团一团的烈焰，倏然腾起，又倏然熄灭。”

那么首先，我们得界定两个基本概念，即何谓士人（或者说士大夫，或者说士绅），何谓近代知识分子，其根本特征有何常态化的体现，我们才能考察从士人向近代知识分子转型是如何发生的，其具体的历史过程展现了怎样的事实与情态。对于中国传统政治，基本上认为是一个士大夫政治，即士大夫是政治社会和学术社会的双重中心，即“士大夫不仅涉身于纯粹行政事务和纯粹文化活动，还承担了儒家正统意识形态”。即此可见，士大夫政治是类似于政教合一的统治形态，只是这个“教”不是严格意义上的宗教，而是强调“士志于道”和“化民成俗”之教化的一套伦理价值体系。从社会学的角度而言，士大夫又可以“更名”为士绅，情感依附于乡土社会，起到维持地方社会稳定的作用。如瞿同祖所指出：“士绅具有比其他社会阶层更加优越的地位。他们有一种阶级意识或一种集团归属感。他们相互认同为侪类，并具有相近的态度、兴趣和价值观（尤其是儒家的价值观）。他们自认为有别于其他社会成员。这一认识显然支撑了他们的共同情感和集体行动。外人对其中一个成员的侵犯，会被认为是对整个集团的触犯。”

至于近代知识分子，这是一个后设的概念，是为了与士人相区分而引进的名词，从社会类别的意义而言，史家陈旭麓认为中国近代知识分子群体的出现是戊戌政变的历史遗产，“这些人，或脱胎于洋务运动；或惊醒于民族危机。他们处多灾多难之世，怀忧国忧时之思；向西方追求真理，为中国寻找出路，成为最自觉的承担时代使命的社会力量”。这短短的一段表述，至少透露了两个重要的线索，一为近代知识分子与民族危机（乃至同时伴生的民族主义社会思潮）是不可分离的，另外，近代知识分子解决民族危机的“义理”不再是回返到古代经典或者理想中的三代之治，而是向绝然陌生而抽象模糊的西方“追求真理”。这两个方面，都展示了与传统士人面相的根本分裂。

在晚清所谓“三千年未有之大变局之中”，传统士大夫究竟是如何一步步地“嬗蜕”为近代知识分子的？杨国强先生勾勒了一个大致的脉络。具体而言，在光绪一朝的士大夫，“清流负天下之重望而以峭刻为群体形象；疆吏居天下之重心而以骄蹇为群体形象。其间的颉颃和忿争常常造成士大夫内里的激昂和紧张。但只要引发颉颃忿争和激昂紧张的题目仍然出自历史经验中的已有和固有，则士大夫群类便在整体上依旧共处于二千年儒学留下的范围之内，并因之而依旧共有着本源上的一致。所以，颉颃、忿争、激昂、紧张都不足以造成中国士大夫真正意义上的分化”。这种基于儒学意识形态的内部争论，在洋务运动时期的“中体西用”观下，不会触及二千年士人安身立命之根本。而到了戊戌维新时期，情形急转直下，“器物”地效仿西方在甲午海战中被证明无效后，西方的制度与思想成为无数士人心向往之的“真理”，并逐渐取代儒学意识形态成为拯救民族危机的不二选择：

变法取西学为知识和思想，正在引入另一种意识形态。当一部分有功名的人与另一部分有功名的人各有一种意识形态的时候，被称作士大夫的这个古老的群体便开始了真正意义上的分裂。二千多年来，在高悬的君权和散漫的生民之间，是一个由士人维持的天下。世路起伏于治乱而王朝来去于兴衰，但士大夫群体却始终代表着共有的文化和共有的价值，穿过治乱兴衰稳定地支撑着中国的社会构造，成为历史变数中的一个常数。以此作对比，是曾经代表稳定的东西正在变作最不稳定的东西。于是士人的分裂便醒目地标示出深刻的社会分裂。

在这个创深痛巨的士人向近代知识分子的转型过程里，士人赖以寄身的空间、借以言说的空间、义理与方式、心态、身份与价值重心都发生了转换，这种天翻地覆的转换深刻地标示了士人与近代知识分子之间的分裂，而在这种社会分裂的背后，我们又可以隐隐然窥见传统士人精神气脉在近代知识分子群体的“回光返照”，即如杨先生所论：“当20世纪来临之后，知识人正在蜕变中分化。其间背负历史情结与文化心结最多的人便常常成为最喜欢作说大义的人。他们已经开始向新知识分子转化，但在精神上他们又是最后一代士人。”

以社会空间而言，传统士绅主要是生活在乡村社会，耕读生活被奉为理想的士人生活，乡村是儒家价值的发源地与播散地，如瞿同祖先生所言：“正是在这一领域空间内，士绅扮演着自己的角色，并与地方官吏们保持着各种形式的人际关系。由于他们与家乡的关联是永久性的，从而造就了他们（对家乡）的情感归附；

士绅们似都感到他们有责任捍卫和促进本地社区福利。”这种基本的士人社会结构到了晚清，显然处于不断的摇摆和撕裂之中，士人的生活空间正急剧地从安土重迁的观念里释放出来，士人大量地汹涌到城市，尤其是沿海城市和京师。晚清的改革呼声与士议鼓荡都兴起于城市，也溃灭于城市：“呼声起于城市，回声也起于城市。而中国最大多数人口所在的农村社会则漠漠然而且懵懵然，犹如一个世界与另一个世界。思想潮流使知识人急速地趋近于演变中的世界和正在重造的中国，两者都以城市为自己的天地。然而近代化过程已经使城市与农村分离，前者用来达意的语言常常是后者陌生的。因此，为思想潮流所吸引的知识人便不能不与农村社会越来越疏，越来越远。旧日的士人从农村起程远走，他们大半都会回来。但为学堂召去的读书人一经从农村走入城市，却大半不会回来了。”而与此不可逆转之社会趋势相对应的就是，在知识人疏离了农村社会和下层社会的同时，农村社会和下层社会也把知识人当作陌生的异己，这不能不说是以救国救民为己任的知识人的绝大悲哀。这在鲁迅的小说名篇《阿Q正传》和《药》里都有着深度的形象再现。

以言说的空间、义理和方式而言，从士人到近代知识分子之间也有着一道深深的沟壑。传统士人的言说局限于人际传播的方式，主要是口耳相传、著书立说或者书信往来等方式，言说的义理不出四书五经等经典所圈定的范围，不同区域的士人分享着一套共同的儒家价值观，言说的方式或者说形态主要表现为清议或者清谈。依唐长孺的解释，“所谓清谈的意义只是雅谈，而当东汉末年，清浊之分当时人就当作正邪的区别，所以又即是正论。当时的雅谈与正论是什么呢？主要部分是具体的人物批评”。而这种人物批评往往又与朝廷选拔官员的制度互为参照，因此具有莫大的约束和导引士人之社会功能与价值功能。晚清的清议不脱这个历史的定轨，聚焦在对于廷臣或者疆吏的褒贬、界分、裁断与论定之上。清议代表了一种典型的儒家伦理准则，“千年清议之所以能够寄托千年公论，本在于以义理为天下立普遍性、统一性和至上性。裁断、纠正、评判、褒贬、界分都是义理之外无原由。这种狭而且深决定了千年清议不讲利害，只论是非。就前一面而言，清议体现了儒学的固性；就后一面而言，清议体现了儒学的刚性。儒学中的固性不尚应时而变，所以，在一个以利害造世变的时代里，不会讲利害的清议不能不走向式微”。守护这一清议传统的便是其时的清流。

然而，世换时移，在从士人到近代知识分子的蜕变之中，清流逐渐被淘汰出局，名士汇聚社会舞台的中心大放异彩，在这个过程里，名士的言论空间发生了显著的变化，“以当日士大夫的总体而论，这些人本来属于少数，然而他们从一开始便营造报纸并据有报纸。依靠这种从来没有过的传播方式，出自少数的声音可以节节放大，在响声和回声里幻化成大海潮音而左右一时之人心，因此，据有报纸的少数能够驾乎多数之上，在那个时候的士人世界里成为居于强势的一方”。与此相伴生的就是所谓“言论时代”之轰然来临，“报馆巨子”之翩然降生。新一代的知识人已经不再画地为牢，把自我约束在传统的义理范围之内，相反，在他们急功近利的心态与视野之中，传统的义理与道德成了阻碍中国近代化的绊脚石，而需引进西方的真理来救治中国之积弊。如杨先生所指出："从20世纪开始，由于进化和天演的别为诠释，曾经被前几代人长久抵拒的势一时意义全变，并在极短的时间里锲入人心，化成了中国人论世论时的一种思想依据和演绎前提。由说理说势的徊徨转为物竞天择、优胜劣败的天演，映照出六十年中西交冲之后，累经重挫的中国人已经向工业革命以来发源于欧西的那个世界历史过程自觉认归。"在这样一个历史过程里，"名士的报纸与清流的奏折相代谢，与之相对应，天下士议的重心也由庙堂之内移到了庙堂之外"。

在近代知识分子言论空间与依托义理都表现出与传统脱榫的历史情境中，知识人的言论方式也变得耐人寻味。可以说，对于名士之言论方式的检讨是杨先生理解传统士人到近代知识分子之转型的一个关键，而在这个检讨里，我们也可以窥见杨先生作为史家的反思精神与批判意识。杨先生对于名士言论之"骄嚣"、"鼓吹和灌输"、"随便和恣肆"以及"笔走偏锋"等都有所批评。在讨论清末知识人的志士化与近代化一文中，他对此检讨最为集中。比如对于文风的讨论，"20世纪知识人的历史正开始于这样一个思想（政论）淹没知识（科学）的时代，作为初生的群体，他们的蜕变与思想之独亢一时相连为因果。思想的一时独亢使晚清最后十年的知识人一时独亢，而其间的理路则在一遍遍的复制中积为知识群体的一种思想惯性"。而"传统士人与近代知识分子的嬗蜕正是从这种思想的搓揉和淬砺中开始的。然而用输入的观念说中国人的国运和世运，常常容易引出人心中的焦炙与涉想，使'向导国民'的言论在呼应与亢争中絃促声急笔走偏锋"。在杨先生看来，导致名士之言论独亢与偏激的缘由乃根植于他们的思想方式，他们“无端厓之崇拜外人”，自以为掌握了最终而且唯一的真理与真实，因此睥睨天下，指点江山，激扬文字，傲视苍生，在预设了个己思想必然正确的前提下，剩下的问题就是如何牵引事实（甚至是杜撰事实）来论证真理，这就容易导致“思想便成了可以安排情节的东西，而政治文字中的叙人与叙事则常常因此而经不起认真的勾稽和对证”。

正是反观这种言论品质之粗糙和士风之浇漓，杨先生在清议与舆论之间画出了一道清晰的界线。如前所引文字，清议之所以能够寄托公论，成为公议，正在于出自统一的观念而具有统一之价值，这个价值的泉源主要是儒家的义理，因此，虽然宗奉这套义理的士人各有殊相，却都愿意认可从这套义理生发的价值评判。而这种中国人自我形象与价值观的统一性在晚清以降，节节破碎，散漫支离，取而代之的是滚滚西潮。从此以后“士议转为舆论，不能不向西学讨观念和价值，与之为因果，则舆论以西学为谛义，也不能不各成流派。所以，晚清末期由报纸表达的舆论天然是一种不相统一的东西。……然而舆论各成流派之日，又正是知识人既少自主的理性，也少立言的责任意识之日，两者相逢于言论界，则不相统一的舆论更容易因没有章法而节节脱轨，变成可以操弄的东西”。可以说，从清议到晚清民初的舆论，言论的自主性是一个负增长的过程，而之所以如此又跟士大夫从一开始就只注重以言办报，侧重政论，而忽视新闻事实的报道有关。在所评论的事实的客观性与真实性都无法得到保障的情形下，知识人的放言谠论即使可以轰动于一时，又如何可以取信于历史与良知？

以当时士人的心态而言，士人到近代知识分子的嬗蜕更是历经了一个艰难的心路历程。应对晚清世局，往返于千年旧路的知识人幡然醒觉。王尔敏认为晚清的士人都经历了三重的自觉，即“存亡的自觉、人格的自觉和知识的自觉”的过程，在另外一篇文章中，王尔敏认为：“近代变局为中国知识分子对于西方冲击一种普遍的反应和认识，当然也是一种正确的时代醒觉。”相对于王先生如此的乐观与认可，杨国强先生知人论世的基调似乎显得更为灰黯与悲观，也未尝不可认为更为苍凉沉郁，而我们若检讨20世纪中国的历史与命运之多舛，则不能不更多地从反思与批判的立场出发来审视晚清这一段波澜起伏之历史。晚清所谓言论时代的鼓噐与激荡，极容易让初尝“一夜之间便可借舆论暴得大名”的知识人滋生幻觉，以为真的可以以言论而掀动几千年板结、凝固之中国社会结构与意识，而其立言时的粗疏、放诞、随意与耸人听闻更是仿若打开了人性的潘多拉魔盒，把千年以来被儒家伦理所规约的人性幽暗一面尽数释放。如钱穆所指出：“理想是一件百衲衣，人才也是一件百衲衣，这须待自己手里针线来缝绽。哪一条针线不在手，一切新风气、新理论、新知识，正面都会合在对中国自己固有的排斥和咒诅，反面则用来作为各自私生活私奔竞的敲门砖与护身符。”

余英时先生既有20世纪中国知识分子边缘化一说，便暗示了前此时期的知识人曾经一度占据社会中心。而知识人能够占据这个社会中心，显然跟他们迅速地掌控了报刊这种新颖的社会资源有关，所谓成也萧何败也萧何，舆论在造就名士的同时，也在“毁灭”名士。权力导致幻觉，绝对的权力导致绝对的幻觉，更何况是话语权力作用于迷恋文字功能的中国知识分子。杨先生对知识人的这种心态与言论的检讨不可谓不沉痛：

> 晚清最后十年间的士议鼓荡，正显示了传统士人之近代化演变的过程中，曾经有过一个知识人凌越庙堂与大众，岿然居于天下之中心的时期。但与这个过程相始终的思想多、思想浅和思想驳杂，又使鼓荡的士议久以纷歧舛错与多变善变为常态。由此形成的不相匹配非常明白地说明，当知识人越来越明显地居于天下之中心的时候，他们也越来越缺少自主的理性，缺少立言的责任意识。

正是缺乏这种自主性与责任意识，导致知识分子在一种自以为是的话语磁场里开始自我的膨胀与张扬，种种极端化的、粗鄙而横暴的言论争相迭出，“语不惊人死不休”成为言论惯习，哗众取宠成为心理暗疾，凌空蹈虚的话语泡沫习焉不察。在考察清末南洋公学等学校的学生言论后，杨先生发觉成为搅动天下之新生力量的学生，常常用一种极度化约的方式来评论近代社会的新陈代谢，由此“社会进化中的新旧冲突很容易被鼓胀的热血简约为‘不能破坏非英雄’。这种泛义的‘破坏’观念未经界说却又不言自明，极富感染力地推动走出学堂的学生们急迫地否定中国社会中既有的人物、制度、价值、权威，与急急然而起的革命合流”。而就清末知识人的反满意识而言，立言务求其惊世骇俗，也是一浪高过一浪，文化激进主义的潮流拔地而起，又溃然澌灭。历史的反讽是：排满的知识人曾把满人圈进“野蛮”之中，而代表了更“进化”的无政府主义一旦起来，又把反满意识圈到了“野蛮”里面。

或许，晚清的这种不断激进化的思潮就已经埋伏了20世纪中国的政治激进化和文化激进化的种子。而在此士人向近代知识分子蜕变的波诡云谲的历史进程里，唯一不变的是知识人心态上的“崇洋媚外”。以杨先生的说法就是：“身在积弱之境而心怀急迫之情，中国人向东西洋取学理，不容易得到的是真知，最容易得到的是皮相之知外加种种倾慕和敬畏，走到极端，便是引外国人的是非为中国人的是非。”更令人扼腕叹息的是，知识人基于政治目标而从思想到思想、从符号到符号所炮制出来的种种言论，终究“罩不住社会过程中的世事起伏和因果始末”，而亢奋救国的心志却给予了他们一种“真理在握舍我其谁”的言说勇气与政治热情。殊不知，勇气愈强，热情越高，祸害越深，遗毒越远。对于这种根植于正当、崇高、纯粹、神圣之目的而张扬的心志伦理，韦伯曾经有过精辟的分析：“心志伦理的信徒是‘宇宙—伦理观上的理性主义者’，他们想把自己的价值立场，客观地奠定在一个客观存在或可以客观认知的原理上，这种原理使价值世界一套永恒的层级秩序成为可能，同时并在伦理上化解行动之后果与当初意图相悖的吊诡。他们倾向于采取根据原则、按照独白方式进行的行动。这类行动在性格上均为从世界逃遁，或是对世界发动革命性的改造：它把回到内心或是卡里斯玛式的突破，抬高到‘神圣的地位’。这种伦理在政治方面的箴规是：‘要么全有，不然全无。’”以如此视角来看晚清士人到知识人的转型，则不能不慨叹这一造化弄人的历史悲剧。

以晚清民初伦理体系的价值重心与品类区分的历史迁移而言，在士人到近代知识分子的转化之中，也发生了急剧的嬗替。这在洋务运动时期有着充分的展现。此前近代史学，在一种进步主义或者现代化史观的架构之中，对于洋务派多有褒扬，而对于其时批评洋务的清流则多加责难，认为这个群体是冥顽不化、不识时务的保守派。其实，从洋务以降的历史来看，清流所秉持的“义利之辨”“才德之别”都有着不容轻忽的价值，更重要的是，清流并非反对寻求富强，而只是强调在这个地动山摇的历史变迁里，主政者与当权者应该也要关注民生，体贴民瘼（可以说，清流与洋务派仍旧有一定的共识），这虽是“老调重弹”，却切中了洋务运动乃至此后中国历史变动的要害。依照杨先生的释读世相与洞察士习，当时的官场风气是大量任用有才无德之人，以及交相征利而见利忘义之人，而之所以大量选拔此等人员，是因为在国家富强作为首要目标的前提下，能人政治、强人政治成为主流，而自古以来支撑儒家价值体系的核心“民本意识”和“苍生意识”都迅速贬值，弃若敝屣。这可谓是士人到近代知识分子转型之中最吊诡的一个面相。迥异于前此的历史裁断，杨先生在清流与洋务派之间的褒贬，更体现了一个历史学家的良心（也可以说是种“人文主义的历史观”，意即历史并非简单的进化，而是时时、处处付出代价的社会演化）：

清议依傍儒学而不识历史变迁，所以清议始终执民本以哀民生。但在万千中国人身处经济分解，并为经济分解所窒苦的时代里，这个天下不能没有苍生意识和普遍关怀。因此，不识历史变迁的清议倾力伸张恤民之旨义，又正是以其不识历史变迁的古老和陈旧，真实而具体地体现了这一段历史变迁中应有的矜悯和良心。以此作映衬，则洋务所主导的种种更张天然地是一个与民本和民生日去日远的过程。这个过程用国家的名义营造富强，而后是自成本位和主体的国家因致富致强而层层扩张。

在杨先生看来，当时弥漫中国社会的正是这样一种扩张性的“独亢的国家意识和麻木不仁的富强意识”，读史至此，则不能不掩卷深思，而勾连起对于改革开放40年历史的浮想联翩。

有学者引述史家刘知己言论指出，“‘有才无识’‘有学无识’的史家从事历史叙述，不可能实践实录的精神。由此我们可知史家三长，以备识为最难，识的内涵也最为丰富。史家的识，除了前面所说，可以‘辅才的铨综之识’，以及可以辅学的‘鉴别之识’外，其时还包括判断是非善恶的能力，和是否能秉持公正客观的态度”。纵观杨先生此书，以及师从陈旭麓先生以来的治学著述历程，可见其集聚了刘知己所谓的史家三才，而尤以史识最让人敬服，若没有史识，则历史学无非是没有灵魂的废纸堆构筑的学术符号而已，而这种史识又是建筑在宽广的知识结构、恢宏的历史视野、扎实的文本细读、深邃的历史思辨与苍凉的现实感等等之上。其心路历程，正如他在该书序言所一笔掠过：“读史多年，大半都在与晚清士大夫缠磨于古今中西之变的感慨苍凉之中。”

《晚清的士人与世相》，杨国强著，
生活·读书·新知三联书店2008年版

启蒙的迷津

1918年到1919年之交的冬季，韦伯对慕尼黑大学的学生就志业问题做辅导，发表了一篇著名的演讲《学术作为一种志业》。在演讲中，他对柏拉图《理想国》的洞穴隐喻（其实质就是启蒙的隐喻）作了深刻而形象的诠释：一群人被铁链锁在山洞里，面向石墙，光的源头就在他们身后，他们却看不见。他们只关心光射在石墙上所显现的影像，并努力揣想它们彼此之间的关系。终于，其中一人成功地粉碎了他的桎梏，转过身去，看见了太阳。目眩神摇之下，他四处摸索，结结巴巴地把所看到的讲出来。别人都说他疯了。渐渐地，他习惯了用眼睛去注视这道光源，然后，他的使命是回到洞穴的囚犯群中，引领他们走向光明。这个人是哲学家，而太阳代表学问的真理。

这是韦伯面对欧战刚刚终结、德国战败的政治现实发表的演讲，其隐含的意味在现代中国的启蒙运动中可以找到相似的轨迹。鲁迅在《呐喊·自序》中的“铁屋子”的比喻与这个洞穴隐喻有异曲同工之妙，而柏拉图洞穴隐喻中的象征真理的太阳，在近代中国知识人的心目中就是“西方”（尽管这个西方在不同的时期有不同的形象与代表）。甲午之后，“向西方寻求真理”成为一种普遍的潮流，而传统中国面对政治和社会危机往往是诉诸三代之治的历史想象和四书五经等经典文献。在这个巨大的历史转身之中，报人群体取代了柏拉图隐喻中的“哲学家”群体，成为现代中国启蒙的最重要的主体之一。一方面，是从传统中国到现代中国的政治和社会转型之中，知识人因科举制废除和王权崩解而日益边缘化，而另一方面，是从传统士大夫脱胎而出的新式知识人通过张灏所言的制度性传播媒介、新式学校和新式社团，在晚清民国集聚了巨大而复杂的政治能量和思想力量，“一言可以兴邦、一言可以丧邦”似乎成为严复、梁启超、胡适等知识人的文化自觉，直到1922年胡适在《努力周报》发表《政论家与政党》还在标举“监督政党的政论家”式“文人论政”的文化理想。

可以说，文人论政与报人报国是理解近代中国的启蒙运动的最重要的视角之一。加拿大学者季家珍的《印刷与政治：〈时报〉与晚清中国的改革文化》（以下简称《印刷与政治》）处理的就是这样一段清末的启蒙故事。《时报》创刊于1904年的上海，终刊于抗战发生之后的1939年，是晚清民国上海一份重要的综合性日报，尤其是清末这段时期一度是舆论政治之中心。梁启超、狄葆贤、陈冷（后任《申报》主编）、包天笑（可见《钏影楼回忆录》）等都是《时报》的主事者和重要编辑、作者，报社内安置的息楼一度是上海文化界人士聚会的重要公共空间。《印刷与政治》从“新兴中间阶层”（其实也就是新式文化人和受教育者所代表的社会中间阶层）这个视角出发，通过对报刊文本的细致梳理，完整地展现了清末这些新式知识人面对内忧外患的时代状况，通过援引西学、嫁接传统、建构宪制和想象民间，试图将一个积贫积弱的古老中国引领向光明西方的启蒙故事，同时也将其自身所表征的所谓中层社会视为统治阶层与被统治阶层之间的协商平台。在我看来，贯穿全书最核心的焦点就是现代中国的新式国民的生成问题，也就是五四新文化运动所言的“立人”或者说“改造国民性”问题，而“立人”问题与“立国”问题牵缠到了一起。所谓“立人”与“立国”成为一而二、二而一的关系，个人的翻身与国家的翻身成为双峰并峙的同构过程，而现实生活中的民众则更多呈现出来的是阿Q式的无知无识形象。在整个清末民初的舆论政治中，人民就具有了双重肉身，既是被文人精英仰视甚至膜拜的对象，人民成了上帝；人民又是一群不知现代政治为何物的群氓，需要通过启蒙、灌输等各种方式去唤醒他们的政治参与意识和自治能力，就此而言，人民又是被文人精英所俯视甚至鄙视的。

通过对《时报》上对清末各地民变等社会冲突的报道和分析评论的再阐释，季家珍指出改革派报人所提供的关于这些骚乱的报道和评述表现了他们对于普通民众富有张力的一种态度。这种张力表现为他们社会立场的模糊性和矛盾性，是他们作为新式知识分子肩负双重角色的两种合力的产物，他们一方面是信奉平民主义的改革者，另一方面又长期是精英主义者。季家珍敏锐地捕捉到了《时报》编辑、记者和作者面对底层民众的这种复杂心态：“新式出版人包罗万象的、具有改革启发性的议程，与面对百姓时家长般的姿态并存，从一个更为广泛的层面反映了报人们的态度，从温和的关切到屈尊俯就和轻蔑，这种精英主义的倾向在报人们的政治野心中是固有的。报人们坚信政治变革是以民众政治行为的改变为前提的，报人们从一种未明言的假设出发，认定自己是唯一有能力设计和实施这种改革的人。他们自发地为那些没有机会受教育的人代言。”而这些没有受教育的底层民众或者说百姓，在《时报》的改革话语中就会被阐述为目不识丁的“下流社会”或“下等社会”，成为匿名的、不可知的，且往往充满畏惧的“民”，他们从未参与过政治或权力，却常被儒家和改革派的政治社会话语所援引。上等、中等和下等社会的划分，就成为现代中国启蒙者进行社会想象甚至西方民主想象的思维惯习。比如李书城就曾在《湖北学生界》撰文指出学生群体应该成为中间阶层或者说中等社会的重要性：“学生介于上等社会、下等社会之中间，为过渡最不可少之人。上等社会既误于前，崩溃决裂，俱待继起者收拾之。为今日之学生者，当豫勉为革新之健将，使异日放一大光彩，以照耀于亚洲大陆之上，毋使一误再误，终罹亡国之祸，以为历史羞。前途茫茫排山倒海之伟业，俱担荷于今日学生之七尺躯，则对上等社会所负之责任重也。下等社会为一国之主人，如何使完其人格，如何使尽其天职，必养其独立自营之精神，而后能为世界之大国民，以立于万马奔腾潮声汹涌之竞争场而不踣。今日之学生，即下等社会之指向针也，则对下等社会所负之责任重也。”

与此同时，《时报》的作者们又将下流社会想象成一个蕴藏着巨大能量与可能性的历史主体，孱弱中国走向富强中国必须依赖于这种力量的觉醒和民众的觉悟。季家珍通过对《时报》的文本研读发现，报人们的努力是基于这样的假设的，即：民众是能够从政府的对象被改造为政府的主体的；是能够从依赖政府而被改造成为自己命运的主宰者的。因此，报人们推行一系列开启民智的方案，包括国民教育、公共伦理的新规则以及全民政治化。报人们深信，一旦民众被启蒙和鼓舞，他们一定是国家凝聚力的来源，也是国家强盛的驱动力。只要他们被灌输了国家至上的价值观、奉献于集体主义的精神，以及活力和决心，他们一定能够重建统治者与被统治者之间的关系，并且能够使中国在国际竞争中生存并成为强有力的存在。

上流社会充斥着权力的傲慢和道德的溃烂，所以需要报人们去驯化和引领，下流社会弥漫着暴力、蒙昧和戾气，同样需要报人们去启蒙和照亮，因此现代中国的启蒙使命就自然地落在了季家珍所言的“中间阶层”这一批新式报人和知识人身上。他们既要通过报刊作为媒介沟通上下，同时也利用报刊来两头作战。启蒙者需要戴上人民的面具，伪装成大众的一员，而暗中引领无知而混沌的大众，从黑暗王国的洞穴里走出来。这需要他们在公共舆论中将人民无限美化和神化，也将民间和底层乌托邦化，这就刺激了中国的游民文化与无政府主义思潮的无缝对接，同时，启蒙者又时时按捺不住驯化人民和蔑视民众的隐秘心态。1912 年 2 月，梁启超曾经在给袁世凯的信中说：“以今日民智之稚、民德之漓，其果能产出健全之政党与否，此当别论。要之，既以共和为政体，则非多数舆论之拥护，不能成为有力之政治家，此殆不烦言而解也。善为政者，必暗中为舆论之主，而表面自居舆论之仆，夫是以能有成。今后之中国，非参用开明专制之意，不足以奏整齐严肃之治。夫开明专制与服从舆论，为道若大相反，然在共和国非居服从舆论之名，不能举开明专制之实。”人民或者说民意在启蒙话语中成为政治正当性的来源，而人民的“待启之蒙”甚至“越启越蒙”的政治和心智的双重不成熟状态，又让清末民初的启蒙者对暴民政治深怀忧惧，怎样将人民的力量召唤（对应着中国作为睡狮的隐喻）出来收放自如地加以操控，而同时又让人民感觉到自身已经成为国家的主人（制造出某种集体幻觉），这就成为现代中国启蒙者思虑的核心。

而这个核心在季家珍看来恰恰是反启蒙的，底层民众无论在社会位置还是表达能力上仍旧处于原状，报人们事实上并没有为百姓创造一种话语，而是把自身的话语强加在百姓身上。季家珍认为，问题在于那些受过教育的社会精英，他们是否有能力、富有权柄地为他人代言，这使得报人们重新考虑是否应该在改革之前重新协商统治者和被统治者的关系。与此同时，这也有助于形成一种新的政治文化，从五四运动到共产主义，这是“民众”从边缘不断走向中心的过程。《时报》人也一度在官权与民权的二元划分、宪制话语、地方自治等议题中讨论民众的政治经验的成长问题，这说明他们似乎也意识到单纯的启蒙话语，其实是无法引领民众走向一个政治成熟的民族，而只能造就托克维尔在《旧制度与大革命》中反省过的与实际政治生活脱榫的“文人政治”。可即使是这些围绕中央与地方分权、限制权力的地方自治等公共讨论，因讨论者本身的政治参与和知识资源的匮乏，最终也沦落为一种文人话语。这种文人话语在《时报》的话语体系里就成为舆论政治，进而就等同于宪政政治，舆论与宪政之间繁复而细密的差异就被直接剔除，以简洁明快的语言来激发民众的自我认同和政治想象就成为舆论动员的首要目标。一个作者在 1908 年写道：“今文明国之所以浴宪政之泽而享自由之幸福，莫非食舆论之赐。”舆论由此而成为了政治改革的源泉，“无舆论则国家无由去专制以赴于立宪政”。舆论向背就成为民心向背的晴雨表，改革的合法性必须建立在民意支持的基础之上，而作为改革精英的《时报》人群体就必须论证其表达民众意愿的代表性以及以舆论治国的有效性。这或许也是他们不断强化舆论重要性的深层理由，一个不知名作者在1908年的《时报》撰文指出，“所谓清议者，盖与舆论同物而异称也。稽之成史，其国以有清议而兴，以无清议而亡者实不乏其例”。

而《时报》作者念兹在兹的启蒙，在某种意义上也变成了强制性的“灌输”甚至“宣传”。按照康德的理解，启蒙就是敢于公开运用自己的理性。社会学家陶孟和曾在《社会问题》一书中批评这种启蒙者的教主心态，“假使教者竟用社会学科来做宣传，那教者便忘了他对于被教者的责任。教育不是传布偏见，不是灌输学说，乃是解放幼年的心灵，发展他自己的判断力。换言之，教育不是给人见解，乃是帮助人得到见解。所以在社会学科的教授上，教者只应该为科学的、客观的陈述，不应为偏袒的主张；他对于每个问题的各方面，都应该与以相当的注意，不应该按着个人的好恶而有所重轻”。

以此为标准来反观近代中国的启蒙运动，就会发现恰恰是启蒙者自身的这种启蒙心态同样是需要反思甚至警惕的，这种先知先觉者照亮后知后觉者和不知不觉者的心态，就隐喻了启蒙的悖论：启蒙是追求自由、平等、民主和多元等价值理想的，而一元论、独断式、霸权主义、精英化的启蒙方式自身就是反启蒙的。可以说，现代中国的启蒙运动包含着自我瓦解甚至自我摧毁的基因，启蒙者踟蹰在历史的迷津渡口却又顾盼自雄，充满着一种反讽的张力。萧公权就曾经很深刻地反思过报人和知识人群体的这种启蒙心态：“夫言论之不自由，固为目前不争之事实。然徒知提倡言论之自由而不努力培养自由之言论，则其论亦不免褊狭之病。何为自由之言论？发自独到之思考，根诸事理之观察，尊重他方之意见，而不受自己感情之支配，或他人主见之指使者是也。吾人试一检时人之言论，其能虚心持平以立说，合于上述标准者固不乏其例，而意气用事之谈，褊狭无容之见，亦触目易见。异己者势欲打倒，同调者奉若神明，圆通宽大之风度，渺乎其不可寻。此种入主出奴，反自由精神之论，以较压迫言论者之器识与见地，实无殊于一丘之貉。且言论自由而无理智之修养以为根基，则各自是以相非，群言淆乱而不能收切磋之益。观其欲以一人之私见，易天下之耳目，其用心与独裁者之统制思想何以异。使与之易位而处，其行为殆亦不能殊也。”

由此可见，以《时报》《时务报》《时事新报》等发其端的近代中国报刊主导的启蒙运动，从一开始就面临一个两难的问题，启蒙自然需要启蒙的主体，而作为新式报人和知识人的中间阶层在政治日益极端化的政经空间里，其活动的半径日益缩减，而受到民粹主义、游民文化及之后兴盛的左翼文化的影响，现代知识人相当一部分对自身阶层是持否定乃至鄙视态度的。可以说，启蒙已经自我瓦解了，而另一方面，启蒙者所面对的大众又呈现出时而是非理性的乌合之众，时而是劳工神圣的人民群众的双重面孔，这导致启蒙知识分子面对其启蒙对象时进退失据，甚至一度出现启蒙者被启蒙对象所压制的状况。用季家珍在处理《时报》的报人群体与言论经验的一对概念来提炼就是精英主义与平民主义（反精英主义）的对峙。进而言之，现代中国的启蒙面临着更为严峻的境地，即多重启蒙结构的相互牵缠与内耗，比如个人的启蒙（以人的解放和自由为目标）、阶级的启蒙（以“从前是牛马，现在要做人”的翻身话语为标志）、民族国家的启蒙（以东方睡狮的觉醒为图腾），而与之相对应的是传统儒家的自我、传统中国的伦理本位、职业分途的弹性社会体制以及怀柔远人的天下体系。无论是传统走向现代中国的启蒙之路，还是这三重启蒙之间的盘根错节，都会导致《时报》等现代中国的新式知识人，要处理形成一个有力量的中等社会和中间阶层的生成，以及将自由、平等、民主、多元、自治等人文主义的价值理想在中国落地等议题变得无比艰难。或许正因为此，我们才可以说启蒙从晚清以降直至今日，仍旧是一项未完成的课题，仍旧需要在传统与现代、中国与西方之间寻求有中国独特性的启蒙理想及其实践空间。启蒙的迷津犹存，而启蒙的渡口难觅，这或许就是现代中国知识人无从脱逃而当直面的宿命？

《印刷与政治：〈时报〉与晚清中国的改革文化》，
季家珍著，王樊一婧译，广西师范大学出版社 2015 年版

知识分子书写的传播学转向

传播理论家麦克卢汉认为："我们这样的文化，长期习惯于将一切事物分裂和切割，以此作为控制事物的手段。如果有人提醒我们说，在事物运转的实际过程中，媒介即是信息，我们难免会感到有点吃惊。所谓媒介即是信息只不过是说：任何媒介（即人的任何延伸）对个人和社会的任何影响，都是由于新的尺度产生的；我们的任何一种延伸（或曰任何一种新的技术），都要在我们的事务中引进一种新的尺度。""媒介即信息"的观念对于从传播媒介的角度重构晚清历史无疑是非常有意义的，可以从传播媒介的主体（主要是知识分子）、传播的受众、传播的工具（机构）和传播的内容（文化形式）等层面切入对晚清历史的书写和重现。既往的晚清乃至民国的新闻史研究完全印证了麦克卢汉所谓的"分裂和切割"的症候，成为条块分割的对传播媒介历史的机械堆积。活色生香的晚清媒介历史成了"人的心灵、精神和行动缺席"的编年史化石，而与媒介研究密切相关的知识分子研究又在自身的学术空间过于注重"精英文化"的面相，甚至把精英文化又再度化约成在政治性公共领域有影响的人文知识分子研究。因此我们可以看到在知识分子与学术、思想、心态、政治事件相关联的研究中，知识分子借助传播媒介扩大影响的“社会面相”在某种意义上就被遮蔽了。

中国台湾地区李仁渊的《晚清的新式传播媒体与知识分子：以报刊出版为中心的讨论》的意图就是试图弥合新闻史研究与知识分子研究之间的深刻裂痕，将晚清知识分子放置在当时新出现的报刊出版等传播机制架构起来的社会空间里，来考察自从19世纪中叶以来，西方的各种传播形式对晚清中国发生了怎样的影响和效果，以及在晚清的社会、政治和思想的变迁中发挥了怎样的功用。该书的关切之所以聚焦在晚清（1895—1912），是因为在作者看来这一时段“在技术上有铅印的西方技术的引进、在社会关系上媒体与各阶层的关系都有所变动、在文化形式上晚清传播媒体展现的语言与意义结构与以往相比有强烈的意义”。

在这样一个基本预设下，李仁渊展开了其对传播媒介在晚清历史的生长与扩张过程的书写。1895年之前新式传播媒介作为一种“现代性的标志”最初通过大量的教会报刊引入中国，但在这个时期，以宗教性（如教会报刊）和商业性（如《申报》）为主要特征，传播媒介的影响力局限在一个非常狭小的范围，尤其是对于官方权威与科举士绅主导的地方社会几乎没有能够“撼动”，而之所以导致士绅“普遍缺席”的状况，是因为新式媒介“不仅须顺应中国的状况作调整，更要面对中国国内原有的庞大复杂社会结构与深厚固结之文化思想资源，使得这些新式传播工具的影响力受到限制。尤其对于社会结构之中坚、思想资源之主要支持者的中国士人，虽然因为各种理想或实际的原因于此些媒体有所接触，甚至加入其中，然总体而言，这些士人相对在整体中处于较边缘的位置，他们对于此新管道的利用也相形被动，并未对此群体产生结构性的改变”。由此可见知识分子群体在传统中国的特殊位置，而这样一个知识群体对于传播媒介的态度就决定了其对中国社会能够产生多大的辐射力。自然，作为一种新生事物，传播媒介仍旧对于古老中国产生了一些正面的作用，尤其是对于现代民族国家观念（安德森所谓的以印刷资本主义形式建构起来的民族国家概念）的形成发生了积极作用，促使中国知识分子缓慢地从一个儒家文化主导的天理世界观向近代意义的公理世界观转型。

到了甲午中日战争以后，士人阶层对传播媒介的态度发生了历史性的大逆转，从此前的疏离、观望甚至不屑（例如知识分子办报被左宗棠批评为“江浙无赖文人，以报馆为末路”）到全面的拥抱，中国知识群体开始主动利用这个现代的工具体系，撼动了原有的政治与社会阶序。李仁渊认为传播媒介的功用之所以发生如此巨大变化的根本原因在于知识社会“1895 年以后的政治化”。也就是中日战争的失利和屈辱彻底地震动了士人阶层，让他们认识到西方的强盛不仅仅是军事、器物的优势，而是思想、文化和制度的先进，因此必须通过传播媒介鼓动变法图强。从康有为的《万国公报》到黄遵宪、梁启超、汪康年等主办的《时务报》，这个时期的传播媒介变迁的轨迹非常明确，就是通过报刊政论和宣传变法左右士人阶层的价值取向，最后推动官僚阶层与皇权一起走向政治改革的道路。因此，从 1895 年开始，中国进入了张灏所说的转型时代，文化、社会、政治秩序都逐渐沦落为一种失范状态，在这样一种时代境遇里，士大夫的救亡图强意识与新式传播媒体就密切合作起来，促使后者逐步走向政治化和公共化。张灏认为“所谓转型时代，是指1895至1920年初，前后约25年的时间，这是中国思想文化由传统过渡到现代，承前启后的关键时代。无论是思想知识的传播媒介，或者思想的内容，均有突破性的巨变。就前者而言，主要变化有二：一为报纸杂志、新式学校及学会等制度性传播媒介大量涌现，一为新的社群媒体的出现”。可见，对于后1895的清末中国来说，新式传播媒体扮演着非常重要的角色。按照李仁渊对于当时士人阶层大量私人书信、日记和言论的分析，“此时传播媒体代表的是中下官员与士大夫的改革呼声，它的本意希望可以唤起有决策能力的上位者采行革新的方向，并无颠覆原有政治结构的本意，甚至需要既有政治势力的奥援（如所谓‘帝党’与皇帝）。传播媒体是沟通内外（中国与西方）、上下（中央核心官员与地方下层官员士大夫）的媒介，但并不存在以外或下取代内与上的意图”。自然，作者并没有将这个时期政治化的传播媒介“想象”成理想化的“公共空间”，而由于办报人具有不同的政治理想和现实考量，所以对待政治言论方面的态度就并不纯然一致。以《时务报》为例，作者通过汪康年的书札，孙宝瑄、梁启超等人书信的精细分析，充分勾勒了梁启超与汪康年赋予以及运作《时务报》的不同使命和方法，因此而造成种种冲突，最后导致汪另立山头的状况，而梁启超则抨击汪康年“公等在上海歌筵舞座中，日日以排挤、侮弄、谣诼、挖苦南海先生为事。南海固不知有何仇于公等，而遭如此之形容刻画。然而弟犹靦然为君家生意出死力，是亦狗彘之不如矣”。可见隔阂之深冲突之烈。

正是对于历史复杂性和含混性的充分呈现，让作者在一定程度上摈除了历史学的“后见之明”，在沿用西方公共领域的概念时就自然保持了充分的警惕。哈贝马斯建立在对近代欧洲历史经验的分析基础上的公共领域架构，近些年来经常被用来分析近代中国的历史，但也时常发生一些“理论套用”的比附痕迹。李仁渊首先指出晚清中国言论空间与公共领域相似的地方，出现了官方势力之外的批判空间，并松动了传统专制政权的权威性，这样一个公共空间主要是由传播媒介构筑而成。但这里笔者想补充的是，在清末民初的上海公共领域，除了传播媒介之外还出现了大量的公园集会抗议，也是一种公共领域构造的组织化形式。（这一点可以通过方平、梁元生等学者的研究管窥。）同时，作者也重点指出了两者的差异，首先欧洲的公共领域的兴起与商业化的资本主义逻辑是紧密维系的，也是新兴的资产阶级对贵族生活方式的模仿（比如沙龙、咖啡馆的理性讨论和公共交往），是新的社会力量兴起后自然地形成的，并且经历了一个从文学公共领域到政治公共领域的结构转型。而在晚清中国，公共领域的主题从一开始就具有强烈的政治性，并且不是从社会自身自发地产生，而更多的是通过教会报刊模拟性地达成的，中国并无一个所谓的市民社会来支撑公共领域。中国公共领域的主体也不像欧洲那样是呼唤人权与自由的资产阶级，却是传统的占据绝对文化资本的士绅阶级，他们虽然呼唤改革，但在离开传统时并没有一种决绝的信念，反而有明显的依赖性。正是晚清公共领域的结构与主体上的这种特性，决定了其在引用西方理论时富有弹性的策略。例如作为一种普世主义理念的自由、平等、尊严等观念“理论旅行”到中国后却被“民族主义的架构”无声地消纳了，这在严复将密尔的《论自由》翻译成《群己权界论》可以感觉到。而之所以出现这种“变形”也正是因为中国公共领域一方面是在传统的清议模式中被理解的，另外又是在现实的处境里被投射了一种“创伤性记忆与雪耻型民族主义”（刘擎语）的时代内涵，被寄寓过于悲壮的使命去改变中国的命运。在这样的历史激流面前，被召唤的“新民”除了成为富国强兵的工具性个体外，仍旧像尘埃一样卑微，无从自立自足。

自然，晚清中国公共领域在与欧洲横向类比时确实呈现出这样的“中国特质”，但若放置在它自身成型的历史中自然也不是一成不变的，至少其空间的位移就表现得非常明显。正因为这样一种考虑，李仁渊花费了很多笔墨叙述传播媒介（包括报刊、出版社、阅报处、读书会等）是怎样从海外到国内、从租界到内地的迁移过程。在这样的过程中，传播媒介的社会功能逐渐发生了变化，而知识分子在利用报刊进行政治批判时的“概念工具、思想资源和知识仓库”也慢慢地发生了置换。作者在描述了传播媒介从租界到内地的扩散过程后，指出了其政治化之后的“启蒙转向”，“如果说戊戌时期的刊物主要在连结士绅阶层之意见、提供士绅言论之园地，以为官方与士绅沟通之桥梁的话，1900年代以来的报刊显然出现了新方向。这些启蒙报刊政治意图差异很大，许多报刊的重点根本不是政治，但它们的共同点是一致鼓吹破除迷信、陋俗，暗示地主张科学理性的精神，并且强调‘国家’与‘国民’之间的联结，建立富强国家，以摆脱当前民族困境。为了要达成后者，所以要鼓吹前者，唯有每一个‘国民’都有足够智识、发挥理性精神，并且体认自身与大群之间的关系，民族国家方能陶铸而成。同样作为沟通媒介，戊戌时期的媒介主要在沟通分散各地的士人，提供一个西方学说输入与政治意见交换的空间，并以此作为士人与官方（越过腐败的官僚）沟通的管道。但是在这个时期，报刊等媒介多负载了一项功能，作为一项沟通的工具，其主要目的是在沟通士人与下层民众，并借之开通民众的理性，使士人与民众同成为一个广大的‘公共’之一分子”。在这个层面上，作者借鉴了中国台湾学者李孝悌在《清末的下层社会启蒙运动》中的大量成果，从而使其研究与已有成果构成很好的学术传承的关系，这不像某些学者著书立说动辄“开天辟地”地要“填补空白”，而从不考虑其他同行的相关研究。

作者的这种研究方法自然与新社会文化史在台湾地区史学界的兴盛有密切的关联。有论者认为：“新社会文化史的兴起改变了我们过去只研究经验的和实体的社会历史，那种经济基础和上层建筑之间的简单对应和决定关系，转而强调对象征层面的‘表象’的历史研究，关注话语生产和社会实践之间的关系，以及文化对社会的生产和创造的能动作用，从一定意义上说，以后现代主义作为自己理论基础的新社会文化史在转换研究视角，开拓新的研究领域等方面具有很大的积极意义，的确是历史学研究领域中的一种‘反转’和一场‘颠覆性’的革命。”《晚清的新式传播媒体与知识分子：以报刊出版为中心的讨论》的问题意识（即传播媒介与政治、社会、思想之间的互动是如何完成的）正好契合了所谓“话语生产”和“社会实践”的关系，对晚清的“思想资源”“公共领域”以及通过理论跨语际实践形成的“民族主义思潮”的分析都是借助对传播媒介这一话语生产机制的考究来达成。当然，如果作者仅仅是注重“历史的表象”，最终虽可能建造一个“精巧的架构”，却可能在关注丰富的表象的时候疏漏了历史人物的“内在心灵”。历史是属人的历史，离开了人的心灵和精神，历史就成了黑格尔客观精神和绝对意志的展开过程，或者成了马克思所谓的经济决定论和阶级斗争模式的实验场所。正是基于这样一种考虑，作者在仔细爬梳传播媒介与社会政治互动的同时，也深切地关注了当时的士绅阶层面对媒介这一新颖的“社会机制”，在心理上是如何因应的。作者依据山西“守旧”士人刘大鹏的《退想斋日记》和江浙士子孙宝瑄的《忘山庐日记》所记述的情事真切地再现了其时其景。刘大鹏身处内地的山西太谷地区，也能够时常通过《晋报》《中华报》等了解最新资讯，可他仍旧固执地迷恋旧时代的典章文物，对新式学堂、报刊采取疏离乃至鄙视的态度。作者很好地拿捏到了刘的内心困顿：“对在中西学竞争之下居于劣势的刘大鹏，始终无法接受西学，及以西学为础的取材方式，对于革命党与学生之不满，更混杂着赖以定位立足的伦理与政治、家庭与国家秩序崩坏之焦虑感。在这种从社会与思想环境塑造而成的心态之下，即使具备新学与革命思想的书刊文本与传播管道，作为行动者的读者亦可选择不去阅读他。”与刘大鹏比较起来，出生于沿海仕宦之家的孙宝瑄则要开放得多。他从青少年时代开始就广泛阅读《国闻报》《时务报》《清议报》《新民丛报》《京报》等，以开放积极的心态接受新式媒介与知识。由此可见，士绅阶层因为出身、阅历、知识结构和地域文化等多种因素，在面对晚清的新式媒介时的态度并不是同质化的，却呈现出多种多样的复杂面相。这种对历史中人物心灵细节的白描就从很大程度上淡化了李著理论结构的生硬，使得历史书写环绕着知识分子在媒介与社会的夹层中如何展现中国式特质来展开。

知识分子群体的历史角色与社会空间是李仁渊关怀所系之重点，有关新式传播媒体的论述都是围绕其展开的。但是，作者的论述却没有很好地回应近年来讨论热烈的一个问题。按照作者师承的余英时到王汎森、罗志田的学术谱系的问题意识，知识分子的边缘化是晚清到民国的一个核心问题。余先生率先提出了这个尖锐命题，认为中国知识分子在近代中国是政治与文化的双重边缘化；而王汎森先生则提出了近代知识分子自我形象转变的两条主线，即感叹自己“为什么还不是一个工人”的民粹主义知识分子取向与“重建社会重心”的自由主义知识分子取向；罗志田则通过大量的史料重构边缘化知识分子群体的兴起过程。与此相对应的另外一种观点是张灏先生提出来的。他认为科举制和皇权官僚体系的崩解从表面上看似乎切断了知识分子与政治权力的通道，其实是彻底地解放了知识分子，使其可以凭借现代媒介、出版机构、大学等社会空间爆发出更大的社会能量。五四新文化运动时期知识分子的辉煌成就就是一个明证。如前所述，作者的核心问题是考察传播媒介与社会、政治、思想的互动，那么传播媒介的出现到底是知识分子边缘化的表征还是其“中心化”的标志，作者没有进行更深入的论说，仅仅是语焉不详地介绍了王汎森先生的观点。按其所述，1895 年前由于士绅没有大量参与传播媒介，导致其社会影响力微薄，而 1895 年后就完全改观，似乎是说明了知识分子并没有边缘化。

其次，作者虽然言之凿凿地反对将西方理论滥用于中国史学研究，却仍然流露出“生硬”的痕迹。例如对公共领域的探讨中，作者以一个现代知识分子对自由、平等观念的体认来慨叹晚清知识分子对此问题的冷淡和误用。这就不是在历史自身固有的脉络中理解历史人物的作为了。如何在中国自身传统的脉络里理解晚清知识分子对启蒙运动观念的“解读”，尤其是如何在中国士大夫强大的清议传统里理解新式传播媒体对政论、言论的重视，以及知识分子在接受与传播过程中扮演了怎样的接榫作用，也许是该书需要更进一步探讨的地方。按照沟口雄三在《中国前近代思想之曲折与展开》和《中国的思想》中的论述，古代中国知识分子关于“天”“理”“公”“自然”等核心概念都有着与欧洲、日本不一样的理解。沟口称之为中国气派的思想或者中国近代式的自然法。在这样一个思想史脉络里，近现代知识分子自然不可能“原汁原味”地体会“自由”“平等”“民主”等观念，或许这可称之为创造性的“误读”，反而彰显一代学人在充分理解传统文化基础上的学术自主性。而近代知识分子究竟如何阅读和接受西方文本与思想仍旧需要在一个更扎实的架构里来处理，中国台湾学者潘光哲近年来所着力的“晚清士人阅读史研究”可说为作者在这方面的进一步深挖和探究开启了一个可能的路径，如潘发表于2005年第5期《历史研究》的《〈时务报〉和它的读者》就是阅读史研究的典范。

再次，我们可以感觉到作者的论述是试图勾连其晚清新式传播媒体的扩展史与阅读史，并且在一定程度上克服了季家珍在《印刷与政治：〈时报〉与晚清中国的改革文化》中所出现的问题，即仅仅局限于报纸的言论空间来探讨印刷与政治的互文关系，成功地把媒介作为一种社会建制和公共空间来看历史人物、思想观念与政治架构、地方社会等的互动，但是正如我们阅读时所感触到的，作者在将历史脉络化的同时（也就是试图将历史的突变通过某种解释串联起来）却可能过度重视了“历史的断裂点”的延续功能。例如作者在分析1895年前后传播媒介社会影响力的时候，就认为甲午战争导致传播媒介的政治化，从而扩大其社会参与感。传播媒介自身是不是有一个内在的脉络在向政治化的路径发展呢？按照当时新式媒介的发展，士绅阶层可能并不一定如作者所指出的那样1895年前一直在疏离甚或抵制，也许另有一条线索在慢慢靠拢新式媒介。如果为了解释历史突变的便利，而将1895年的重大事件作为一个截然的分水岭，也许可能遮蔽了历史内在的复杂性，而在某种意义上类似于近些年史学界一直在反思的“冲击—回应”模式。如果假设作者这样一种解释有其科学性，那么按照作者的逻辑何以解释晚清新式传播媒介在1900年后的转向，即从专注政治改革的上层路线转向到以启蒙中下层社会为主要目的。如果前面的“冲击—回应”模式成立的话，那么这个时间似乎应该倒推至1898年百日维新的挫败。因此，这种以重大事件来解释历史突变的方式也许值得进一步讨论与商榷。

《晚清的新式传播媒体与知识分子：以报刊出版为中心的讨论》，

李仁渊著，稻乡出版社2005年版

“广东文化”的建构

美国人类学家吉尔兹认为：“理论框架是文化人类学的精华所在。文化人类学的基本宗旨是发现人们行为的初衷，这些都是颇具相似特征的。甚至在其最有影响力的理论学派——如进化论者、传播论者、功能论者以及最近的结构主义者及社会生物论者——他们都有一个共识，即对事物的观察是否正确取决于观察人的角度和观察的方式。对文化人类学者而言，从一些陌生的不同的观念中理清其结构，去塑造自己的知识，总是不可避免地要地方化，这与了解其方式方法以及思想方法等是密不可分的。”近些年，中国史学界热衷于对近代中国公共领域和公共空间的讨论，探寻中国式的公共领域的发生机制、主体构成、社会效力等特征，但是由于没有对“地方性知识”的充分研究作为基底，这种讨论往往容易流于浮泛的形式论证和社会想象。可喜的是，这种状况正在得到改变。

中山大学历史学系程美宝教授的《地域文化与国家认同：晚清以来“广东文化”观的形成》(以下简称《地域文化与国家认

同》）则是将历史研究从过度聚焦于中心区域（例如这些年炙手可热的上海史研究）向“蛮夷之地”的广东进行“位移”，运用文化人类学与历史社会学的方法重构了所谓“广东文化”这一表象的叙述是如何被历史地建构起来的过程。何谓广东文化？它能否被相对确切地界定在一个范围之内？“广东文化”的制造者究竟是广东百姓还是广东的知识分子？广东文化观被建构的历史动机究竟何在？作者在交代该书主旨时用了三个否定式的陈述来表达，即该书不是“一个地域文化的研究”，不是“一个纯粹的‘观念史’研究”，不是“一个地方史的研究”，这是对读者可能因为书名而产生的“刻板印象”的“消解”，那么作者的研究意图和趣味究竟何在呢？她在导论中作了说明：“本研究企图以‘广东文化’为例，尝试把清末以来中国的‘地方文化’视为一个命题、一套表达的语言来看，探讨在不同的时代，在怎样的权力互动下，不同的内容如何被选取填进某个‘地方文化’的框框。”也就是说，作者并非以作为实体的“广东文化”作为关怀所在，而毋宁是以作为历史意识形态的“广东文化观”成为其研究之根本对象。她试图通过对历史进程中各个时代、不同角色源于各种动机对“广东文化”的表述的考察，来观察晚清以来中国的地方文化观究竟是在一种怎样的机制与情境中被知识分子生产出来，它所呈现的作为地方性知识的样态与国家认同之间又是如何复杂地纠缠在一起。换言之，作者的目的绝对不仅仅是特殊主义的“地方关怀”，而是借助对“地方文化”的考察来讨论一个普遍主义的问题，尤其是学术与政治在历史空间里如何交互影响更是作者的关怀所系。

按照作者在“余论”中的交代，她并不认同二元对立的“基

层 / 民间 / 地方 VS 国家 / 官方 / 中央”的分析框架，并怀疑用这种分析架构来讨论中国社会或传统中国的知识群体的“适用限度”。作者自陈其研究方法乃是：“研究中国‘地域文化’，不可忽略的是从认同并定义着这种文化的人们的眼光和世界观出发，而不可基于后人的角度和认识把自己的价值观强加于研究对象。我们必须透过审视操控着书写历史权力的读书人的‘文化观念’的形成及演进的历史过程，从历史批判中拆解自己对‘地域文化’的迷信，才能更设身处地去理解定义这些地域文化的人物和他们身处的时代。”一方面，作者对广东文化观的历史形成抱持着一份钱穆先生所谓的“温情与敬意”，不以一己之喜憎剪裁历史；另一方面，作者深受福柯等后现代历史观的影响，认为“地方文化”作为一种历史表述总是与书写者的权力架构与利益取向无法分割的。因此，她细致地考察了广东文化言说者的身世与立场之间的隐秘关联。例如，作者认为作为广东客家文化的“代言人”罗香林，其研究在表面客观的背后仍旧隐含着“学术与政治”隐秘的牵连。如作者所言：“罗香林同时兼备学者和官员两重身份，展示了学术和政治如何结合起来，提升他所认同的族群的地位。由罗香林推动的客家研究，在广东文化研究的学术传统形成过程占有重要位置，透过这个过程，我们可以看到在学术研究领域上建立广东文化观念的政治议程。”

依照作者所陈说的旨趣，广东文化人在从晚清到民国的历史嬗蜕中，在国家认同与地域文化的内在紧张中如何调适其立场与身份乃是一个贯穿全书的线索。作者没有停留在国家与地方的简单对立之中来处理如此繁复的问题，也没有用文化多元性与社会现代性等时髦话语轻易地“解构”二者的张力。她通过从多层面考察广东文化人的“历史表述”的深层困境，比如被建构的“蛮夷之地”与“华夏文化”的血亲想象，比如许多广东知识分子将“粤语”认定为隋唐古音，从而强化自身文化的正统性。这种文化的正统性到了民国以后就演绎成“国家认同”的来源。即使如此，作者仍旧注意到了两者的内在紧张：“广东士大夫透过科举及文言写作能力的表现，可以和北方的士子并驾齐驱，他们之所以一再强调自己的方言的正统性，其实是要加强他们与国家文化及传统的认同。然而，也由于‘写’和‘说’的分离，尽管他们一方面强调粤语属‘中原古音’，但另一方面，却始终认为粤语写作不能登大雅之堂。只要我们回顾一下粤语写作的发展历史，就会了解到，国家意识如何深深影响到人们对本地语言的观感。”

地方志往往是地域文化和读书人文化观念最集中的“表达形式”，也最能揭示知识分子如何通过操控书写的权力来达到自身社群的利益目的。《地域文化与国家认同》一书自然也没有“忽略”这个重要的观察窗口，通过对《高要县志》编修过程的爬梳，作者充分展现了读书人与地方权势集团的互动，同时也展示了在急剧的社会变动中，读书人在编修地方志中体现出来的“迎合、权衡与狡黠”，即通过“旧瓶装新酒”的方式将民国新的“社会内容”填充到“地方志”中间去，以左右逢源于广东的“新、旧势力”。质言之，作者的趣味并不在于对“广东文化”这一表象进行叙述，而是通过对不同历史情境中不同读书人对“广东文化”的各式表达的“精读”，来精细地勾描当时知识分子的“心灵的历史”。这种再解读就有效地规避了历史写作沦落为“话语的技术操作”的可能，而成为一次次对个体与社群的历史意识的探险。作者在完成对该县志的文本细读后指出："民国《高要县志》的纂修者，虽然都是在清朝获得功名之人，同时也是民国的新进，他们竭力为自己穿上一件现代知识分子的外衣，也竭力为高要县套上一身现代和民族主义的外衣。不过，由于他们的教育背景和与外部世界的接触有限，在当时大城市的知识分子的眼中，他们起码落后了半个世纪。他们认识许多'现代'和'民族'的观念，其实是国民政府潜移默化的结果，国民政府为他们提供了一套熟悉的词汇，让他们更容易地表述他们'国民'的身份。"因此，我宁愿把这本著作作为广东知识分子在晚清到民国的"心态史"来阅读。

在笔者看来，《地域文化与国家认同》最精彩的章节是对于岭学源流的考察。通过对"学海堂"的内外网络与"身后历史"的比较与再现，作者刻画了阮元、陈澧、朱次琦、温肃等士子形象，展现了他们如何为广东文化争取学术地位和资源的过程。在这些学海堂人的心目中，学术并不需要与社会刻意地保持一种距离，反而可以充分地利用"商人资源""地方政治"为学术服务，既可以为学术研究提供足够的资源，也可以开通学术"经世致用"的渠道。学术没有被纳入国家的一体化的计划体制，而可以争取诸多的民间资源，也许是民国学术繁荣的一个重要原因，争取的过程也充分展示了文化的权力网络与社会网络是如何交织在一起的。学术文化为政治权力网络提供智囊和象征性资源，而政治和商业的支持又进一步强化学术的"社会影响力"，并为学术的发展提供支持。作者指出："学海堂成立之年代，正值广州与西方世界贸易最为兴盛之时，从事对外贸易的行商家财丰厚，在衣食住行方面的奢侈和讲究，教目睹的外国人咋舌。这样的经济基础，对于推动文化事业，自然大有帮助。事实上，学海堂部分经费，就是来自从事鸦片贸易的行商伍崇曜的。此外，学海堂的学人也和行商有着各种交往和关系。”地方政治更是潜在地规约了学海堂作为学术文化机构的走向，如作者所洞察的那样：“学海堂实际上是晚清广东的政治中心。谁被委任为学海堂学长，其学术取向和成就固然是重要条件，但其政治立场和在地方上有可能得到的支持，也不容忽视。全国所认同的学术标准固然是决定谁足以成为广东文化的发言人的基础，但广东的内部政治，对于如何定义当代和以后的广东文化，也起着关键的作用。”中国古代的政治模式是士大夫主导的士绅社会，而知识分子集中的公共空间往往对政治会发生强大的影响，而这一政治特征到了西学开始冲击“中国”的晚清广东时仍然保持了强劲的生命力。阎步克认为：“中华帝国的官僚政治以学者（文人）作为官员的主要来源，这种特殊类型的官员构成了一个被称为‘士大夫’的社会阶层。‘士、农、工、商’这种表述，集中地反映了中国古代社会结构的特征性。”这就能够充分地解释为什么学海堂能够成为广东的地方政治中心。

无论是对于广东的文化想象（即认定广东为中原文化的分支）的分析，还是对于粤语、广东民俗、地方志等“地方性知识”的描摹，或者对于岭学源流的考究，作者的出发点虽是对于地域文化的辨析，但却时刻可见其对于这种地域文化的内核的“拿捏”，即从晚清到民国困扰或者说鼓召知识分子最根本的动力是民族主义的激情，甚至是民粹主义的历史想象。这种分析充分印证了安德森所谓“想象的共同体”在建构民族国家的历史进程中的功用，也从地方文化的个案史角度说明了汪晖的论断：近代中国知识分子的世界观完成了从天理世界观到公理世界的历史转型。虽然作者声称自己的历史写作是反“观念史”式的，但是通读全书，我们却可以强烈地感觉到一个“观念论者的幽灵肖像”，即作者认定国家认同与民族立场在晚清到民国的广东知识分子心灵史中是“压倒性的心理机制”。例如：作者在解释民国民俗学在广东的兴起时，便认为这是接受了西学后的知识分子丧失了自身的文化认同后的自我慰藉，“在西方找不着中国，他们也不愿意在旧中国里找回中国，为了建构一种新的国家意识，他们到群众中去”。在阐释知识分子热衷于民俗学的时候，作者认为“在民粹主义背后，民国知识分子的终极关怀，仍然是民族主义。这套以统一的中华民族为前提的民族主义，不但主导了他们的思想，还深深地影响着他们的词汇和语法。在为国家，也为他们自己寻求一个新身份的过程中，民国知识分子发现，民间文学和风俗，是为一个统一的中国建立起一套新的文化的最丰富的资源”。相对于晚清到民国知识分子离开乡村进入城市的整体进程，知识分子到群众中去或者说到民间去的根本动力也许不能轻易地用“建构新的国家意识”来解释，夹杂在这个滚滚人潮中的知识分子既有寻找革命资源的革命者（如从上海到安源的革命知识分子），也有对革命失望后的文化浪漫主义者，同时还有逃避现实的投机知识分子，甚至不乏文化保守主义者（如梁漱溟等乡村建设论者）。

许纪霖先生认为近代中国是一个“断裂社会”：“在传统社会中士大夫阶级与国家和社会的有机联系，如今都崩溃了。科举制度的废除，使得现代的知识分子与国家不仅失去了内在的体制关联，而且对国家产生了强烈的疏离感。另一方面，大批知识精英离开家乡，离开乡村，进入都市，又意味着他们脱离了传统的民间社会，失去了自己的血缘、地缘和文化之根。在传统中国，士大夫是国家与社会之间的中枢，如今他们不仅疏离了国家，而且也游离了社会，成为无所依附的自由漂浮者。”从这个角度来看民国知识分子到民间去的热潮，就会发觉一个巨大的历史悖论：一方面，从制度层面来说，知识分子确实与国家政权产生了前所未有的疏离，成为边缘化的知识社群；另一方面，知识分子也在殚精竭虑地寻求填补内心空白的民族激情，试图迅速建立个体与国家的象征性联系（这种象征性联系对于当时的知识分子却是非常实在的情感慰藉）。如此看来，民国广东知识分子的国家认同也就仅仅是一种“抽象的抒情”，也就是说仅仅是一种理念层面的认同而已，到了具体的问题上，“国家认同”成了为自我利益辩护的正当性资源，或者成了打击异己的理论工具。“国家”与“地方”的冲突在理念的层次被熨帖地融合了起来。作者也注意到了广东知识分子的这一困局：“地方读书人在企图改革地方风俗的过程中，以为自己也在参与建设新的中国文化，但由于在情感和利益的层面上，他们更能认同的是自己的地方，因此，要正面地表现地方特色，只能把地方与国家拉上关系。但如此一来，他们实际上是在削平地方特色，地方观念和国家观念的共存和融合，只能是在理念的层面上得到体现。”这样一来，“国家认同”就成了被搁置的“民族主义文化空壳”，地方情感和利益才是决定历史人物作为的关键因素，而事实上在作者的整个论述中，民族主义似乎是广东文化观的“灵魂”，主导着广东知识分子的行为取舍和言论，那么如何解释这种叙述的逻辑悖论？国家认同与民族立场到底可否被估量到如书中所言说的分量？如果繁复的广东文化观的形成可以如此轻易地被这样一种“民族主义叙述”阐释，那么中国的所有地域文化似乎都可以在这样一种民族主义架构中被理解，这会不会导致用一种普遍主义的论述架构消解了地方历史的内在复杂？正如作者在前言中所指出，作者的本意不是做一个地方文化的研究，而是试图以广东文化观的形成为个案来研讨地方文化作为一种历史叙述是如何在权力与情感的历史空间中形成的。这种试图把个案研究普遍主义化的动机可能就会导致作者过度强调了民族主义（即国家认同）在地方文化形成中的作用。

新社会文化史对中国史学界正在发生“革命性的影响”，“表象”成为其“文化关键词”，“表象这一概念带给文化史的东西是最适合玩味的。……新史学不再局限于主题目录，也放弃了精英文化和大众文化之争，谋求通过语言、图像和象征符号等重建表现为‘接受’‘发明’和表象斗争上的文化实践。它不仅关注语言和图像本身，也关注这些对象的交换方式，比如通过书籍、通过社团网络、通过代言人等媒介进行的交换”。作为一项社会文化史的课题研究，作者关注的中心是作为表象的文化叙述是如何被历史性地编织起来的，重构广东知识分子的文化实践，因此对历史文献的解读以及考察其背后动机成为主要的着力点。这种努力试图厘清历史背后的“心理动机”与“利益考量”，同时也试图把歧异的各种行为与话语编织进“文化—权力”的论述架构中间。正因为此，“历史的首要任务已不是解释文献、确定它的真伪及其表述的价值，而是研究文献的内涵和制订文献：历史对文献进行组织、分割、分配、安排、划分层次、建立序列、从不合理的因素中提炼出合理的因素、测定各种成分、确定各种单位、描述各种关系”。正是这种被后现代史学灌注力量的新社会文化史的研究视角，让作者能够大胆声称其研究是“去地方史”“去地域文化”的非纯粹观念史研究。

在这样一种“先入为主”的解释架构的支配下，含混的、歧异的，甚至冲突的、悖论式的历史现象（包括对历史现象的表述）都可以被“圆融而精致”地予以解释，“失语的历史”成了被新社会文化史这把达摩克利斯之剑“裁割”的对象，历史自身的丰富性可能就被遮蔽或筛选掉了，而无从自由地生长出来。权力和利益成了解释人类行为的“万灵丹药”。而构成历史动力的除了利益显然还有人类永不磨灭的理想主义激情。例如作者在讨论粤语作为一种方言在广东革命史过程中的作用时说：“一个有趣的悖论是，方言的颠覆性帮助读书人建立新的国家观念，其浅白亲切的特性也帮助普罗大众学习这新的国家观念。可是，一旦国家真正建立起来了，方言的颠覆性有可能针对的，就是这个新的国家，其发展因而也就很快被压抑，而始终维持着一个‘方言’的地位。”“书写粤语”真乃一种颠覆性的革命吗？对粤语书写更多的是一种大众文化和地方文化的表达形式的“因地制宜”的变更，而认定其为“国家认同与地方认同”角力的载体，是否有足够的当时读书人在日记、书信或文章中“自觉的历史意识”等史料支撑，如何在阐释历史变动的原因时避免“过度阐释”的思维陷阱？另外如解释广府人与客家人争夺对广东文化正统地位的“文化斗争”时，作者认为：“当文字的操控权不再仅仅掌握在广府人手里，当其他方言群的自我意识越趋强烈之后，他们便不一定接受广府人这种一厢情愿的论述。客家人的历史叙述，便是从个别人撰写的历史，演变为自己写自己的历史的过程，更确切地说，是演变为自己意识到自己‘是’客家人，并为自己所认同的群体撰写历史的过程。这个过程典型地反映出所谓族群之区分，其实是一种发现‘己’之意识，然后把‘己’和‘他’划分开来的结果。”单单用自我意识的觉醒显然无法从根本上解释这一话语权的争夺之战，并且常常因为反对“经济决定论”而滑落到另一极端“文化决定论”的怪圈，这也是新社会文化史的“最大的敌人”。因此，对文化书写的权力的控制与反控制背后所折射的仍旧还是政治经济实力的角逐。如果舍弃了这一思考的维度，历史就会变成滑翔在大地表层的“意识形态云彩”，美丽、轻盈而空洞。事实上，作者对学海堂的历史考察已经充分证明了政治力量、经济实力对文化、学术的影响。

通过对广东文化观的历史陈述的考察，作者发现“所谓的‘广东文化’，只是以行政界线划分的一个范畴，至于里面填塞了什么内容，除了顺应国家文化的定义的改变而更替外，也是在这个地域范畴里活动的人群角力的结果”。作者的努力所展现的正是在广东文化究竟是什么的话语权争夺中，各色人群轮番上场集体表达的历史，在这种历史书写中，作者获得了作为一个历史学者最愉悦的精神慰藉：“即使是在动辄以二元对立观来观照世界的民国知识分子，在叙述他们定义的地方文化时，也不会把‘国家’和‘地方’对立起来。这种实际上多元而在表述上又趋向统一的辨证的国家地方关系，恰恰是中国文化最诱人的地方。”其实，这也是作为读者的我们在阅读该书时在历史研究方法上获得的最深刻的印象和启迪。

《地域文化与国家认同：晚清以来“广东文化”观的形成》，

程美宝著，生活·读书·新知三联书店 2006 年版

茶馆：抵抗现代化的桥头堡？

《茶馆：成都的公共生活和微观世界（1900—1950）》（以下简称《茶馆》）的尾声以“寻梦”的方式结束，作者王笛教授对活跃在成都茶馆的各种群体以充满情感的梦呓般的方式赞美，认为这些弱小而手无寸铁的茶馆经理人、堂倌和茶客，在这风云激荡的五十年以韧性的坐茶馆形式等“弱者的武器”，面对国家权力的伸张和现代文化的同一性，进行了弱者的反抗，而捍卫了茶馆和日常文化的尊严。在上海史研究掀起的中国都市研究热潮中，《茶馆》注定是一本格格不入而光彩照人的著作，它的独特性之一就在于作者王笛所秉持的如上文所叙述的基本价值立场，以及在这种立场的支撑下，对待成都这个内陆城市的“现代史”不同于主流论述的书写方式。简言之，这种立场的核心就是对于所谓现代性的一种反思甚至批评的态度，以及对于传统生活世界的一种有力的辩护。同样是弥漫着一种念兹在兹的怀旧情感，《茶馆》却与《上海摩登：一种新都市文化在中国》（以及类似的著作）的格调大异其趣，后者的眼光聚焦在欧风美雨熏染下的中国城市的现代性元素，以及对这种元素映衬下的西方文化与中产阶级的生活方式的重温与欣羡，而《茶馆》则是在来势汹汹的现代化浪潮中，打捞那些无法被强势的西方话语与权力话语洗刷掉的普通人的生活方式与情感方式，不，成都茶馆所象征的传统生活世界在作者看来，从来就没有完全的支离破碎，它仍旧存在于历史的暗处，像一个扑朔迷离而美轮美奂的梦，等着作者，也等着《茶馆》的读者去追寻。

历史写作，其实也是一种构筑社会记忆的方式。《茶馆》的意义之一就在于，它将不为人们注意的成都普通人的日常生活史惟妙惟肖地描述了出来，这种日常生活往往因为日复一日的重复和单调，而被历史学家认为无足轻重。可在《茶馆》作者看来，正是这种琐碎、庸常的生活世界，包含着一种自足而顽强的抵御外来文化霸权侵蚀的潜力。比如普通茶客在茶馆的“喊茶钱”；比如茶博士的高超的技艺和洞察人心的本领；比如活动在茶馆里讨生活的各式人群，如剃头匠、修脚匠、戏子等；比如茶馆附近居民与茶馆生活的互动；比如成都人在茶馆里的“吃讲茶”（茶馆讲理）。在一种强势的现代话语的笼罩下，茶馆成为一种混乱无序的社会空间，茶馆戏曲成为情欲文化的象征，茶馆的卫生标准大打折扣，而“吃讲茶”的民间调节机制则被指控无视于政治法律的权威性和独占性。面对这套精英话语，茶客们、堂倌们自然无法进行一场对等的论辩，他们既没有足够的政治经济资源来为自我的生活辩护，更没有一定的媒介话语权力来传播茶馆生活的正面价值。

在《茶馆》作者看来，无论是政府力量，还是改良精英，都是试图利用现代化这一套话语，来将国家权力的触角延伸到茶馆生活的每一个角落，控制茶馆的经营方式、规章制度、纳税、雇用体系、卫生标准、价格等。控制的首要目的是造成一个有序而规训的茶馆空间。茶馆业主自然也并非完全顺从，他们所组织的茶社业工会等社会自组织，也通过各种方式在政府力量与茶馆主之间寻求平衡与妥协。如何评估政府的这种作为？王笛认为：“国家推行的现代化的动力，使地方文化日益趋向国家文化的同一性，削弱了地方文化的差异性和个性。作为公共空间的茶馆成为抵抗精英和国家推行的现代性的一个重要桥头堡，茶客、茶馆和其他依靠茶馆为生的人们，面对政府的规章和禁令，结成了同盟以对抗国家的控制，以维持他们使用公共空间的权力。”在整个民国时期，作为一个弱势独裁政党的国民党及其国民政府，事实上从来就没有能够完全地将所谓的国家权力和现代文化全面地镶嵌到日常生活世界之中。这种全面掌控社会生活空间的政治意志，由于并无统一的国家政权和严密组织的政党力量作为依托，往往在现实层面凌空蹈虚沦为空谈。这一点在中山大学程美宝教授的著作《地域文化与国家认同——晚清以来“广东文化”观的形成》中也得到了充分的印证，国家认同其实是被广东文化人用来论证地方文化合法性的理由，真正强韧有力的还是扎根在地方性知识与传统之中的本地文化。巧合的是，民国时期的四川和广东都是国家权力无法完全管束的地方性空间。茶馆确实在面临着一种社会性压力，这种压力究竟是不是来自于一个内涵和边界清晰的国家权力和政治文化，实在值得进一步追问。而从另一个角度来思考，茶馆象征一个王笛所命名的“自由世界”，这个自由世界有点类似于阿伦特所言的共同世界，是茶馆人出生时进入，死亡时离开的永恒的公共世界，它有着时间上的连续性和情感上的包容性，但这并不意味着政府的任何治理都是不正当的，或者说缺乏合法性的，在自由与秩序之间，人类永远是在寻求一种相对的平衡。过度的自由可能导向混乱，而强硬的秩序则必定会压制自由多元的文化，从而窒息茶馆人日常生活的自在感。

事实上，王笛在强烈地批判国家权力的介入和现代文化对茶馆文化的污染时，似乎在想象一个去政治化的茶馆空间，在这里有一种人类学家吉尔兹所言的地方性知识和非政治的权威，柔性地引导（而不是刚性地治理）生活在一个自足世界的茶客们。这是出生并成长于成都的王笛教授的政治蓝图。可通过他的描述，我们发现茶馆之所以备受成都人的认同，除了提供了普通人情感上的慰藉和日常生活的便利之外，政治性闲谈是茶馆生活最重要的成分之一。作者在探讨茶馆秩序的部分便形象地刻画了茶馆政治家的社会形象："一些'茶馆政治家'颇有社会声望，但他们中许多也自以为是，认为比一般人更懂政治，总是希望自己成为茶馆闲聊的中心。他们一般嗓门比较大，不喜欢不同意见，因此也不时成为人们调笑的对象。他们经常在茶馆里长篇大论，口若悬河，犹如戏台上的演员。不过在某种程度上，他们能影响公众舆论。即使人们一般并不认真对待茶馆议论，但茶馆给人们提供了一个非正式讲台，人们在那里表达政治声音，国家则以暴力压制那些其不喜欢的言论。"在一个以男人为主体的茶馆世界里，政治与性自然是永恒的主题。茶馆世界的政治性闲谈所表达的，是中国人对于政治不感兴趣的兴趣，甚至更多的是对于政治事务和中国现状的牢骚，这种牢骚更多的是一种消费性的政治文化，它的目的似乎是宣泄内心的不满和假想式的政治介入的满足，而无法凝聚成一种真正有效有力的政治批评文化，也无法构建成一种具有约束力和引导力的政治意志。正是在这个意义上，我们可以看见成都茶馆文化与哈贝马斯所描述的西欧近代史上的沙龙、酒吧、咖啡馆的差异，后者从私人的世界凝聚出批判性的公共空间，并最终迫使政治权威的合法性必须尊重其意见世界。正如王笛所指出的，茶馆的主要功能是经济互利、情感安置和生活方便等功能，而政治批判意识从来不是主角。

与对国家权力介入茶馆世界的批评平行的另外一条线索，就是对于社会精英的批评和对平民意识的辩护。成都的知识精英在现代文化的启蒙之光照耀下，突然发觉此前浑然自足的茶馆文化，其实暗含着许多落后的因素。如关于茶馆的娱乐，正如作者所说，改良精英和地方政府竭力改革戏剧以作为大众娱乐控制之一部分，把他们的政治主张灌输在表演的节目之中。他们试图把“新的”“积极的”“进步的”情节加入传统戏曲中，以“教化”民众。茶馆的娱乐文化与休闲文化，如果不与时代精神和政治主题勾连起来，就成为一种不关切国家大事的自甘沦落。这里反映了政治权力和精英们对待茶馆空间的双重态度：一方面，他们试图消灭茶馆空间对于政治事务的任何批评和不满，希望打造出一个去政治的日常生活空间；另一方面，精英们却又屡屡批评茶馆文化在远离严肃的政治主题，成为一种低级低俗的日常文化。

值得注意的是精英们和茶客们对待时间的不同态度，茶客们泡茶馆、坐茶馆的无所事事、摆龙门阵等散漫的行为，在精英们看来，无异于一种社会性的慢性自杀行为，是一种浪费时间和精力的无意义行动。时间，以及对于时间的感受方式，成为一种区隔现代性和前现代性的标志。合理运用时间，乃至充分利用时间，将时间转化成效率、生产力和工作业绩，才是有价值的正当的生活态度。而茶客们流连忘返于茶馆世界，群居终日言不及义，在精英们看来无异于扼杀本可以创造财富的生命时间。这是对待时间的急功近利的态度。

规划时间，创造价值，以至于今人所谓“时间就是金钱”的观念，其实质是将时间视为一种生产性的资本，这种时间感无疑是钟表发明以及现代工业城市生活兴起后的一种共同性感受，它导致了现代社会的个体最基本的情感方式之一，那就是普遍性的焦虑，这种焦虑来自本雅明所谓现代社会“空洞的、匀质的时间”。茶馆生活恰恰是反焦虑的，它所提供的是一种“悠闲生活”，如王笛所言，人们在那里具有平等使用公共空间、追求公共生活的权利。每条街或附近几条街都有一个茶馆作为“社区中心”，人们去那里会友、获得信息、聊天，或者打发时间。这既是一个邻里的熟人世界，也是一个与陌生人交往的世界，人们的公私观念模糊，也没有所谓的隐私权，质言之，这是人们以善意和温情相互取暖的人情世界，在这里消化怨愤与仇恨，在这里寻求慰藉与理解。茶馆成为一个日常性的没有时间刻度的情感交汇空间，它虽然未必是一个政治意义上的自由世界，但对于绝大多数茶客来说，却肯定是一个悠哉乐哉的自在世界。正因为此，人们才乐此不疲。这种反现代性的时间感与生活的幸福感有一种隐秘的正相关性，结果就是成都数次被公众评价为当代中国生活最具有幸福感的城市之一，而宣称“城市，让生活更美好”的摩登上海则只能沦落为最不具有幸福感的城市之列。

正因为王笛教授对于成都人的这种茶馆哲学有一种深切之理解与同情，甚至是极力褒扬的态度，当他叙述的茶馆的社会生活史呈现某些不太正面的情形时，他的叙述马上呈现出一种防护性的写作姿态。比如在论述茶馆形成的职业、身份、阶层、地域、社区、邻里的分化时，这种分化其实在某种程度上就是在构成人们之间的区分和隔阂。王笛认为这并非茶馆的排他性，反而显示了茶馆的包容性，也即是说可以以类似的设施为各种人各种目的服务。而在论述茶馆的冲突和秩序的部分，作者在细致讨论了茶馆里的各种暴力、失序与混乱后，马上就指出，这是从五十年的成都历史里累积而成的负面事件，在统计学意义上几乎可以忽略不计，“在整个20世纪上半叶，即使茶馆不断发生恶性事件，茶馆生活一般来讲仍然是正常进行的，其基调仍然是平和的。无论从空间还是从时间来看，正常的茶馆生活仍然是主流”。比如对于茶馆里的乞丐的存在，作者认为这虽然是阶级分化的表现，却也同时显示了成都茶馆的包容性，“堂倌和经理不是把他们蛮横地赶出去，而是让这些不幸的人们有一个乞讨之地，特别是在冬天，这些饥寒交迫的人们哪怕在茶馆里乞讨不到什么，至少也可以稍微得到一点室内的温暖”。

或许可以说《茶馆》作者的叙述基调是哀悼与庆幸两种情感的变奏，一方面在哀叹传统生活世界在现代化的整体进程中的“无可奈何花落去”，另一方面却又在庆幸成都似乎是一个永远的历史例外，它的存在彰显了传统世界的生命力与柔韧性。基于这样一种情感方式，作者对于现代化以及与此息息相关的精英多有批评，而对于成都茶馆世界所象征的传统生活不吝赞美。问题在于，这种看似分明的价值立场却必须面对历史自身的含混，从而导致作者的立场显得暧昧。比如对于茶馆中的女性问题，作者描述了茶馆女艺人、女招待的处境，女艺人被政府和警察以“伤风败俗”为由禁止进入茶馆，而女招待“在成都代表着一个重大进步，既是雇用形式的变化，亦为茶馆生活和文化加入了新因素，改变了妇女的公共角色和性别关系等”。当女招待从上等茶馆向一般茶馆扩散，用作者的话说就是从“阳春白雪”式的精英专有变脸成“下里巴人”的共享时，精英们就开始以传统和法治的名义攻讦她们了。女招待在成都茶馆里的最终消亡是因为“性别歧视”，这种歧视恰恰来自成都社会和文化的传统。王笛指出，直到抗战时期，成都依然是一个比较保守的城市，传统的价值观仍然主宰着对女性的态度，特别是对她们公共角色的态度。作者对于成都妇女竭力进入公共空间的努力给予了肯定，认为是一种自觉的现代的态度。这种种价值冲突的叙述交错在一起，让作为读者的我为作者捏了把汗。对妇女的歧视根源于传统的保守观念，而成都人流连茶馆的生活方式，同样根源于传统价值观与地方文化，而妇女不能平等地享用公共空间（我们在王笛的研究中几乎很少窥见女茶客的出现，亦即作为消费和休闲主体的女性的存在，女性的脸谱要么是提供娱乐的艺人，要么是提供服务的招待，是一种被动的附庸性的置身于暗处的社会角色），恰恰从反面证明了成都精英推行的现代价值和人权努力不够，还未能使女性从传统的压抑中解放出来而获得自由。即此而言，《茶馆》作者对于“现代生活”的情感上的疏离和对于传统世界几乎无保留的亲近，必须面临一个很尖锐也很现实的困境，即如何面对茶馆中的女性的命运。现代再不济，也有根基深厚的理性之光芒，传统再辉煌，也有生活在暗处被压制和消音的“贱民”。王笛教授写作此书的主要目的是为这一群没有书写权的底层人（亦即他的成都老乡），搭建一个从历史阴影进入光亮之地的平台，他所批判的现代性中其实包含了某些支撑其诉求的核心价值。

韦伯强调学者的德性之一是保持智性的诚实和学术上的价值中立，我不知道《茶馆》作者的这种显著的情感上的偏向，是否会导致他在选择、理解、诠释和架构材料时的“一边倒”倾向，而如果不能克服这种倾向，这种历史写作是不是有可能会遮蔽深埋在时间深处的更复杂的纠结和更幽暗的人性中？例如，国家权力与地方文化是不是可以这样泾渭分明地区隔，二者之间有没有复杂的挪用、穿插和互动关系？现代化是不是必然就是一种对于地方文化和地方传统的宰制和压抑，它所内涵的自由多元的政治价值是不是也可能最大限度地释放地方性的文化系统，并使它的存在和扩展能够获得一种更充足的正当性理由？

自然，如果追溯20世纪中国的历史，尤其是政治暴力宰割地方文化系统，以及经济暴力摧毁传统文化价值的悲剧性历史，如果我们必须在《茶馆》作者彰显的两种角力的价值之间做出选择的话（我所认可的立场是横站，即两边作战，却又同时不舍弃现代与传统的美好元素），我会毫不迟疑地选择站在王笛教授这一边。他所苦心孤诣地再现的成都茶馆的这一段历史记忆，表明了历史记忆绝非仅仅是一种过去的存在的回忆。这种回忆其实深刻地参与了对现代价值的反思和建构，同时也表明了传统绝对不是一条死狗，只能躺在博物馆里沉默地示众，传统正在富有活力地介入当代的公共生活。这在很多批评者看来，就是作者一厢情愿的理想化的乌托邦想象而已，或者说，就是破镜难圆的一帘幽梦，在遍地神州学上海模式、国家意志无远弗届的今天，王笛教授通过文本方式所塑造的都市桃花源式的成都意象，但愿不会悲剧性地沦为千古绝唱。

《茶馆：成都的公共生活和微观世界（1900—1950）》，
王笛著，社会科学文献出版社 2010 年版

重访摩登上海

叶文心的《上海繁华：都会经济伦理与近代中国》（以下简称《上海繁华》）不是一本经济史著作，而是一册通过对上海故事的讲述，来重构一座城市的历史记忆的文化史。之所以说是“重构”，是因为作者自觉地与那些为1990年代以后上海的发展模式背书的庞大研究团队“划清界限”（虽说作者其实也在大量地引用后者的上海史研究成果），她对于弥漫在上海的怀旧情调更是有着冷静的审视和批判的视角。正如作者在结语中所言：“什么样的城市珍惜它的记忆？鸦片战争以后的上海一贯求变求新。上海素来不是记忆可以盘桓的场所。上海追求摩登，上海也追求革命。无论是资本主义的繁华还是社会主义的革命，在20世纪的大部分时间里，这个城市都以否定自己的过往来衡量自己的进步。……这个城市记忆的构筑，很难说到底为了什么。然而有一点是没有疑问的，就是这种对上海史的书写，有着明显的功利目的。城市历史叙事的书写不仅能丰富对城市未来的憧憬，而且也能支撑其当下行为政策的合法性。”

批判与反思自然是任何一个人文主义者应该具有的价值底线，但历史写作绝对不能等同于意识形态的批判话语。历史学的魅力正在于通过具体的人事与细节，来展现一种理解之后的内在反省。在琳琅满目的上海史著述中，《上海繁华》显得如此别具一格的原因就在于：它既非《上海摩登：一种新都市文化在中国（1930—1945）》式的驻留在对上海物质文化空间的无保留地描摹与念想，也不同于《危险的愉悦：20世纪上海的娼妓问题与现代性》等著作，注重将“底层叙述”（而非底层的个人化的故事）从尘封在档案馆里的落寞时空中挖掘出来。它关切的是在近代上海的变动中，居留在上海空间里的个体是如何理解、因应和承受这一切的。它将上海史书写的钟摆从“物”重新调校到“人”。普通人而非青帮、明星、名流、权贵的命运、欢欣与苦难等情感被聚焦在历史的显微镜之下。换言之，叶文心此书最核心的目标乃是通过对历史文本的细读，与历史脉络的重建，在考究1840年代上海开埠以后，直至1949年之间的这段百年历史之中，上海的中产阶层与资本家群体是如何合作起来建构一套经济伦理文化，来为其群体商业性的社会存在和个体行动提供合法性。大体而言，这种努力从两个层面展开：对外，这两个群体建构一套爱国主义论述，即晚清以来所谓的“商战”模式来凸显积聚财富对抗列强的必要性；对内而言，以白领为主体的中间阶层往往受过良好的教育，以知识为基础，形成了一套不同于传统商人的职业操守和经营方式。新式学校教育与职场文化几乎完美地对接起来。

叶文心通过对中国银行职员的研究，呈现出了上海的典型白领，在一种高度同质化的工作程序和生活模式之下的“内心的焦虑”。他们勤奋地学习专业知识，“一个受训者的课程经常是从早到晚都被安排好了。他在特定时间起床，学习使用算盘和计算机，还要学习英语课程，用中文练习写作和书法。他阅读正当的杂志、书籍和报纸，以有益于思想。和旧式儒家学堂以及现代日本银行相似，他们被要求写日记。日记需要记录日常活动、个人行为以及个人思考，且每天提交给经理——师傅检查”。在中国银行所标志的公司文化中，钟表成为提醒、分割甚至强迫个体的时间刻度。“时间”不仅是机械化的指示，更赋予了道德的意义。这种公司文化从持续不断的感受滴答的钟声中获得纪律感和前进的动力。这样的纪律能够帮助和完善人们对永恒目标的更高感受，其结果导致了家长制，并强化了现代职业知识的实用性和儒家规范历久弥新的正当性。在现代上海的成长过程中，我们可以发现现代专业知识与传统儒家人格居然可以如此精密地结合，自然公司文化所沿袭的儒家文化更多的是其服从、勤勉、自我反省的一面，而非抗议、自主人格的面相。

在其时人或者今人的视野中，这个群体已经是民国上海的职场上最成功的群体之一：收入丰厚、生活舒适而安定、崇高的社会地位等。叶文心通过对《中行通讯》这份内部刊物的文本阅读发觉，这样的一个成功人士群体内部，其实弥漫着焦虑、厌倦和不安的情绪，而这种情绪的根源在于对应于企业这架巨型机器的“异己感”和“疏离性”。企业编制了现代性的牢笼和单一的集体组织生活，而人却注定不想永远做那只尼采戏谑的寻找笼子的鸟儿。他们试图通过对乡村银行的开设的想象与规划，对自然生活的神往与诉说，来释放在大都市里的道貌岸然的秩序与稳定背后的深度压抑感，却因抗战的爆发无疾而终。与这种标准化的时间刻度对应的是王笛教授在《茶馆：成都的公共生活与微观世界（1900—1950）》里所描述的“反抗现代性”的另一种“时间”，是一种时间感消逝或者淡忘的自由自在的闲散和漫谈。人通过对时间的处置、分配和规划来谋取幸福，而这样一种理性的规划自身恰恰可能带来深层的自我压制。令人惊异的是这种企业的组织模式以及个人在集体组织中的生活经验，在叶文心看来，恰恰为1949年之后的上海的高度单位化的工作、生活模式，提供了平稳的过渡管道。由此可见，社会主义的上海与资本主义的上海之间其实并非全然的断裂关系（这正如资本主义的摩登上海，与传统中国的儒家社会也血脉相连一样），而是存在隐蔽的延续，包括强调个体的内在德性（既包括职业能力的自我拓展，也包括组织纪律性的强化和内在化等）以服从企业（或者单位，或者国家）这样一种“积极的不自由”人格，都是显而易见的异曲同工。

《上海繁华》花费了相当的篇幅讨论《生活周刊》和《读书生活》作为文本空间，呈现出来的上海人的日常生活的情景与困境。前者由邹韬奋主持，关注的是如何帮助居留在上海的职业青年建设一个可预期的美好生活愿景的核心家庭。它讲述的是个体如何突破传统的限制和家族的羁绊，而建设基于个体奋斗和工作伦理的小家庭的故事。在这样一种叙事中，乡村绝对不是中国银行职员所设想的那样温情脉脉和田园诗意，《生活周刊》展现的“中国广大乡村内地处于饥荒、洪水、强盗横行、军阀交战、士兵抢劫、农民暴乱、鸦片吸食和赌博成瘾的恶劣环境下。相较之下，城市不仅是一个工作和机会的空间，也是一个妥善规划的空间，有林荫大道、公园、私人花园、霓虹灯、绚丽的商店门面、熙熙攘攘的娱乐区和高耸的写字楼等等”。城市成为破败乡村的救赎主体，而城市中的主体——中产阶层的生活和工作重视小家庭以及道德修养与自给自足的工作伦理。这样的理念不仅能够成就个人幸福，而且对于“缔造健康社会”和“人民幸福”都是可取的价值观。

而在《读书生活》的话语空间里，生活在城市中的个体的苦难成为日常化的创伤性记忆。一个《生活周刊》所设想的幸福小家庭，在都市洪流的变动中稍微遭遇到风吹雨打便不堪折磨，尤其是作为家庭支柱的父亲的离世，往往将一个家庭拖入贫困交加的深渊。这种中产阶层的小家庭通过苦难叙事，呈现了极度的内在的脆弱和不稳定性。叶文心通过对大量的读者通信的阅读和勾连，发觉刊物编辑有意引导读者将这种个体性的家庭变故及其带来的痛苦，与中产阶层在资本主义摧折下的固有风险结合在一起论述，从而个体叙事开始被整合成阶层叙事，进而变成民族国家的反帝国主义宏大叙事（奇怪的是反封建主义叙事在此不见凸显），激进的左翼论述由此而获得了嵌入的可能。正如作者所言：《读书生活》透过描绘洪水、干旱、饥荒、经济萧条、战争这类悲惨的画面，夸大地传达恐惧、贫穷和绝望的声音。透过刊登读者的故事，也让这些个体看到他们在困境中并不孤独。杂志透过不断重复的信息强调：任何单独的个人都看不到光明的前景；资产阶级那种有朝一日步入小康生活和社会上层的美梦注定失败。对于孤儿寡妇和没有家庭保护的人来说，良好品德和努力工作并不能保证他们能生存下去。这些不幸遭遇的真实原因是中华民族面对帝国主义和全球资本主义的进逼，因此任何人都无法幸免于不幸的命运。摆在小市民面前唯一可行的行动路线就是团结起来，将自己变成爱国者和战士，为了保家卫国而反抗侵略者。对于那些失父的人来说，深陷于失父的悲痛之中没有意义，更重要的是成为爱国人士，立即为了生存而奋斗。透过为国家奉献生命，他们给自己找到了一个战斗的机会。

在这样的一种叙述中，小市民的主体性呈现出一种悖论的状态。一方面，小市民不再陷溺在个体性的私人生活的苦痛之中而无法自拔。诉苦作为救赎自我的方式彻底丧失了其意义和正当性，个人被提振到拯救民族国家的崇高主体的位置，生命的意义从庸常而琐碎的日常生活里提升出来，这是主体意志的张扬。而另一方面，从民国上海中产阶层的日常生活中提拔出来的个体，却并没有在民主政治的框架下成为权利本位而意义自足的个人。它仍就无法成为意义的来源（传统的多元的意义世界已然崩溃），而只能黏附在国家叙事的谱系中来证成自我的意义，甚至成为成就民族国家的工具性存在。这样一种价值偏向其实又在深度压抑个体的自由与解放。简言之，上海的小市民看似从此在世界的囚笼脱解出来，而其实又跌落到另一个奴役自由意志的牢笼。真真是“人生而自由，而又无往不在枷锁之中！”事实上，个体的家庭苦难并未得到实际性的纾解，而只是在民族国家的叙事中被一种亢奋的意义感所遮蔽和涂抹了。正如西哲尼尔森所言，所有的悲伤都可以忍受，只要将它讲述成一个故事或者放到故事（这个故事的上海版本就是民族国家的故事）里来讲述。

因此，潜伏在《上海繁华》中的一条核心主线是作为现代中国中产阶层的上海市民，是如何从原来的带有一定文化保守性（比如将传统儒家伦理与商业精神结合而主张一种稳健、进取、现代而勤俭的生活方式）和政治惰性的群体，因社会政治的巨变、民族危机和公共舆论的影响，以及个体生命的日常侵蚀，而逐渐地左倾和激进（这也包括《生活周刊》的主编邹韬奋），一个注重创意产业、景观文化和享乐主义人生观的资产阶级的上海，是如何无产阶级化的。叶文心认为抗战时期的变动特别值得留意，与汪伪政权、日本合作（或者不公然抵抗或消极抵抗）的各类大公司高层的家长制的道德权威，在民族主义的潮流激荡下，迅速地褪色、弱化乃至荡然无存，“年轻的职员和初级学徒不再忠实于上级和下级之间的阶层依附关系，也不再看重周围长辈的道德权威，他们和一起工作的伙伴建构了基于平等联系的兄弟情谊。他们不再重视工作场所的家长制和管理者的道德典范，希望自己能够代行其事，他们要求公司表示关心和帮助，并提供员工支援”。这个转变是如何发生的，仅仅用民族主义来解释也许稍显单薄，从此前的儒家式的等级体系，发展到如今的平等主义诉求（甚至赫然彰显出一种工人政治反抗的底色），有无民国上海企业发展的内在逻辑以及工人阶层的自我启蒙等因素的发酵？更关键的问题是，《上海繁华》是一本关注小市民的人生的历史著作，而这种关注通观全书，仍旧太多地停留在从文本到文本的叙述（在这一点上有点类似季家珍《印刷与政治：〈时报〉与晚清中国的改革文化》），可谓是一种文化史里的日常生活，而他们的基本生活状况，以及政党力量是如何渗透到安于现状（就政治领域而言）的小市民阶层等“社会史”问题，如果不得到必要的清理以及视角的下移，就可能导致一册关注人的希冀、创痛与悲喜的历史著作，最后仍旧只是书写了各类人物的话语。

《上海繁华》最突出的特征就在于，它写出了民国上海的两歧性，上海既是中国现代性展开的最典型的区域，又是传统儒家伦理被移植、嫁接和挪用得最成功的地方；上海既有资本主义的消费文化的摩登面相，同时又有无产阶级的抗议政治和左翼文化的生产；上海既有海纳百川的兼容并蓄的超级吸纳能力，各种文化都在这里轮番登场，同时似乎又形成了独特的海派文化特质，它既是民族的，又是世界的，既是保守的，又是激进的，既是浪漫的乌托邦，又不乏工具理性意识的痕迹，而能够穿透这一切悖论的似乎又是利益和算计的商业本能，在利益驱动下，任何资源都可以被以最恰当的形式利用，而着眼于产出效益的最大化。或许正因为此，民国上海可以称为一个人性的炼炉，也成为历史记忆最多元的一个近代城市。在穿越了漫长的上海史后，叶文心意味深长地写道："在某种程度上，历史——或者被铭刻为一种特殊形态的'历史'——已经和这个在与世界接轨过程中不断追求物质发展高峰的上海，不再有多少关联。我们应该感谢上海的历史学家，是他们将这个城市从长期以来的历史叙事中解放出来，这种历史叙事始终站在社会主义反对资本主义、民族主义反对殖民主义的二元对立角度。从历史的负担中解脱后，上海快乐地达到了一种几乎'失重'状态。这儿不再有反对资本主义或者殖民主义罪恶的强制性谴责。取而代之的，任何有益于上海物质发展的事物都拥有必然的道德正当和历史正确。同时，这种'轻松感'也在公共话语中为一些多样化的少数叙事提供一个空间。这些零散性的叙事主要是一些历史亲历者的对过去的体验和回忆。所有人都竞相争取在城市记忆中获得一个位置。最终，所有人都问这个问题：谁拥有上海并有权发出上海的声音？”

《上海繁华：都会经济伦理与近代中国》，

叶文心著，时报文化出版企业股份有限公司 2010 年版

民国政治的真谛

邓野在研究抗战结束前后国共之间的和谈历史时有一段很精辟的论断："民国政治的全部真谛在于：政党与武力的高度统一。政党在作为政治集团的同时，又是武装集团，因而政见之争往往演化为武力之争。1944—1946年的国共谈判，在形式上表现为：国、共、美三方，尝试引进西方政治原则，以政治方式解决政见之争，避免政争导向战争的历史惯性。然而，这种西式原则的绝对要求是：政党与武力截然分离，能否实现这一分离，便是西式政体能否建立的症结所在。"一方面是清末以降成其雏形，到1920年代蔚为大观的政党政治的形塑，另一方面是民国初年后逐渐成形的军绅政权与派系政治对军事武力甚至政治暴力的过度依赖，这两方面的聚合、离散与撕扯就构成了民国政治最基本的特质与动力。集结了海峡两岸从事民国史研究最优秀学者阵容的《两岸新编中国近代史（民国卷）》，就是对这一基本议题的最新研究成果的汇聚与展示。纵览此书的上卷就会发现，贯穿全书的宗旨其实就是从政治史与军事史的坐标轴来探讨民国政治的肇端、特质、动力与趋向。就我的阅读体验而言，派系政治、革命动员和国共成败是理解这本书的三个关键词，而对于这些主题的研究恰恰是近些年民国史研究的焦点所在。

何谓派系？陈志让有一段论说很值得深思："结成派系常以私人关系为基础，有的人把这些关系叫作'感情'，其中包括家族、亲戚、师生、僚属、结拜兄弟、同学、同乡等传统的私人关系。这些私人关系都不是平等关系，把这些传统关系带进中国的政治生活里来，就把基本上属于平等的党员、议员关系，基本上是平等的人组成的政党、国会等，变成不中不西、非驴非马的东西。"自湘军、淮军到袁世凯天津小站练兵，再到民初派系林立的北洋，直至1920年代蒋介石崛起所依赖的黄埔新军，可以看到近代中国军队私人化和政治私性化的明显轨迹，人身依附凸显了嫡系与非嫡系的分野。或许正因为此，现代中国的共和政治从一开始就被"感情"、"人情"和"面子"等渗透，而蜕变成为一种竞逐私人利益和集团利益的"公共名义"。共和政治的"名"与"实"南辕北辙（所谓辛亥之后共和深入人心其实是一种后设神话），这就导致政党政治的代表性危机。杨天宏有一段议论切中肯綮："民初及北洋时期的主要问题并不在此，而在一党或一派制宪，缺乏广泛的代表性，顾及了党派的得失却不甚顾及国家利益，将约法或宪法做成了维护特定党派利益的制度规范，做成了因一人或一时而定的'根本法'。"因人因事设法就会导致政出多门，权威崩解，政治生活表面上你方唱罢我方登场来立法和普法，但其实都是心怀鬼胎叠床架屋，对于宪制、共和缺乏一种根本上的承认与尊重。一言以蔽之，民初政治混乱最根本的肇因之一就是传统政治模式瓦解之后，天命、天理、天道黯然退场，新政治制度的神圣性迟迟无法确立，也就是梁启超所言的中国社会缺乏一种“公共的信条”，杜亚泉所谓的没有一个“强有力的中心主义”。

民意和舆论成为可以被操纵的对象，对共和与政党的怀疑甚至抵触成为一种普遍的潮流。“一万年太久，只争朝夕”的精英实在无暇等待共和制度在中国社会春华秋实自然成长，稍有差池和争议就恨不得改弦易辙弯道超车。1905年科举废除，读书人制度化的政治上升通道封闭了，而清末以来各级各类新式学堂批量生产出来的新知识阶层在一个“军绅政权”当道的时代远离了权力中心，却掌握了新式媒介与公共舆论，在文化与观念上似乎具有了更为巨大的影响力。政治经验的匮乏与政治意识的高涨，形成民初政治生活中一种悖论的状态，这或许也可以部分地解释现代中国政治和文化激进主义的源流所在。正如杨氏所论：“国会政治是一种民众普遍参与的政治，当多数本应参与其中的人形成国会‘万万不能存立’之共识，国会制度赖以生存的社会基础即十分薄弱。民初国会政治消亡，此实关键因素。这种共识的形成既与民初国会政治实验不甚成功有关，也与当时国人思想日趋激进，对于在中国仅仅试验了13年的议会政治失去信心和耐心有关。”而反讽的是，当时的中国政治家和民众对议会的批评主要集中在人的道德这一层面，基本上没有就制度的弊端做深刻分析，却废除了旧国会，并在事实上否定了国会制度。对国会制度的反思本身具有强烈的道德主义面相，这恰恰说明转型时代的中国人仍旧习惯于用传统的心态与思维面对现代共和政治的难题。

而这种对国会制度的废除本身，也说明晚清以降在一波接一波的强国梦（法国道路、德国道路、英国道路、美国道路到俄国道路的轮番与兴灭）中，中国知识人心态上的六神无主与偏执焦虑。迟至1930年代，胡适还在《大公报》撰文《从一党到无党的政治》呼吁超越党派的政治制度，可见政党在民初已经成为派系和私人利益的象征。派系为私，政党为公，但后者往往被前者所绑架甚至穿透，前者往往借用了后者的名义装点自身。杨天宏在鞭辟入里地分析了北洋政治之后指出，民初政党所具有的一些基本特性：其一，缺乏共同的政治信仰；其二，缺乏对异党的宽容精神；其三，缺乏广泛的社会基础。简言之，民初政党基本上都是一些角逐私利、没有多元理念和民意基础的党团，难怪胡适对这种政党政治嗤之以鼻。就是金以林和杨奎松所论述的改组后的国民党，也是生存在这种政治惯性和政治特质的延长线之中。金以林指出："国民党内的种种纠纷，实由派系而生，而表面的团结，从来不曾弥合派系造成的裂痕。'派系'成为民国政治中的一个永远抹不去的符号。在国民党统治时期，政治的特点就是派系活动的普遍化，特别是国民党的派系活动，影响着民国政治全局的发展。"据其研究，国民党统治时期的派系就其形成而言，大约可以分为三种：第一种派系，指在长期追随孙中山革命过程中，特别是在国民党改组前已拥有一定政治地位的党内领袖同其追随者形成的政治派系，如蒋介石派、胡汉民派、汪精卫派、西山会议派和"太子派"等；第二种派系是以地域为基础的政治军事集团，如晋系、桂系、东北军和川军等；第三种派系则以蒋介石为核心而分立竞争，虽说始自抗战前期，但主要发展，则是在抗战以后。因此可以说，"派系林立"与"派系纷争"是国民党最具特色的政治文化，在某种意义上可以说民国政治就是“派系政治”。

派系政治就其大体而言自然最借重的是武力和暴力，但民国的军人政治在公共舆论和政治实践层面，恰恰因为事实上的军人干政和军阀混乱，而倡导一种文人政治的浪潮，注重在政治共同体里重用文官和吸纳专家，这也可以认为是主事者对民初军人政治的一种抗衡自觉，也是中国传统士大夫政治的回光返照。据杨天宏研究，袁世凯虽被视为北洋军阀首领，担任大总统期间却鼓励文治，并在一定程度上促成文治主义思潮的再度兴起。“袁氏鼓励文治，强调‘军民分治，军人不干预政治’，主张政府官员通过考试选拔录用，但北洋人物大多出身行伍，对其近乎排斥自己人的做法多不认同。袁积极立法，示以法制立国，而北洋武人多跋扈，能自觉接受法律约束者甚少。”徐世昌更是接续这一文治主义主张，但可惜这些主张最终只能造成北洋的分裂与名存实亡，而无助于政治秩序的确立和政治权威的形塑。对于国民政府而言，一生服膺宋明理学的蒋介石最歆慕的就是儒生治国统军而定天下于一尊。他践行文治主义最基本的标志就是到了1930年代之后延揽专家入阁参政。在其幕僚钱昌照的安排下，蒋介石自1932年开始有计划、有系统地召见了一大批学界精英，虚心向他们请教，借此一面“交换智识”，一面“选拔人才”，“而且得以联络感情”。金以林指出，透过这批著名学者的讲课，不仅提高了蒋介石的治国能力，更重要的一大收获是很好地改善了他与知识界的关系，并吸引了一大批知名学者如清华大学代校长翁文灏、武汉大学校长王世杰、南开大学教授何廉、清华大学教授蒋廷黻等进入国民政府。文人主政与专家治国就成为民国政治的潜流与暗流，与实质上的武夫当国军人干政构成一种时而对峙、时而互补、时而分流的复杂关系，正表征着中国传统的政治方式与政治惯性，在现代中国仍旧以顽强的方式凸显着自身的存在。

“革命”是理解民国政治的另外一个不可绕开的关键词。这些年随着新革命史的崛起，对于辛亥革命、国民大革命和中共革命的研究涌现了一批杰出的学者，比如杨奎松、王奇生和黄道炫等。《两岸新编中国近代史（民国卷）》收录了这些学者关于革命的最新见解。比如有关中共革命的动员问题，是理解20世纪中国革命的一个关键。在人数、军事、影响力和可支配资源等方面均不占优势的中共，是如何后来居上成功地动员了工人、农民和知识阶层投身革命？这是20世纪中国革命之谜。有鉴于此，王奇生不同意国内主流史学对1920年代国民革命的“失败史观”。他孜孜以求的是挖掘中共作为小微政党为何能在成立五六年后就成功发动了规模宏大的农民运动的各种因素。在他看来，1920年代大革命的底层动员之所以成功，不是因为土地分配等经济利益的刺激，而是以农民运动讲习所成员和特派员机制为杠杆，以乡村小学教师为主体的一种政治利益和政治身份的重新分配而形成的政治效果。毫无疑问，中共革命诉诸的是“从前是牛马，现在要做人”的平等主义和身份政治的诉求，但革命的发动者同时也意识到要撬动中国的底层社会，光靠一无所有的贫雇农是远远不够的。就像裴宜理所指出的安源罢工时李立三等中共领袖要穿长衫以读书人的面貌嵌入地域社会才有权威与人格魅力一样，对农民的动员也依赖于对乡村基层精英的有效吸纳。事实上，正如王奇生所言，“站在中共的阶级立场，农民运动必须以底层的贫雇农为中心，然而，真正的贫雇农无法得到广大农民的信仰。贫雇农之间也相互轻视。早期中共党团员多为受过中等以上教育的知识分子，多出身于地方精英家庭”。这种身份的中共党团员才会在乡村社会具有盘根错节的社会关系网络，同时具有可调度的社会文化和经济资源，更具有令底层畏惧和歆羡的社会声望，其中，乡村小学教师群体就是农民运动研究中长期被忽略的一个重要人群。新式教育比较发达的地区，往往也是农民运动相对活跃的地区，这充分地说明了新青年与小学教师在传播新思想和建立党团组织方面发挥的关键作用。王指出，“小学教师实际成为1920年代湖南农民运动的基层骨干力量。所谓穿破鞋、打破伞的游民和贫农，只是充当革命的马前卒和急先锋，而真正发挥领导作用的区、乡农协委员大多是乡村小学教师”。这一点在刘昶《革命的普罗米修斯：民国时期的乡村教师》一文中也可以得到印证。就此可见农民运动中，底层民众对精英的依附性，而政党精英通过授予农会成员这种政治优越身份，以几乎可以忽略不计的成本急速而有效地将广大农民动员起来，其背后折射的隐秘心态是农民“即使受到豪绅精英的压迫，仍愿意追随那些豪绅精英。因为他们觉得豪绅精英比自己更有眼光，更会算计利弊得失”。

在农民抗争政治的研究中，此前习以为常的一种说法是“哪里有压迫，哪里就有反抗”，而这种压迫主要来自赋税和各种税费、盘剥导致的经济和劳役上的沉重负担。但揆诸史实，这一结论并不经得起推敲和验证。黄道炫关于苏维埃革命的缘起的研究聚焦在农民负担与农民生活层面。他详细地考察了农民的收入、赋税与支出等，认为革命的兴起具有极为复杂的成因，绝非仅仅是一种经济因素的诱引，若只是将革命理解成为“打土豪，分田地，斗地主”就在事实上矮化和简化了中国革命的意义和复杂性。就赣南闽西这些最初的革命发源地而言，“贫穷是革命的温床，但贫穷并不一定意味着革命，何况作为土地革命集中地区，赣南闽西和中国西北乃至北方广大地区比，生存环境也不能算是很恶劣的。因此，虽然赣南、闽西存在土地占有不平衡、地主与农民间关系紧张、农民日益窘困等种种导致土地革命的因素，但和中国其他地区比，这里并不具有多少特殊性，上述因素不足以说明何以正是在这一地区形成苏维埃革命的巨大声势”。黄道炫指出，苏维埃革命为农民提供的平等、权利、尊严、身份感，也是农民投身革命不可忽视的政治、心理成因。无独有偶，王奇生也在对底层的革命动员研究中探测到了革命兴起的这一吊诡面相：在群众运动的实践中，其实还有另一种情形：哪里压迫小，阻力小，政治环境宽松，哪里的群众就容易运动起来。压迫太深重的地方，往往难以形成反抗的意识与空间。

对民国史的历史书写，最核心的一个议题就是理解国共成败之因，尤其是抗战前后，两党、两军力量对比何以发生如此巨大的转折。关于战时两党的财政及与底层民众之关系，杨奎松有一段深刻的观察：战时国民党政权像抽水机一样，用尽办法汲取底层社会人力、物力、财力等各种资源，以应对战争之需，农民的生活乃至生存条件每况愈下。当政的国民政府固然也尝试过减轻民众负担的办法，但在战争期间，军费糜耗，财政拮据，政府除穷尽一切手段向民间取得资财外，鲜有他法可想。再加上各级官吏、军官，往往还乘机贪污中饱，大批军队征发不断，这就更加加剧了基层社会官民乃至军民之间的矛盾冲突。共产党方面，同样需要农民更多的付出，但他们通过反奸清算汉奸地主、实行减租减息以及清债退押运动等，将战争负担尽量多地分摊到富裕阶层中去。同时，中共的分配制度、整党整风、自力更生的“机关生产”措施，以及开展基层民选等，都在一定程度上减轻了根据地穷苦农民的负担，并强化了多数民众乃至国内外舆论对中共的好感。可以说，战后两党成败的玄机已经潜伏在抗战进程之中，中共以“减负”争取到了底层的民意，同时也以舆论宣传和民主实践争取到了中间派知识分子的支持，而战时对政党自身的强化治理，更是将党员和党组织的能力、效力提升到了一个前所未有的境地。

就战后国民党和国民政府的研究而言，金冲及、汪朝光、林桶法等学者都有卓越的研究。简言之，全面抗战极大地消耗了国民党的元气，而战后贪腐无序的“接收”以及币制改革的失败和通货膨胀等，更是导致民怨沸腾，本来如日中天的蒋介石的威望逐渐式微，中间知识阶层在两极化的政治力量拉扯中多数倾向于左翼革命，因对晦暗现实之不满而寄希望于未来中国，这在钱理群《1948：天地玄黄》一书中多有记载。一方面是民族主义战争集聚的政权合法性在国内政治中日益自我消耗，尤其是在两党的宣传战中一败涂地；另一方面是国民政府稳固政治和社会秩序、解决民生问题上的失败，导致治理上的无效反过来进一步吞噬统治上的正当性。汪朝光通过对战后第一届国民大会的民主表象与弄权实质的考察一语中的地指出了这种政治危机导致的严重后果：国民党和蒋介石当时可能没有完全意识到的是，这次选举的进行和国大的召开，却在“民主”的名义下，使国民党受到严重的内伤，加剧了中央和地方以及各派系之间的矛盾冲突，国民党中央和蒋介石的威望尤其是实际的控制力急剧下降。本就软弱涣散的国民党，经此之后更加四分五裂，在与团结一致的共产党的军事、政治等方面的争夺中，更难以形成合力，不能不处于下风，从而成为其政治颓势的表征。

曾经做过国民党宪兵参与战后自南而北的接收的著名作家王鼎钧，以其亲身经历和见证对于国共两党在政治运作上的差异有着形象而深刻的观察：“国民党办事‘执简驭繁’，社会组织已经形成，已经运作，国民党顺应这种运作，依赖由运作产生的枢纽人物，掌握枢纽就掌握了社会。地主是佃农的枢纽，资本家是工人的枢纽，校长是学生的枢纽；一个校长等于全校学生，一个地主等于全村佃户，一个厂长、董事长能抵他旗下一千个工人。国民党注意拉拢这些人，重视这些人的代表性和影响力，也偏重照顾这些人的利益。共产党不嫌麻烦，反方向而行，它搞‘农村包围城市’‘小鱼吃大鱼’。它结合贫农，不要地主；它结合工人，不要资本家；它结合学生，不要教育部长。一部总机下面有一千具电话，但是它可以使九百具电话机不通。它在全民抗战的号召下，理直气壮地去组织学生和农民，因为上阵打仗要靠多数，不能靠少数。等到民众组织成功，军队训练成熟，政治运动轰轰烈烈，当务之急是一齐动手摧毁那些枢纽，重组社会，痛快淋漓！”这或许也可以解释战后中国政局风云变幻、国共两党力量此消彼长的成因之一吧，也正可以印证汪朝光、杨奎松和林桶法等学者在此书中的研究结论。

山围故国周遭在，潮打空城寂寞回。后世读史者读到民国这一段波澜起伏、纷争歧异的历史，焉能不扼腕低回？这正如此书主编之一黄克武先生所言：“从1840年到1949年的一百多年间，是中国面对世界与走向共和的关键时代，其间内忧外患不断，私心与公义纠葛，政治团体或分或合，时而起高楼，时而楼塌了，这些经纬万端的风云变化是1949年后海峡两岸分途发展的重要原因。如何深入认识这一段史实，并借此观察现状与思索未来，是所有关心中华民族未来的人应该思考的严肃课题。”即此而言，确实正如阿伦特所言，除非经由记忆之路，人类不能达到纵深。失去了来自历史的光亮的照耀，我们的人生与思想将变得何其浅薄与晦暗？史家唐德刚所谓的历史三峡说能否成为一种精准的预言，中国能否走出一条既是中国的同时也是世界的稳健、民主、多元和开放的道路，也取决于从历史中汲取的智慧能否有效地转化为当代中国的思想和价值资源。那么，阅读这一套《两岸新编中国近代史》也许就是叩问历史探本溯源的一种积极求索的方式吧。

《两岸新编中国近代史（民国卷）》，

王建朗、黄克武主编，社会科学文献出版社2016年版

第二辑　家国之变

五四知识人的家国天下情怀

许寿裳曾经对五四新文化时期的北大校长蔡元培作如是评价："蔡先生又以克己为他道德生活的核心。他虽然也和当时的名人一样，醉心于法国革命时代的三个口号'自由、平等、博爱'。可是他解释这三个口号的，是从克己方面出发的。博爱是什么？他说博爱就是孔子之所谓仁，'己欲立而立人，己欲达而达人'。平等是什么？就是孔子之所谓恕，'己所不欲，勿施于人'。自由是什么？自由就是义，孟子所谓'富贵不能淫，贫贱不能移，威武不能屈，此之谓大丈夫'。蔡先生就以这仁、义、恕三个字做着日常道德生活的标准。"由此可见，对于清末民初的士大夫和具有士大夫情怀的新式知识人而言，对于西方价值观念的接收与诠释，其实同时也是对于传统已有价值观念的一种回归与再阐释，这触及的其实是晚清民国中国知识人文化认同的核心议题，即许纪霖在《家国天下——现代中国的个人、国家与世界认同》（以下简称《家国天下》）里所提炼的问题，中国知识分子面对古今中西之争，他们是如何处理个人认同、国家认同与世界认同的？所谓"家国天下”指的就是“以自我为核心的社会连续体。但传统社会的自我，并没有现代意义上的本真性或自主性，其意义不是自明的，每一个自我都镶嵌在从家国到天下的等级性有机关系之中，从自我出发，逐一向外扩展，从而在自我、家族、国家和天下的连续体中获得统一性”。而李鸿章所言说的“三千年未有之大变局”，其中最深刻的变迁也就是这个家国天下的连续体出现了深刻的断裂，从自我到社会，从天下到世界，从精神到物质，无一不处于衰世与西法的新陈代谢之中，其实质也就是作为中国文化的传承者与阐释者的知识人出现了严重的认同危机。

何为自我？何为国家？何为世界？这些概念在西方的历史脉络与学术脉络里都有自身的相对明确的界定，而到了中国，却处处充满了内在的矛盾。即以自我而言，就传统中国而言，“中国文化中自我的这种双重性，形成了中国人性格中似乎是截然对立的两极：他们是严谨的家族主义者、忠君爱国的保守主义者，但同时，又是自由散漫的自然主义者。他们身上具有权威主义和无政府主义的复杂性格，常常在两个极端当中来回动荡，平时是遵守礼法的顺民，乱世之中又会成为蔑视一切权威、无所羁绊的‘天民’，甚至暴民”。但到了五四时代，家族与个人之间被描述和阐释成了势不两立的关系，个人只有从传统家族的网罗中冲决出来，才可能获得自我的新生，由此，“家族主义不仅是政治专制主义的温床，而且是个性解放、个人自主的最大屏障。年轻一代纷纷从家乡出走，走向自由自在的都市，家乡之所以不值得留恋，乃是有令人窒息的宗法家族，还有与家族联系在一起的束缚个性的礼教家规。都市是一个高度流动的陌生人社会，脱离了各种传统的社会文化共同体，每个人都成为独立自在的原子化个人”。在这样一个追求解放而非自由的转型时代里，传统的自我蜕变成现代具有本真性的自由个人，而原来具有天道超越性的天下则转型为人类中心主义的世界。因此才有五四之子傅斯年的自我观：“我只承认大的方面有人类，小的方面有‘我’是真实的。‘我’和人类中间的一切阶级，若家族、地方、国家等等，都是偶像。我们要为人类的缘故，培成一个‘真我’。”

傅斯年的这番话与前引许寿裳评论蔡元培的话，构成了一个饶可回味的对照。前者主张的是一种抽离历史脉络尊崇本真性的自我，这种自我追寻的是无拘无束的自由与解放，是郭沫若的诗歌《女神》等所象征的个体意识的狂飙突进，也是李欧梵在《中国现代作家的浪漫一代》里所描摹的追寻个性解放与自由，而对于现存的一切体制与系统都采取一种蔑视和打倒态度的自我解放心理。后者主张的却是一种在历史文化的源流与脉络里理解自由与自我的真意。以严复、梁启超、蔡元培为代表的这一类知识人在面对西方文明的挑战时，一方面积极地翻译与诠释西方启蒙时代以降形成的自由、民主、理性、博爱等基本价值，另一方面激活了中国自身文化传统中与此对应的部分，构成了一种跨文明体系的深度对话。严复对西学的创造性误读和翻译就是一个例证。可以说，这类知识人的文化认同存在着列文森所言的理性与情感之间的紧张，即在理性上认知到中国固有的历史文化经验（三代之治为象征的黄金时代）已经不足以应对西潮，而在情感上却仍旧深深迷恋于中国固有的价值与生活。其实质也就是西方代表着富国强兵的可能，而中国的过去却有着天下大同的价值情怀，两者之间在中西对冲的近代构成了一种无法消解的困局。进而言之，即使是被誉为富强的西方，依照许纪霖的分析，其实也存在着一个文明的西方和富强的西方的分野，西方在晚清民国知识人的观念世界与事实世界里也存在多重的面孔（如罗志田所研究的那样）。从这个历史的视野来看这一代人，就会发现存在一个所谓西潮（西方的冲击）与回澜的文化现象，正如杨国强所指出的那样："西法西学所造成的中国人精神世界的撕裂，其实质所在，是想要的东西和割舍不了的东西之间撕裂，从而是富强和价值之间撕裂。与同时代人相比，他们是更早而且更深地感受到了撕裂之苦痛的一群，并在苦痛的牵挽之下回头转身而划出了一种人生的否定之否定，他们因之而成了西潮的回澜。其间的沉重、沉痛、忏悔、自咎和'低徊''愀然'都记录了撕裂的痛楚在这些人心底留下的痕迹，并使回澜和西潮一样，成了近代中国思想历史里的真实内容。"

一战的爆发所裸露的西方文明的内在危机，让中国知识人开始重新审视东西方文明之间的优劣与异同，梁启超的《欧游心影录》成为透视西方文明弊病的经典文本，由此出发晚清在进化论和物竞天择的社会达尔文主义思潮支配下所形成的"富国强兵"的国家主义（用杨度的话来说就是金铁主义）在五四遭遇了翻转，强调个性自由与尊严的个人主义重新凸显出来，而与此相伴随的是一种强调内在多元性与差异性的文化认同与地方意识。在晚清的公共舆论里，强化地方意识的观念被指责为中国专制政治的温床——乡曲主义，而到了五四以后，地方却被想象成为旧邦新命的始点和根基，一个建立在地方自治和联省自治基础的联邦共和国也被一时之舆论热议，地方被认为蕴藏了巨大的政治与文化活力。但这种地方意识，正如许纪霖所指出的那样，是近代国家意识的产物，或者说地方意识与国家意识是同构物。可以说，地方意识是被召唤与生产出来的，是救亡图存的民族意识的地方投射，地方与国家的关系，正如近代中国思想脉络中个人与国家的关系一样，前者的价值与意义是指向国家富强的一种功能主义和工具主义，而并非具有独立的内在价值。这一点在程美宝的《地域文化与国家认同：晚清以来“广东文化”观的形成》、王东杰的《国中的“异乡”：近代四川的文化、社会与地方认同》以及裴士锋的《湖南人与现代中国》等论著中都有体现。

不管怎样，辛亥革命都是一场地方主义的革命，确实在相当大的程度上释放了地域社会的活力，构成了共和国内部的一种竞争性体系，而在这种释放之中最重要的一个分野就如同许纪霖所指出的，民国以后的知识分子阶层主要就形成了沉潜在地方的土豪与游离在都市的游士。这两个群体对中国社会的认识、理解以及对未来中国的想象与规划，就构成了现代中国文化、政治与国家认同的重要分野，前者诉诸温和渐进的改良主义，而后者诉诸激进暴烈的革命主义，从后五四的历史趋势来看，显然是游士与革命政党结合打败了土豪。这两个群体的异同在许纪霖的笔下有极为清晰的呈现：“‘土豪’是帝国体制遗留下来的旧士绅阶级，他们是晚清新政的产物，1916年之后法统破裂、南北对立、中央政权式微，‘土豪’们往上发展无望，乃沉淀于各省，延续晚清新政的传统，致力于地方温和的保守主义改革，通过联省自治，实现国家的重建。‘游士’是民国之后诞生的新知识分子，他们是新文化运动之子，满脑子新思想、新观念，对旧制度不屑一顾，对未来充满了期待，希望通过激进的思想与政治革命，毕其功于一役，建立一个强大的新国家。‘土豪’与‘游士’是旧制度已破、新制度未立的过渡时代的特殊现象，他们被旧体制抛离，但尚未被新体制完全吸纳。‘土豪’沉潜在地方，为的是保一方之平安与繁荣，‘游士’游走四方，寻觅新的政治领袖，志在重建独立、民主的统一国家。”

这个掌握了新媒体和话语权的游士知识阶层，其实就是现代中国民族主义话语最重要的生产者、传播者与接受者。中国的民族主义从起源来看就充满了一种内在的悖论，一方面是充满历史创伤记忆和屈辱体验的雪耻型民族情感，同时又在不断地建构一套关于炎黄子孙和汉唐雄风的历史叙事。最关键的是，从整体而言，现代中国的民族主义是一种从固有的历史文化脉络里脱嵌而出的集体无意识，换句话说，民族主义的主流是反民族的历史文化的，是一种自我消耗和自我掏空的巨大而抽象的符号。这种观念认定中华民族的伟大复兴应该建立在对传统的彻底反思乃至摧毁的基础之上，这就导致林毓生所言的“全盘性反传统主义”思潮的崛起，当然，作为对这种极端思潮的回应与反动，我们也可以看到五四及后五四时代的杜亚泉《东方杂志》派及学衡派对中西文明内在融合或者求同存异的理性论述。民族主义或者爱国主义成了五四青年的标志性话语，但如果细致爬梳五四思潮的源流与轨迹，又会发现其实五四并非一种狭隘而极端的民族主义，它同时具有世界主义的面相，如张灏所言，五四思想具有双歧性或者说五四具有双重结构。这个面相所折射的恰恰是从天下到世界的转型之中，中国知识人对一个强权与金权世界的拒绝，是对中国传统价值观最核心的“天下意识”的回收与再阐释。天下意识既强调夷夏之辨与化民成俗，同时也强调哀民生之多艰的民本意识，它不同于强权战胜公理的弱肉强食的霸权主义，而可以转换为一种共享的普遍性（许纪霖语）。

五四之子傅斯年对五四精神的阐释值得玩味：“若说这五四运动单是爱国运动，我便不赞一词了：我对这五四运动所以重视的，为它的出发点是直接行动，是唤起公众责任心的运动。我是绝不主张国家主义的人，然而人类生活的发挥，全以责任心为基石。”五四新文化运动之所以成为现代中国启蒙运动的起点，也成为追寻民主、自由、平等、博爱等人类价值的知识人不断重温的历史时刻，恰恰在于它不是一场简单而狭隘的爱国主义运动，它是朝向世界普遍价值的开放与多元，是一场以人类的幸福与自由为价值准则的自觉运动。正如许纪霖在《家国天下》所洞察的那样：“这就是五四时期的爱国主义，一种坚守个人主义本位、寻求人类文明进步的爱国主义。个人与人类是最真实的，国家作为中介物，作为列国竞争时期必要的手段和工具，只有在促进个性发展、推动人类文明的目标下才有其自身的意义。曾经是国家主义狂热鼓吹者的梁启超，如今相信‘国家非人类最高团体，故无论何国人，皆当自觉为全人类一分子而负责任。故褊狭偏颇的旧爱国主义，不敢苟同’。”

正是在这种世界主义情怀与视野之下，五四知识人对于国家主义有着自觉的反思与警惕。新文化运动的“护法”——北大校长蔡元培在为五四运动前夕北大学生创办的刊物《国民杂志》撰写的序言中指出：“所谓国民者，亦同时为全世界人类之一分子，苟倡绝对的国家主义，而置人道主义于不顾，则虽以德意之强而终不免于失败，况其他乎？愿《国民杂志》勿提倡利己的国家主义。”被称为“五四总司令”的陈独秀更是旗帜鲜明地反对原教旨主义的国家崇拜：“要问我们应当不应当爱国，先要问国家是什么。……我们爱的是人民拿出爱国心抵抗被人压迫的国家，不是政府利用爱国心压迫别人的国家。我们爱的是国家为人谋幸福的国家，不是人民为国家做牺牲的国家。”李大钊也曾经结合法国革命与俄国革命之异同指出：“法人当日之精神，为爱国的精神；俄人之今日精神，为爱人的精神。前人根于国家主义，后者倾于世界主义；前者恒为战争之渊源，后者足为和平之曙光，此其说异者耳。”这种不以一家一国为沟壑，而立足于世界与人类来整体地思虑未来的精神气质与胸怀，反映的是转型时代中国知识人对晚清发端的国家主义的忧思、对占有性的利己式个人主义的反省，以及对有全球视野和文明内涵的世界公民的热望。沿着这种思想的踪迹，又感触于当今世界民族国家之间竞争的剧烈与异化，许纪霖意图以具有价值关切的新天下主义取代此前弱肉强食的世界体系，这何尝不是中国天下传统的创造性转化。他说：“新天下主义，是对传统天下主义与民族国家的双重超克。一方面，超克传统天下主义的中心观，保持其普遍主义的属性；另一方面，吸取民族国家的主权平等原则，但克服其民族国家利益至上的狭隘立场，以普世主义平衡特殊主义。民族国家的本真性与主权并非绝对的，而是有外在限制的。这个限制，就是新天下主义的普世文明原则。去中心、去等级化只是新天下主义的消极面，从积极面而言，乃是要建立一种新的天下之普遍性，这就是共享的普遍性。”可惜，五四这种开阔而多元的启蒙气质，在其后紧随而至的主义时代（王汎森语）被横扫荡涤……

日本思想家竹内好曾在《近代的超克》中认为日本是一种优等生心态支配下的转向文化，而近代中国遭逢历史变局，甲午乙未之际虽然也开启了向西方寻求真理的留学潮流，但总体而言，因其背后依托一个漫长自足的文化传统，因此中国文明呈现的是一种反求诸己的“回心文化”。换言之，它在面对西方文明与文化的进逼时有一种内在的抵抗感，而在这种中西文明与文化相遇过程中，最深且痛地感受到了这个历史过程的就是作为中国文化托命之人的知识阶层。无论是对于“自我”、“家庭”、“家乡”、“国家”、“世界”甚至“天下”的理解，都在这个过程中急剧转化、层层脱落或节节脱榫。自乐观者视之，则梁启超、严复、胡适、吴宓、陈寅恪等转型时代的知识人面对西学西法既能入乎其内又能出乎其外，不为其形格势禁，往而知返，往而能返，往返之际彰显的恰恰是中国文化滋养、煦育而成的人格的超然、潇洒面相。自悲观者视之，则如周作人在《十字街头的塔》一文所言，旧屋已拆，新居难成，知识人惶惶然如丧家之犬奔走于十字街头无所依托，或如王国维所言，可爱者不可信，可信者不可爱，欧西世界席卷而来的富强因其强势与自成体系似乎足可信赖能推动积弱积贫的中国走向富强，但这种诉诸政经实力而不是天理人情的文明终究于中国知识人有一份深切的隔膜，因此并不可爱。中国文明与文化内化到知识人日常生活世界和精神世界之中，并以趣味、情调、艺文与生活方式等展现出来，处处皆有可爱迷人之处，但这种优雅而业余的文人士大夫世界似乎又不足以应对西方的挑战，更不足以重建知识人在一系列创深痛巨的家国屈辱之后的文化自信。正由此种种尴尬情境衍生出中国知识人的家国天下情怀，这份情怀的心灵底色与思想气味在许纪霖先生积十年之功撰写而成的《家国天下》一书中得到了细致而深刻的呈现与阐释。孔子曾言："君子无终食之间违仁，造次必于是，颠沛必于是。"对于求索并传承了家国天下情怀的中国知识人而言，又何尝不是如此呢？！

《家国天下——现代中国的个人、国家与世界认同》，

许纪霖著，上海人民出版社 2017 年版

“旧上海”是如何变成“新上海”的？

对晚清民国上海史的研究已经蔚为大观，较为人知者有李欧梵《上海摩登：一种新都市文化在中国》、叶文心《上海繁华：都会经济伦理与近代中国》、卢汉超《霓虹灯外：20世纪初日常生活中的中国》、裴宜理《上海罢工：中国工人政治研究》、魏斐德《上海歹土：战时恐怖活动与城市犯罪》、安克强《上海妓女：19—20世纪中国的卖淫与性》等，可以说在中国的城市史研究中，上海史处于绝对的优势位置，而对北京、成都、武汉、广州等城市的历史虽然也有一些知名的研究著作，但在规模、深度、影响力以及研究者的阵容方面都远远比不上对上海史的研究。但这里有一个意味深长的学术现象：上海史在很大程度上聚焦在晚清民国的城市史，而共和国时期上海的面目则相对模糊，这可能有史料、发表、研究的学术传统等各种因素的限制。

这些年来，对当代史脉络中的上海的研究，逐渐发展成为一个新的学术热点，包括中华人民共和国成立初期、三年困难时期、“文革”时期的上海都成为历史学、社会学、政治学、文学等不同学科聚焦的对象，政治史、社会生活史乃至文化史都成为学者饶有兴趣的兴奋点，而在这个研究序列中，张济顺教授在社会科学文献出版社“近世中国”丛书中出版的《远去的都市：1950年代的上海》（以下简称《远去的都市》）就是一本既具有开拓性，又带有典范性的作品。简而言之，这本积二十余年之力而孜孜以求的学术作品，全面地展现了作者在当代上海史研究方面的兴趣、关怀与功力。全书的主体部分是五个研究个案，分别关注的是上海在中华人民共和国成立初期的里弄整合、基层政治中的普选、《文汇报》的改造、圣约翰大学两个重要人物的生命际遇以及上海电影文化的前世今生等。就其大体而言，张济顺教授关心的主要是两个独特的群体——小市民与知识人（或者说文化资产阶级），前者的日常生活和私人领域是如何在政治改造的名义下被大幅度地改变，后者比如《文汇报》的徐铸成等，创办《西风》杂志的黄嘉德、黄嘉音兄弟作为民国上海文化的创造者，又是如何在新政权下生活的。

自然，如果作者仅仅是从政治或者说国家对日常生活和文化空间的置换，以及对个体性的压制这个视角来展开其历史叙事，这个故事就会滑落到一个老生常谈的“压迫叙事”中，其打开当代上海史幽暗而复杂的面相的可能性就会严重被窄化。《远去的都市》最有价值的地方恰恰在于它挣脱了这种习以为常的历史叙事和研究视角，而在上海都市文化和底层社会的自主性方面着力，试图展现有着自身顽强的文化传统和市民生活习性的城市，在面对政治压力时，它是如何通过各种方式来小心翼翼地呵护其日常生活的趣味和美感的。问题的关键是展现这种彼此交错、来回撕扯的政治与城市之间的复杂性，而《远去的都市》通过一系列个案研究，揭示了在巨大的政治洪流之下、之外的那些隐秘的潜流、支流。这些如同王汎森先生所言，对历史变动起实质性的支配作用的“执拗的低音”，也许才构成了我们认知当代历史中的上海最重要的秘密通道。

民国上海的电影业是一面标志性的旗帜，而上海也是中国最早的电影业诞生地，培养了这座城市观看西方电影的日常生活习惯，而到了中华人民共和国成立之后，这些来自好莱坞等西方电影公司的电影就成了“毒草”。依照张济顺教授的研究，当时的上海乃至中央政府想方设法将西方电影减缩到最低限度，而同时置换以从苏联引入的电影，以及私营电影公司拍摄的作品，前者是娱乐文化，而后者更注重的是通过艺术的形式来对人民进行政治的教育。1950 年 10 月，由夏衍亲自牵头的旧片审查委员会成立，计划用一年时间，“审查已映演与已入口之中外旧片”，以“肃清封建的、买办的、法西斯主义的文化在落后群众的生活与思想中的影响”，并“配合进步影片的发行工作，使其转入绝对优势”。正如作者所言，新政权主导下的美国影片批判，由社会舆论空间转向国家意识形态的权力空间，由道德的指责、文化和现代性的忧虑归于革命语境中的政治批判，在反帝、民族主义、阶级斗争等一系列革命话语内，好莱坞影迷也被污名化，成为美帝国主义文化侵略的一个具象。《远去的都市》指出了一个耐人寻味的现象：上海小市民阶层对这种新电影并不感兴趣，而是去追逐在很大程度上是西方电影的“投影”的香港电影（抢票成为电影文化生活景观），港片《美人计》《荣华梦》《新婚第一夜》《天伦情泪》《野玫瑰》等能勾引起影迷们娱悦的记忆与想象，而当时的电影明星夏梦、石慧、陈思思等也成为青年一代的梦中情人。上海市民阶层试图通过有一定娱乐性成分的港片来找回已然陌生，却时常回旋心间的民国上海的风情与趣味。新中国才拉开帷幕，而对民国的怀旧之风已蓬然兴起。这自然引起政府相关部门的忧心忡忡，当时上海市宣传部门的调查报道显示："从一般观众的反映及对香港片如此热衷的情况看，恐怕很少能从中真正取得教训，从而痛恨资本主义社会，热爱新社会。有的观众甚至把这种'暴露'拿来当'补药'吃：'香港电影对青年的影响，比较突出的一点，就是有些青年为电影中所描写的资产阶级生活方式所迷惑、羡慕、向往，看不清两种社会制度的本质，认为香港是天堂、是乐园。'"

裴宜理教授曾经在《重访中国革命：以情感为方式》中讨论过中国共产革命诉诸情感来进行人性改造的特质，高华教授也在《"新人"的诞生》等文章中讨论过革命对人性的全新想象。从新政权对1950年代上海文化出版业和市民阶层的改造来看，前者所形成的具有独立和民间意味的文化形态，以及后者在各种政治运动之中仍旧顽强存留的生活趣味，都说明人性中天然蕴含的两极性（神性与魔性或者说神圣性与世俗性）即使在极特殊的年代，也不可能完全被清除。这种韧性的存在，被作者称为底层社会的自主性，以及晚清民国上海文化所形成的习性。这或许在今天已经成为人尽皆知的常识，可是在1950年代的上海，这种"自主性"或者"习性"却是革命改造尚未成功的标志。

比如1950年代初期上海的《文汇报》在文宣系统的指示下三次改版，试图将自身改造成为符合政府要求的私营报纸，可是每次上级机关以及文汇报自身领导层都不满意。据作者研究，当时的领导机关认为,《文汇报》的编辑方针还是“强调‘市民路线’，强调‘趣味化’‘人情味’，以‘四大连载’吸引读者，以资产阶级、小资产阶级的庸俗趣味去影响读者”，“资本主义办报思想，曾严重地支配着文汇报每一个工作人员”，“今天还没有肃清”。《远去的都市》一书，将徐铸成、严宝礼等人在1950年代初期的思想改造运动等一系列政治运动中的处境、应对、思想变动和心情都细腻地呈现出来，老交情与新上级、公义与私谊等各种错综复杂的人际脉络，在政治文化的严丝合缝之中是如何隐秘运作的，也被深度揭示出来。正如作者所引述的作为党代表的陈虞孙对严宝礼的警示性的忠告所呈现的那样：“私人交情是从人民利益作基础的，如果你损害了人民利益为人民群众所唾弃，这所谓私交便失去了基础，就无私交可言。你过去对革命是有一些贡献的。因此，政府照顾你，人民尊重你。你现在已有了一定的声名和地位。但如果你在文汇事业上做了损害人民利益的事，不立即改过来而还要继续向错误的路上发展，那么你将在文汇事业上弄得身败名裂，谁也救不了你。”

在晚清，私营报刊业主要依托主笔、经理等核心成员的资源、声望、眼光与人脉等来运作，而到了新政权初期，这些都成为被批判的对象。这当中一个最核心的问题就是所谓民营报刊的代表性问题。民国时期的《文汇报》《大公报》等可以声称代表民间来批评国民政府，正如曾经是私营大报《大公报》名记者，后来成为上海市军管会文教管理委员会副主任的范长江在第一次新闻出版界座谈会上所言：“在国民党反动统治时期，有些私营的文化出版事业中，是曾在不同程度上代表人民的，是应当称为‘民’营，或属于‘民间’的，但在人民政权下，政权的本身是代表人民的，这里只有公营和私营之分，不再是‘官方’与‘民间’的区别。”

张济顺教授对出身于上海圣约翰大学的黄嘉德、黄嘉音兄弟的人生与事业专辟一章，将这对在民国时期创办《西风》杂志介绍美国文化和西方文明，而成功地塑造了上海中产阶层美学趣味的兄弟的一生展露无遗。哥哥黄嘉德曾在圣约翰大学学习、任教近 24 年。从小在福建一个基督教家庭成长的他，最早的精神世界都是由基督教信仰所滋养的，而上海教会大学自由、多元、开放的气味，又滋养着他成为一个有着宗教信仰的自由主义知识分子。在战后中国的迷津中，嘉德、嘉音创办的《西风》杂志刻意保持着一种去政治化的纯学术、纯文化立场，不卷入当时的政治意识形态论战，而立足于传播西方文明与观念。新中国成立后，嘉德谨言慎行，对自己作为一个《西风》编辑和基督徒的过去进行了深刻检讨。张济顺教授并不认为嘉德的转变仅仅是一种政治压力下的自我污损或明哲保身。她从嘉德留学美国哥伦比亚大学期间对美国社会的种族歧视、美国文化的娱乐化的批评，以及强烈的“中国认同”，尤其是嘉德自大学时代起对于基督教信仰的怀疑等各种历史人物的具体性出发，归结出“在政治运动一场接一场，教育、学术被高度政治和意识形态化的 1950 年代，嘉德确实面临着有形无形的压力。但这并不表示嘉德的政治转向出于违心。他有真诚接受改造的愿望，在他的思想和精神世界里，确有与异化校园合拍的部分”。这一点在杨奎松教授的专书《忍不住的“关怀”：1949 年前后的书生与政治》对张东荪、王芸生和潘光旦的评述里也有类似的分析。简而言之，大部分自由主义知识分子对新政权的接纳，并非政治巨压之下的服从或者阳奉阴违的表演，而是发自内心的认同，这与近代以来中国读书人对民族国家危机的切身感受，以及对一个自由、独立的国家的想象有关，它未必是理性的自觉，而隐含着一种情感上的自愿成分。

更剧烈的变迁发生在上海的里弄所表征的底层社会。晚清民国所构成的上海是一个华洋杂处、三教九流都可以栖身的口岸城市，不同区域的外来移民带来了完全不同的语言、习俗、价值观与社群生活方式等。在一个资源高度稀缺而人口极为密集的大都市，生存竞争之激烈堪比霍布斯所谓的丛林社会。不过，上海的魅力或者说“魔性”也恰恰是从这种含混性或者“杂乱性”中间生长出来。混乱既是秩序和法则的敌人，也可能是创造力的情人。张济顺教授指出，在异质文化交织和多种社会生态共存的里弄空间内，居民的生活方式、价值取向和利益诉求是多元的。社会环境杂乱，邻里之间、居民与里弄之间的关系具有很大的不确定性。与这种不确定密切相关的是，1950年代初期的上海存在一个较大的非单位（非体制）人群，比如三轮车夫人群就是如此。

依照中国革命的理论预设，这个人群天然就应该具备无产阶级的品质。在1950年代上海政府以居委会替代国民政府保甲制的过程中，这批底层的无产者相当一部分成为居委会的各种负责人。但是，正如张济顺所指出的那样，“这个群体虽然是新政权可依靠的‘城市贫民’，但他们往往是行会、同乡、帮派三位一体的代表，甚至是恶势力的帮凶”。从作者引述的当时上海里弄工委办公室整理的材料来看，当时的里弄居民并没有政府所期待的无产者的品质，而是陷溺在日常生活中的赌博、磨洋工、婚外情、打架斗殴等各种境地之中，与无产阶级应有的社会形象完全背道而驰。张济顺教授下述这段评论可谓《远去的都市》核心论旨之一："在1950年代上半期的上海里弄，中共新政权遭遇了大都市社会历史遗产与现实的严峻挑战。尽管新的执政者竭尽全力地与1949年之前的'旧中国'与'旧上海'做彻底的决裂，按照既定的意识形态重构自己的社会基础，但上海里弄社会的积淀之深、关系之复杂、利益之多元，远远超出新执政者最初的估计与想象。尤其是阶级理论与现实之间形成了持续的张力，理论上的依靠者——里弄空间中的非单位人实际往往靠不住；阶级路线也不那么畅通无阻，最终要被消灭者，尽管政治上名誉扫地，却从新民主主义《共同纲领》与统战中得到优待，仍居于社会生活的上层，与新主政者若即若离。"叶文心在《上海繁华》中也提出了同样的一个问题：新上海与旧上海之间是彻底的断裂关系，还是藕断丝连的彼此交错关系？其实质也就是，晚清民国所形成的上海文化与市民社会，在1950年代究竟是被系统地置换和重组了，还是其精神实质以另一种形式顽强地延续着？我想，这是张济顺教授全书最关切的议题：面对革命政治文化的体制化压力，上海地方文化和民间社会是被动地服从，还是其实在消极地抗争，或者隐蔽地自我延续？

诚然，对上海底层社会的改造，在某种程度上是在回应经历过一系列战乱与失序的市民群体对新秩序的渴求，而居委会主办的居民读报组、青年政治学习班、妇女儿童识字班以及夜校等各类政治教育组织，对于提高居民的文化素养和政治意识，也存在不容抹杀的积极作用。我们在裴宜理所描述的1920年代初期安源煤矿工人罢工的组织过程里，就可以管窥到中国革命的文化政治色彩。张济顺教授指出，“对于‘翻身解放’的渴望与‘当家作主’的憧憬极大地激发起底层社会参与政治的热情。这种来自里弄社会的能动回应，不仅体现了中共执政的国家目标与社会愿景之相互匹配，而且表征着中国革命的正当性正在转化为中共执政的合法性”。一方面是革命的正当性转化为执政的合法性，另一方面是治理的有效性在强化执政的正当性，两者互为奥援，形成了1950年代上海治理与改造上的奇迹。依照陈毅在解放军入城三年之后的宣称就是：“上海已由一个依赖帝国主义经济而生存的重要城市，改变为不依赖帝国主义而独立发展的城市；已由一个为帝国主义和反动势力服务的城市，变成为人民、为生产服务的城市了。上海已大大清除了帝国主义及其走狗所遗留下来的污毒，开始走上正常而健康的发展道路。”抛开这种论述里的意识形态不论，陈毅所谈的确实是涉及从晚清民国上海到共和国时期上海的一个结构性的功能转换，也就是上海从一个消费主导型的大都市，向一个生产主导型的大城市转变。作为晚清民国的十里洋场之上海，其西方性和现代性就成为资产阶级文化的典型象征，弥漫的是脱离生产和人民大众的低级趣味，而新政权对上海的定义是一个工人无产阶级主导的以工业生产为中心的城市。这种城市角色与定位的巨大差异自然隐喻了这座城市转型的剧烈，不过正如张济顺教授所反复指出的那样，上海的摩登文化自有一种强劲的生命力，它在特定时空会被抑制，但只要有转机和空间就会卷土重来。

读《远去的都市》最感慨的是作者面对历史与人性的复杂性时那一份“同情之理解”的态度，一方面，是试图理解新政权的文化运作和基层政治的历史逻辑，并正视这种治理方式给百废待兴的中国带来的新气象与新秩序；另一方面，是探测到在政治与社会历史深处的脉动，这既有底层社会的历史惯性，也有上海作为一个海纳百川的多元文化空间的自主性，这两者之间构成的彼此交缠又相互冲抵的关系网络，就成为张济顺教授建构她的“1950年代上海”的逻辑起点与基本架构。而更让普通读者着迷的是，作为中国人自办的第一所新式小学上海梅溪学堂创办人张焕纶的后人（自安徽来沪的少年胡适曾在此校求学一年），张济顺教授可谓出身书香门第，这使得她在讨论圣约翰大学的黄氏兄弟，徐铸成、严宝礼主持的《文汇报》等触及文化生活的主题时鞭辟入里游刃有余，而基于对中国革命的普通参与者以及上海作为中国最具有市民文化气味的城市的深刻理解，《远去的都市》同时也对普通人的生活（包括里弄改造与选举、观看电影等）在一场翻天覆地的革命中的变化给予了充分的阐述，因此可以说，《远去的都市》是一本兼具文化贵族视角与平民情怀的史学著作，它对作者的意义绝非仅仅是一本学术著作而已，正如作者在“致谢”中所言：“作为一个上海老城厢张家的后代，一个共和国的同龄人，1950年代的上海对我来说绝不是一段冷冰冰的历史。”它是作者向曾经生活在上海这方土地上的市民、亲人和历史致敬的方式之一，它也是一本鉴往知今照亮未来的“上海之书”。

《远去的都市：1950年代的上海》，张济顺著，
社会科学文献出版社2015年版

附：重构上海的历史记忆

上海是一座自恋之城，她的怀旧意识在中国的城市中首屈一指；上海又是一座趋新之城，它在国际化的潮流中不断重新设定自我的全球坐标。上海，在最初的接触里，会因为其繁华豪奢的样貌而给外来者一种惊异甚至压迫感，但日久生情之后，这座城市便显得无限地温婉和细腻起来。她在城市的每一个纹理深处潜伏着文化与人情的气味，这气味特别容易让过客滋生怀念，让居者神清气宁。世人常说，上海没什么可看的，似乎这是一座纸上的空幻之城，除了新天地、外滩、东方明珠、上博这些标志性的建筑和空间，这座城市貌似显得特别空洞乏味。但其实这是一种自以为是的错觉，这座城市的微妙之处，恰恰在日常的街巷里弄中的一草一木一砖一瓦，它有着一种将凡俗的生活孕育成传奇的魔力，怪不得被称为“魔都”。那一天，因偶然的机缘而走在武康路上，两旁的法国梧桐树枝交错在街道之上，盛夏的阳光穿越了树叶的丛林，投射到干净清朗的地面，形成纵横捭阖的光与影的世界。一栋栋曾经居住过巴金、唐绍仪等人的小洋房或辟为纪念馆，或仍旧有柴米油盐的日常生活。精细雕琢的建筑，历经20世纪的风浪而居然在褪色中保持着一份优雅，连同那些曾经发生在这些空间里的生命故事，糅合成一团浓得化不开的沧桑意蕴，就那样层层叠叠地覆盖在我的心灵之上。或许，我从来就没有真正读懂过这座记忆之城或者说浪漫之都？

二水分流的上海文化传统

金宇澄着眼于上海弄堂市井生活的小说《繁花》，是继王安忆、程乃珊、陈丹燕、孙甘露等上海小说家的“上海叙事”之后的又一力作，再次刺激了公众对于上海文化特质的探寻热情。而在学界，李欧梵、卢汉超、魏斐德、安克强、叶凯蒂等人的作品更是从多重视角展现一个摇曳多姿的民国上海，而影视作品如《海上花》《色戒》《上海百年物语》《海上传奇》等更是指不胜屈。层层叠叠的个人记忆、影像记录和历史书写，正在搭建一个光怪陆离的上海形象。上海成了历史记忆的一座宝库，每个人似乎都可以从不同的路径进入而采择个人所认同的元素。

就当前上海的文化地图而言，我们可以从蛛丝马迹中寻觅到其与晚清民国甚至共和国时期的上海历史某种隐秘的勾连。毫无疑问，在民国，鲁迅是上海左翼文化的象征性人物，这种波西米亚的反叛性文化，吸纳了欧洲、日本等异域的叛逆传统，又在一个高度资本主义化的城市空间里，想象底层与大众的苦难，从而盘吸了一种强烈的道德主义激情。虹口区多伦路一带成为这段左翼知识人历史的见证。当时《申报》的副刊“自由谈”主要就是左翼知识人的“想象的共同体”。从空间而言，这种左翼文化的象征性空间就是颇具上海建筑特色的石库门里的亭子间。亭子间成了左翼或者说革命文化的隐喻，所集聚的左翼作家通过翻译、写作、办刊、开书店、左联等各种形式来挑战当时的主流叙事。而今天的上海也存在着一个相当活跃的左翼群体（被称为新左派），他们同样“关心底层”，讨论资本主义对人的异化，也是一群彼此拥抱相互取暖的知识人，与民国时期的左翼一样重视理论和新知识。唯一区别可能就在于，今天的新左派已经从“在野”的反抗体制的社会存在，转变成象牙塔式的学院体制内的教授群体，娴熟地建构了一个国际性的学术论述社群，以紧跟西方学院左翼话语的方式反西方，而对于体制问题或尖锐的社会议题，却保持着机智的缄默。

以杜亚泉主编的《东方杂志》、施蛰存主编的《现代》杂志、储安平主编的《观察》周刊等象征着上海文化传统里更为温和多元的一个脉络，究其实质更具有自由、开放、前沿、包容的底色。作为民国时期存在时间最长的综合性期刊，《东方杂志》一度是全民精神生活的来源；而《现代》与欧美现代主义文学的完美对接，以去政治的方式来夯实人性的根基和滋养现代美学的趣味，更是孕育了中国现代文学的奇珍异果；《观察》作为抗战后中国影响最大的自由主义刊物，始终坚持在日益党派化和两极化的政治氛围中严守中道、批判的立场，充分地印证了民国上海的报刊出版业绝不仅仅是风花雪月的花边文学，更有着不绝如缕的启蒙传统和独立精神。当今上海文化界以王安忆、陈子善、孙甘露、金宇澄等人的作品为表征，思想界以王元化（已故）、葛剑雄、许纪霖、刘擎、萧功秦、葛兆光、朱学勤、陈家琪、朱大可等学者的著述为代表，似乎在隐蔽地延续这一人文主义传统。

海上传奇：现代文明的引入者

新天地已经成为当今上海的地标性建筑，其实质是江南落难财主在上海租界的“乡愁”空间，这种典型的石库门结构，所形成的弄堂文化更是成为上海文化脉络中最为人津津乐道的一个历史谱系。新天地在今天的上海成为外籍人士和高收入华人的消费空间。在王安忆的小说《长恨歌》中，“上海的弄堂是形形种种，声色各异的。它们有时候是那样，有时候是这样，莫衷一是的模样。其实它们是万变不离其宗，形变神不变的，它们是倒过来倒过去最终说的还是那一桩事，千人千面，又万众一心的。那种石库门弄堂是上海弄堂里最有权势之气的一种，它们带有一些深宅大院的遗传，有一副官邸的脸面，它们将森严壁垒全做在一扇门和一堵墙上”。但同时，“上海弄堂的感动来自于最为日常的情景，这感动不是云水激荡的，而是一点一点累积起来。这是有烟火人气的感动”。在上海的建筑遗产中，弄堂是与洋房相对应的，前者是市井小民的日常生活空间，而后者则是洋人或者高等华人的居住空间，比如上海的武康路就是典型的名流居住街道，集中居住过一批在中国现代史上有重要影响的人物，有著名政治家、实业家、军事家、银行家、文学家、医学家，还有著名洋行的老板。比如113号的巴金、393 号的黄兴、40 弄 1 号的民国第一任总理唐绍仪等人。在上海这座城市的文化记忆中，一直就存在弄堂叙事与洋房叙事两种“主流叙事”的并存、对峙或互补，而《长恨歌》的王琦瑶“旧时王谢堂前燕，飞入寻常百姓家”，从洋房转入弄堂，就具有充分的历史隐喻意味。事实上，即使转折入弄堂的日常人家，上海的文化就如王琦瑶的日常生活那样，仍旧维持着一种精致的格调和品位。这就如上海青年作家任晓雯所言，“很‘上海’的新天地，是上海弄堂的标本，涂了颜色，浸了福尔马林。拆迁改造毁灭了弄堂的实体，却无损弄堂文化的根基。上海人的新公房，和旧民居一样逼仄。对于空间的焦虑，造就精致有余格局不足的上海性格，也造就敏感而奇怪的建筑想象力”。

而从一个更长距和纵深的视角来看晚清以降的上海，就会发现其在城市功能定位上的转型与错位，与此对应的就是这座城市大街小巷隐伏的建筑文化和生活方式在不同的政治意识形态下的角色变迁。晚清民国的上海虽然有中国最早的产业工人和早期工业，但其实更是一座高度西化和现代化的城市，这座城市的特质不是生产，至少不是物质意义上的生产，而是消费、文化和符号意义上的生产。上海因太平天国运动的江南震动而迅速吸纳了区域性的财富、人才，也因近代中国一系列对外战争的失败，而形成了英美公共租界、法租界等中国主权范围内的“飞地”。租界诚然象征着民族国家的耻辱，但却也不可否认其导入文明的功能。中国最早的百货公司比如永安、先施等，舞厅（比如百乐门）、光明大剧院、电灯、电话、电报、地下排水系统、城市卫生系统、警察制度、律师制度、西式学校、医院、银行、报刊出版业等，都是在上海的租界最早出现，然后被华界所借鉴作为一种现代文明向全国推广。租界内的“三跑文化”(跑马、跑狗、跑回力球)更是成为上海娱乐休闲文化的顶峰。租界不但引入了物质文明，而且也是现代革命文化的庇护者，从最初的反清文化，到后来的革命文化，大都是在租界展开，它以现代的政治文明保护着抗议者的自由与人权。

两种主义在上海滩的竞赛

毫无疑义，晚清民国的上海，是“世界的上海”，或者可以说是“上海的世界”，欧美、日本、俄国等多国的建筑、生活、艺术、文化都被移植到上海，并且在上海的不同地段形成区域性的分布，这从松本重治的《上海时代》、《密勒氏评论报》主编鲍惠尔的回忆录、《纽约时报》驻华记者阿班的《民国采访战》等各种历史记录，都可以管窥一豹。这就形成了上海文化的华洋杂处、多元并包的特质。每一种文化都可以找到其容身之处，每一种人群都可以寻觅到其栖身之地。上海，作为一座中国城市的代表性究竟有多大，一直是被质疑的，但上海又显然不同于纽约、巴黎、东京等城市，这就形成了上海文化遗产的复杂脉络。李欧梵曾经说：“如果说世界主义就意味着‘向外看’的永久好奇心——把自己定位为联结中国和世界的其他地方的文化斡旋者——那上海无疑是30年代最确凿的一个世界主义城市，西方旅游者给她的一个流行称谓是‘东方巴黎’。”如今从上海在全国城市序列中的特质，无论是相对于北京、广州等一线城市，还是相对于武汉、西安等省会城市，可以明显窥见早期的这种“世界主义”格局给这座城市留下的历史遗产。这种遗产尤其明显地体现在城市的公共治理方面，形成了一种整洁有序、比较人性化和讲规则、相对安全的城市气质。虽然很多外来者在最初的接触期，可能会被这座城市那种刻意的距离感所激怒（他们会将这种距离感解读为金权世界的人情冷漠），但在长久的相处之中，相当一部分人会领悟到这其实是一种现代文明，它尊重人的个体性和独立意志，也比较恰当地处理了公共生活和私人生活的界限。换言之，上海这座城市最不具有中国传统农耕社会的“乡土气质”和“等级特征”，用今天的流行语来说，“上海是平的”，因此充满了流动性和阶层移动的可能性，所以这座城市才既有韩寒式的剑走偏锋，也有郭敬明式的《小时代》式的奋斗，同时也有姚明式的踏实坚韧的精神气质。

上海最显著的建筑文化景观就是外滩的西洋建筑，与黄浦江对岸的“社会主义时期”的新建筑的隔江对峙。前者象征着租界时期的历史文化遗产，隐喻多元的西方审美和文化观念在中国的留存，而后者则象征着在20世纪中国社会主义与资本主义的竞赛中，“社会主义”以压倒性的优势胜出。今天走在上海的大街小巷，会在不经意间发现很多晚清民国的遗迹和建筑，甚至在武康路、衡山路、多伦路、华山路等一带还大致可以体味到民国风情，至于思南路上的周公馆和思南公馆更是典型的法租界风格。典雅、精致、舒适，实现了建筑、自然与人情最佳的融合（不伦不类而过度商业化的田子坊自然难以望其项背）。这其实也间接地印证了王安忆在《长恨歌》中试图阐发的道理：任时代浪潮翻滚，这座城市自有其内在的韧性与坚持来抵抗外来强力的侵蚀，这是一种凡俗中的传奇。这种市民文化的传统，尽量保护日常生活世界的完整性。这就正如法国左派德布雷（切·格瓦拉的战友）致赵汀阳的书信中写的那样："其实我们可以生活、思考，缓缓度过幸福的甚至有创造性的日子，而远离那很不合理、难以捉摸和流动的、既无地基也没固定内容的领域，就像美国小说家梅尔维尔所称的'世界水汪汪的部分'。"

上海两歧性的内在张力与超凡魅力

上海学者许纪霖曾尖锐地批评当代上海的文化生态："上海历史上留下的多元文化传统被腰斩掉了，而且在这一轮发展当中并没有被全面传承下来，反而被肢解了。过去上海文化中既有一种拥抱现代化的传统，所谓布尔乔亚的传统，也有鲁迅所代表的左翼的反思现代性的传统，但今天在所谓'怀旧'的一片大合唱声中，后面的那个传统也被阉割掉了，只剩下一片小资文化的赞歌，在这片赞歌之后却掩盖了上海文化自身的苍白。"诚如斯言，没有人文传统和批判视野做底色的怀旧，就只能是被消费主义绑架的一种空洞情感，这种怀旧既没有历史意识，更没有未来。但就我旅居上海十余年的切身感受，上海虽然在文化的原创性方面，相对于晚清民国有巨大的鸿沟（这主要是由于中华人民共和国成立前后文化出版业迁移和一系列政策的结果），但上海至少展现了一种现代文明的可能性，上海也成了容纳多元文化的空间。今天的上海虽然没有北京的知识界和文化界那么热闹，但也有不容小视的自身特质。比如已经停刊的《东方早报》创办的“上海书评”已赫然成为全球华人知识界的一个标志性专刊，“艺术评论”也办得有板有眼独树一帜，而由《东方早报》转型而孕育出来的“澎湃新闻”也成为国内最早试水的新媒体网站。

上海注定是一座让人爱恨交加的现代城市，它成为现代中国走向世界的历史记忆最丰富的仓库，无数的学者、文人、新闻记者、街谈巷议者、巨星或小人物都可以停驻在上海某一个特定的时空来对之做出臧否。最具有资本主义特质的城市却孕育了现代中国最波澜壮阔的左翼文化运动，并因此而改变了中国的历史走向，最具有江南文化气息的上海却同时弥漫着西化和世界主义的浪漫气味。不过，对于上海的记忆或怀旧似乎更多地指向晚清民国时期，共和国时期的上海的历史面相尚有待于学者的进一步挖掘（可喜的是已经有了张济顺、金大陆、何若书、阮清华等学者的著作）。或许只有将上海放在漫长或短暂的20世纪中国革命的历史视野里，从文明与文化、中国与西方、江南与内地、精英与庶民、专业主义与游民文化等多重视野出发，才可能从被主流历史叙述软埋的历史海洋深处打捞出属于上海的独一无二的记忆，那才是真正让人着迷的“执拗的低音”。

师者陈寅恪

陆键东《陈寅恪的最后二十年》曾经在1990年代的公共读书界风靡一时，此书所传递的陈寅恪的历史形象是一个始终坚持“自由之思想，独立之精神”的知识人形象，而专业史家对陈寅恪的书写更多地聚焦在其具有惊人洞察力和严谨性的隋唐史、魏晋南北朝史和明清史学术著作之上。自由主义者与保守主义者都试图将陈寅恪引入自身的历史谱系之中而强化其精神传统。前者着眼于陈氏有所不为的“消极自由”式的低调反抗，后者侧重于借助陈寅恪的历史书写，而重新建构20世纪中国文化与传统之间隐秘的创造性转化之关联。陈寅恪生命世界里一个重要的师者形象，也是构成其自我认同最核心的部分之一，却在这些主流的“陈寅恪学”里隐而不显，不太为世人所注意。师者，所以传道、授业、解惑也。陈寅恪先生在这三方面都堪称20世纪中国最值得称道的师者之一，是知识、学问和人格上的燃灯者，而当今中国的某些所谓大师，恰恰在如何更好教学、如何培养学生等方面心不在焉，他们更在乎的是白纸黑字的权威期刊论文和专业著作，或者知识界和公共领域的声誉，而不是发掘、培养和造就学术人才。即使在这方面有所意识和自觉，也往往仅及于自己的嫡系弟子，而不会溢出门墙，博济于人。即此而言，卞僧慧先生编纂的《陈寅恪先生年谱长编》中触目皆是的先生栽培学生的事例，就处处彰显出一种难能可贵的学术精神。这既是一种具有儒家传统内涵的师生关系，也是一种陈寅恪早年留学哈佛师从印度语文、巴利文大家兰曼教授所习得的一种职业伦理，再大牌的教授也首先是一名三尺讲台上的教师。这是本分的要求，而不是额外的苛求，或者可有可无的点缀。

抗战刚刚结束的1946年，内迁昆明的清华大学在北京复校。当年11月5日，清华复员后第一天上课。陈寅恪在历史系和中文系分别开设“隋唐史”和“唐诗研究”。那时候陈寅恪远赴英国治疗眼疾未果，两只眼睛都因为用眼过度导致视网膜脱落、病变而失明。这对于一个正当治史黄金年龄（57岁）的享有国内国际声誉的学者而言，无疑是一个巨大的打击。这在其三个女儿陈流球、陈小彭和陈美延的回忆录《也同欢乐也同愁：忆父亲陈寅恪母亲唐筼》中间也有一鳞半爪的记忆。陈寅恪当时的助教王永兴在近半个世纪后回忆道：“当时，我和汪篯先生做他的助手。有一天，历史系主任雷海宗先生来看老师。雷先生因为他体弱多病，又双目失明，便劝他暂不要开课了，先休养一段时间，搞搞个人研究。寅恪先生马上说：‘我是教书匠，不教书怎么能叫教书匠呢？我要开课。至于个人研究，那是次要的事情。我每个月薪水不少，怎么能光拿钱不干活呢？’当时我站在老师身旁，看到老师说这些话时，虽是笑着，但神情严肃且坚决。雷先生只能同意老师的意见，在历史系开了一门课。当时老师年近六旬，就当时来讲，已是高龄，而且身体又很差，但每学期的两门课，他都坚持开了下来。使我感动的也是他那朴实而坚定的语言。他没有说过作为一个教师该如何如何的冠冕堂皇的话，但是，他的身教要比那许多话高明得多……他备课也极其认真，十分严谨的。”一代史学大家陈寅恪以教书匠自况，严守作为师者的职业本分，甚至认为个人研究与教学相比较是次要的事情。而且以陈寅恪当时的身体状况，本可以略事休息再教课，但他一刻也不愿耽误教学和培养史学人才。

陈寅恪先生讲课独树一帜，对于具有史学天分和兴趣的学生自然有一种无穷的魅力。罗香林在《回忆陈寅恪师》一文中记载的细节让我们身临其境：“陈师自民国十五年即一九二六年五月起，在清华大学讲学。每种课程均以新的资料印证旧闻，或于习见史籍发现新的理解，凡西洋学者对中国历史研究有新发现的，亦必逐类引证。因为引用外文的专籍特多，所以学生每不易笔记；但又因其每讲都有新的阐发，所以学生也津津有味。陈师每次上课，必携带要引用的书籍多种，以黄布包裹，拿到课室，放在讲台上。还须引证的重要文句，亦必写在黑板。陈师夏秋季常穿蓝布长衫，冬春季常穿长袍马褂。来校常挟黄布书包，进入课堂，就提出要讲的专题，逐层阐释，讲至入神的地方，往往闭目而谈，至下课铃响，还在讲解不停，真是诲语谆谆，从无倦容。而其风度和声音笑貌，也最为学生所神往。陈师讲学，注意自然启发，着重新的发现。对学生只指导研究，从不点名，从无小考；就是大考，也只是依照学校的规章举行，没有不及格的。他常说问答式的笔试，不是观察学问的最好办法。学生们每要求他以写短篇论文代替大考。但陈师又谓：做论文要有新的资料和新的见解，如果资料和见解都没有什么可取，则做论文也没有甚么益处；最好各同学于听讲及研究后，细细的想想，到了学期结束，对教师每位提出一二问题；自然，教师也是不能包懂的，但对学生能否提出适当的问题，也可以知道学生是否曾用过功夫，可以略约分别成绩。但同学们多数也不敢采取这种办法，因为如果所提出的问题，被人认为是不聪明的问题时，面子上也是很难看。”这种教学的方式，从新材料和新见解入手，其实等于从一开始就引导学生进入学术研究的双重脉络，史料的讲述让学生能获得史感，重构历史的情境，对历史人物的出处取舍有一份真切的理解，就不会以后见之明颐指气使剪裁史料缝合己意，而学术观点尤其是最新学术见解的引入，则让学生意识到任何学术观点都不是横空出世、遗世独立的，而是长成于一个学术脉络之中，对一个新观点的价值判断除了其史实之根据之外，还要检测其在相应学术谱系中的位置与贡献。这就可以避免初学者偶得一孔之见便悠然自喜的虚骄，也在同时让学术生涯上的求真者有一个可以依托的学术共同体，而不至于因外在体制或经济压力，或学术之路遭遇瓶颈，而形成自轻自贱的心态。从罗香林的记述可见，陈寅恪先生早年在日本、欧美的十几所大学的留学经历，赋予了他一种从事史学研究的世界眼光。

史家周一良 1935 年大学毕业后在燕京大学读研究生，因同学俞大纲（陈先生的表弟）的介绍和推荐，去清华大学“偷听”陈寅恪讲魏晋南北朝史，同时去旁听的还有劳贞一（后任加州大学洛杉矶分校教授）和余让之（已故北京大学教授）。周一良在《纪念陈寅恪先生》一文中如此叙述其偷听之后的震惊与兴奋："我们都很喜欢听京戏，第一堂课下来之后，三人不约而同地欢喜赞叹，五体投地，认为就如看了一场著名武生杨小楼的拿手好戏，感到异常'过瘾'。我从此风雨无阻到清华去听课，同时搜罗陈先生在各杂志上发表的论文来阅读，虽然当时对其中不少内容并不甚了解，现在回想，从劳、余两位和我当时的反应看来，陈先生的讲课和北大、燕京两校老师确实不同，各有千秋。但陈先生讲课之所以使我们这些外校的学生们特别倾服，应有其原因。今天我回忆，当时想法有两点。一是陈先生谈问题总讲出个道理来，亦即不仅细致地周密地考证出某事之'然'，而且常常讲出其'所以然'，听起来就有深度，说服力更强。联想洪先生五个W之说（指洪业先生——引者注），就觉得缺第六个更大的W即WHY（为何），未免有不足之感了。当时另一点想法是，别位先生的学问固然很大，但自己将来长期努力积累，似乎并不是办不到；而陈先生的学问，似乎深不可测，高不可攀，无从着手，不可企及。这种认识说明三〇年代的青年在心目中如何看待陈先生。"显然，陈寅恪的学问绝非一般意义的考证之学可以概括，其更重视的是历史事实背后的文化脉络与义理，因此在讲课时就会引导学生透过纷繁复杂的表象探测历史的肌理与纹路。

师者之精神，如日月星辰三光之光，所到之处，皆能发明照亮并温煦滋养。陈寅恪的师者之魅力除了课堂上的教学能够鞭辟入里循循善诱之外，在课堂之外，先生作育人才提携后进的爱才、惜才和养才之心也处处可见。联想到先生1929年题赠给北大史学系毕业生的赠言里的“群趋东邻受国史，神州士夫羞欲死”的诗句，晚清民国一代杰出的学者如陈寅恪、傅斯年、钱穆都有一种矢志培养中国的学术人才，以不输于东洋或西洋之关于中国的学问的雄心，这也可以谓之一种健康理性的学术民族主义（或宽泛意义上的文化民族主义），不同于此后腾嚣于国内的学术义和团情结或狭隘民族主义。尤其陈寅恪早年游学各国，师从多位名家，其恩师对其多有瞩目栽培。1921年2月17日，兰曼教授给当时担任哈佛大学校长的罗威尔写信提及陈寅恪：“我目前有两名格外优秀的学生——来自上海的陈（寅恪），以及来自‘北都’（或者大家所知的北京）的汤用彤。他们对我十分有启发，我衷心希望我们能有更多这样精神高尚而且抱负不凡的人——来充实我们本国的大批学生。我深信，他们二人将会引领未来之发展，并对中国的前途产生影响。”（此则史料承蒙首都师大林伟兄提示）但其内心总希望能够为华夏造英才，使中国学者能自立于世界学术之林。师从胡适的罗尔纲在晚年的追忆文章《忆陈寅恪》里记录了一个让人感怀不已的细节。那时候抗战已经发生，清华内迁到云南与北大、南开共同组建西南联合大学。陈寅恪将家人安顿在香港后与其他教授赴云南蒙自联大校区授课，偶尔去广西等地会友。罗尔纲忆道：“社会科学研究所派我回广西接洽迁桂林，住在环湖酒店。这是个寒冬之夜，约在7时半，听有人叩房门。开了门，原来是陈寅恪先生！陈寅恪先生光临我这个小小的助理研究员的住所，真是天外飞来的喜讯！我恭迎陈先生进来坐定。他说夜到旅馆访友，见住客牌知我住在这里，就来看望，不访朋友了。陈先生一坐下来，就说看过我许多考证，接着一篇篇加以评论。他一直坐到11

时，旅馆要关门，服务员来通知，我送他出旅馆门口，他才依依不舍告别。这件事，距今五十七年，却如在眼前。我深感荣幸，也极感惊奇。陈先生是研究教导隋唐史和撰著文学考证的。我研究的太平天国和他距离那么远，我又不是他的学生，他为什么这样关心我的著作呢？我今天回想起来，使我豁然感到陈寅恪先生胸怀旷达，润物无边。”不同领域，没有师承关系，萍水相逢，却能在战乱流离中促膝长谈，谈史论道，而且关键还不是敷衍式的寒暄，而是严肃而认真地对待和品评一个年轻学者的作品，可见陈寅恪平时学术阅读之广泛与细心，以及对于那些具有史学才能的青年人的栽培之意。这是特殊时代温暖人心的场景，也是学术史上令人动容的吉光片羽。

文以载道，文以传学。陈寅恪先生正是通过对学术文章的品评，来引导年轻一代史学工作者得以登堂入室，了解问学之路的真谛与奥秘。曾在清华国学研究院求学的姜亮夫由点及面，将陈寅恪及其代表的清华园的学术精神在回忆文字中呈现了出来：“寅恪先生还有两件事使我终生不能忘怀。我在清华曾写过一篇批评容庚先生的文章，送登《燕京学报》，容庚先生把我的文章送给陈寅恪先生看。过后寅恪先生对我说：‘你花这么大的精力批评别人，为什么不把这精力集中在建立自己的研究工作上！’这句话对我震动很大，从此以后，我不大愿意写批评文章，越到后来越不做这样的事。另一件事是，陈先生说：‘做学问的工具愈多愈好，但一定要掌握一个原则，这工具和主要研究工作要有联系的，不能联系的不要做。’因此英语之外，他劝我读日、法两语。我当时确也下了一番功夫。不过自抗战后，没有书可读，外文丢光了，这是我一生中的憾事……清华园的先生们确是我国名副其实的国学大师，他们不仅给学生以广博的知识，高深的学问，而且教会学生做学问的方法，根据不同学生特点指明研究的方向，最后让你自己独立研究。这种教书育人的方法使我终生难忘。即使在日常生活中，先生们的一言一语、一举一动也都深深地感染学生，即使在谈笑中，也与学术相关联，也给学生以深刻影响。”

即使对于那些曾经触怒陈寅恪先生的学生，只要有一技之长，陈寅恪先生也丝毫不心存芥蒂，举才不避过。1934 年的清华为研究院毕业生朱廷丰未派留学而引起一场风波。据年谱记载，当年历史系教授委员会经全体成员会议商议，只推荐邵循正一人出国留学。而同为研究院毕业生的朱廷丰自认为成绩优异，认定是历史系主任故意刁难和杯葛他留学，因此几次三番写信或当面申辩，最后发展到肆意攻讦历史系主任和清华大学教授评议会。陈寅恪在写给梅贻琦校长的信件详述事件原委：“朱君不派出洋事，当日教授会议时，弟首先发表，宜只派邵君一人。廷黻先生时为主席，询问大家意见，并无主张。迨弟发表意见后，全体赞同，无一异议。弟之主张，绝不顾及其他关系。苟朱君使弟发生出洋必要之信念，必已坚持力争无疑也。至谓系主任与之有意见（无论其真与否，即使有之，亦与弟之主张无关涉），其他教授亦随同系主任之主张者，则不独轻视他教授之人格，尤其轻视弟个人人格矣。总之，此次史学系议决只派邵君而不派朱君一事，弟负最大最多之责任。”据卞僧慧先生考证，朱廷丰虽因此事触怒陈寅恪，但陈先生仍爱护教导如昔，朱君亦仍尊重陈先生。朱廷丰后来考取第三届英庚款留英，1942 年，陈寅恪应邀为其著作《突厥通考》写序道："朱君廷丰前肄业清华大学研究院时，成一论文，题曰《突厥通考》。寅恪语朱君曰：'此文数据疑尚未备，论断或犹可商，请俟十年增改之后，出以与世相见，则如率精锐之卒，摧陷敌阵，可无敌于中原。'盖当日欲痛矫时俗轻易刊书之弊，虽或过慎，亦有所不顾也。朱君不以鄙见为不然，遂藏之箧中，随时修正。迄于今日，忽已十年。"

春风化雨，润物无声，正是陈寅恪先生培养学生的方式。这种以身教重于言传的方式传递学术创造的精义，中国历史文化与现代学术文化两者融会贯通，转化为其著述行止的一种精神气质。作为师者的陈寅恪，除了这种月印万川不舍细流的博大温厚气象之外，他也有坚守学术自由原则的冷峻一面。1953 年，当其昔年清华和西南联大学生汪篯受中国科学院委托南下广州，迎请陈寅恪北上就任中古史研究所所长一职却铩羽而归。汪篯记录的陈先生答复科学院的谈话中有一段话可谓陈寅恪一生传承学问选拔传人的宗旨："独立精神和自由意志是必须争的，且须以生死力争。正如词（指挽王国维词）文所示，'思想而不自由，毋宁死耳。斯古今仁贤所同殉之精义，其岂庸鄙之敢望'。一切都是小事，惟此是大事。碑文中所持之宗旨，至今并未改易。我决不反对现在政权，在宣统三年时就在瑞士读过《资本论》原文。但我认为不能先存马列主义的见解，再研究学术。我要请的人，要带的徒弟，都要有自由思想、独立精神。不是这样，即不是我的学生。你以前的看法是否和我相同我不知道，但现在不同了，你已不是我的学生了。所以周一良也好，王永兴也好，从我之说即是我的学生，否则即不是。将来我要带徒弟，也是如此。"显然，陈寅恪并非强求学生在具体学问的见解上与他一样，这方面他是希望弟子青出于蓝而胜于蓝的，但在以学术为志业所应具备的基本特质方面，即自由之思想和独立之精神，他的要求是不能打一点折扣的。

在剑桥寒冷的冬夜，静看窗外雪花落在异国的土地之上，遥想陈寅恪先生一百年前在哈佛留学的日常岁月和精神世界，行走在他曾经步履匆匆的校园，呼吸在同一片蓝天白云之下，就会深深地被先生这种既有世界眼光，又有中国情怀的一生为中国文化托命开新的伟大人格所感动，尤其如上述潜心学术悉心栽培弟子的细节与精神更是深深地浸透了学人之间的情与义。只是在天地玄黄的20世纪中国，他所寄托怀抱的这种既有文人趣味又有世界视野的精英文化无可奈何花落去，其生前身后命运恰如他为王国维所撰写的挽词所言："凡一种文化值衰落之时，为此文化所化之人，必感苦痛，其表现此文化之程量愈宏，则其所受之苦痛亦愈甚；迨既达极深之度，殆非出于自杀无以求一己之心安而义尽也。"

《陈寅恪先生年谱长编（初稿）》，

卞僧慧著，卞学洛整理，

中华书局2010年版

哈佛吴宓的朋友圈

一百年前，1918年9月11日下午，正值美国东北部的历史文化名城波士顿最美的秋天，一位来自中国的青年吴宓悄然抵达剑桥，开始了他在哈佛大学为期四年的留学生活。这是一个看上去极为平淡无奇的秋日午后，落英缤纷的街道安静得让人神定气闲，一战即将结束，世人正从战时的情绪缓慢调整到日常的节奏之中。但借由吴宓当年留下的日记所呈现的日常生活和精神世界，却可以发现，以吴宓为参与者和见证者的这群一战前后聚集在哈佛的中国留学生——赵元任、梅光迪、竺可桢、李济、陈寅恪、汤用彤、张鑫海、林语堂、楼光来、顾泰来等，如此不同凡响，用群星闪耀来描述也不为过。纵览近代中国的留学史，可谓是空前绝后的一代“文化贵族”（吴宓语），让人不得不感慨“天才为何总是成群地来”。

吴宓是近代中国文化史上的一个怪才，是一个典型的矛盾体，自身的存在充满了悖论，他所向往的人格往往是其极度匮乏的，他反对的行为方式往往又是他一边抱怨一边在实践的。他在哈佛的岁月是在梅光迪、陈寅恪和汤用彤的巨大阴影（并无贬义）之下度过的，后者的学识、德行与才华让吴宓赞叹和歆羡不已。或许正因为此，吴宓的一生都只能扮演一个高端学术的鉴赏者、一流学者的知己和引荐人（比如力荐陈寅恪执教清华国学研究院）而无从做出自己独特的学术贡献。即使是他一生迷恋的古体诗词，也被胡适在日记里骂为“烂诗”。可是我们却不能轻易地指责吴宓是一个知行分裂的两面人，他又是一个软弱而倔强的性情中人，从其之后的人生历程来看，吴宓几乎从未屈服于外在的压迫和思想规训，他与陈寅恪仿若那个时代的双子星座，虽然微弱而摇曳不定，却毕竟给了后世治史者些微的光亮。尤有进者，众所周知，同龄人甚至同代人之间最难相处，尤其是处身于同一个领域而都需要崭露头角的知识人。自认为新人文主义精神领袖白璧德中国传人的吴宓诚然一生对新文化派如胡适等人心怀不满，语近谩骂，但对于他在哈佛往来最多的学者如陈寅恪、汤用彤等，却是心悦诚服、一生不变的。敬重前辈或激赏后学都不难，难的是对于同代人中才华横溢或学术出众者持有一种发自内心的欣赏，并且毫不难为情地求教，或者毫不吝啬地援助。吴宓虽然没有多少思想学术的原创性和文学的才华，但其一生将记日记当作人生事业来坚持，巨细靡遗地记录了他所栖身的20世纪中国知识人群体的所言所行所思所感，并且以其实际行为践履了他最欣赏的陈寅恪推崇的“自由之思想，独立之精神”这一价值准则。仅此一端，也足以载入史册。

在波士顿郊区剑桥的寒冬午后，轻轻打开吴宓写于一百年前的留学日记，读着这些或长或短的字句，以及在字里行间跃动的生命体验与纷繁思绪，仿若跟随一个从遥远中国走出来的青年知识人在波士顿城区和哈佛校园步履匆匆，重新经历了他在哈佛的生活与思想，由此也可以管窥聚集在波士顿的这个独特留学生群体的历史面相。这真是一次奇幻的历史文化之旅。从吴宓日记来看，他所穿梭其中的这个留学生群体大都术业有专攻，有各自的学习和研究特长，并且能够沉浸其中。吴宓伸展出他的敏感而细腻的触角，从这些同辈人中汲取新知和人格的力量。陈寅恪是 1919 年 1 月 29 日抵达哈佛所在的剑桥的，未几，就经由其表弟俞大维认识了先前到此地的吴宓，两人可谓一见如故，后成为终生挚友。3 月 2 日，吴宓在哈佛中国学生会演讲《红楼梦新谈》，陈寅恪赠诗一首《〈红楼梦新谈〉题辞》："等是阎浮梦里身，梦中谈梦倍酸辛。青天碧海能留命，赤县黄车更有人。世外文章归自媚，灯前啼笑已成尘。春宵絮语知何意，付与劳生一怆神。"自此以后，陈寅恪在吴宓的哈佛日记里频频出现。同年，3 月 26 日，吴宓在日记里写道："陈君学问渊博，识力精到。远非侪辈所能及。而又性气和爽，志行高洁，深为倾倒。新得此友，殊自得也。"无论是学术还是人格，陈寅恪都成了吴宓景仰的对象，从这简短的语句可见吴宓人生得一知己的难以自禁的欢愉与兴奋。就连吴宓购买西文书籍，也是得陈寅恪等提醒，而开始搜购收藏以备回国后教研之需。吴宓 1919 年 8 月 18 日日记写道："哈佛中国学生，读书最多者，当推陈君寅恪，及其表弟俞君大维。两君读书多，而购书亦多。到此不及半载，而新购之书籍，亦充橱盈笥，得数百卷。陈君及梅君，皆屡劝宓购书。回国之后，西文书籍，杳乎难得，非自购不可。而此时不零星随机购置，则将来恐亦无力及此。

故宓决以每月膳宿杂费之馀资，并节省所得者，不多为无益之事，而专用于购书，先购最精要之籍，以次类及。自本月起，即实行焉。”

4月25日，吴宓在日记里写道：“近常与游谈者，以陈（陈寅恪）、梅（梅光迪）二君为踪迹最密。陈君中西学问皆甚渊博，又识力精到，议论透彻，宓倾佩至极。古人‘闻君一夕话，胜读十年书’信非虚语。陈君谓，欲作诗，则非多读不可，凭空杂凑，殊非所宜。又述中国汉宋门庭之底蕴，程、朱、陆、王之争点，及经史之源流派别。宓大为恍然，证以西学之所得，深觉有一贯之乐。为学能看清门路，亦已不易，非得人启迪，则终于闭塞耳。宓中国学问，毫无根底，虽自幼孜孜，仍不免于浪掷光阴。陈君昔亦未尝苦读，惟生于名族，图书典籍，储藏丰富，随意翻阅，所得已多；又亲故通家，多文人硕儒，侧席趋庭，耳濡目染，无在而不获益。况重以其人之慧而勤学，故造诣出群，非偶然也。”吴宓在这则日记里分析了陈寅恪有过人之见识的来由，除了指出陈寅恪的勤奋与聪慧外，他认为陈出身世家名族也大有关系，耳濡目染之际，往往得潜移默化之果。同样出身书香门第的已故旅美学者林同奇在《林氏家风：中国士大夫传统现代转化一瞥》所作的家族史记录也可以例证吴宓这一见解。相形之下，吴宓对自身越来越不满意，基本上是自我否定的负面评价，而他回国后表现出来的公共人格却又是一种极其自负、睥睨众生的特质。吴宓认为家族、阶层出身对个人治学的底蕴和眼界有莫大影响，这一观点也是他一直贯彻始终的。到了抗战后期的1943年2月15日，吴宓在为陈寅恪父亲陈三立撰写的《读散原精舍诗笔记》中由衷写道："先生父子（指陈宝箴、陈散原父子），秉清纯之门风，学问识解，惟取其上，而无锦衣纨绔之习，所谓'文化之贵族'，非富贵人之骄奢荒淫。降及衡恪、寅恪一辈，犹然如此，诚所谓君子之泽也。先生少为'四公子'之一，佐父首行维新改革于湘中，坐是黜废禁锢，而名益显，望益高。所与交游倡和者广而众，又皆一世之名士学人、高才硕彦。故义宁陈氏一门，实握世运之枢轴，含时代之消息，而为中国文化与学术德教所托命者。寅恪自谓少年勤读，盖实成于家学，渊孕有自。而寅恪之能有如斯造诣，其故略如宓以上所言，非偶然者也。"精英文化的浮沉往往系于世家大族的兴衰荣辱。陈寅恪在《元白诗笺证稿》中也曾经论及这一点："纵览史乘，凡士大夫阶级之转移升降，往往与道德标准及社会风气之变迁有关。当其新旧蜕嬗之间际，常呈一纷纭综错之情态，即新道德标准与旧道德标准，新社会风习与旧社会风习并存杂用。各是其是，而互非其非也。斯诚亦事实之无可如何者。虽然，值此道德标准社会风习纷乱变易之时，此转移升降之士大夫阶级之人，有贤不肖拙巧之分别，而其贤者拙者，常感受苦痛，终于消灭而后已。其不肖巧者，则多享受欢乐，往往富贵荣显，身泰名遂。其故何也？由于善利用或不善利用此两种以上不同之标准及习俗，以应付此环境而已。"

吴宓的女公子吴学昭也曾在《吴宓与陈寅恪》一书中写道："听父亲说，昔年在哈佛，志同道合，情趣相投，往来密切的同窗好友，除了寅恪、锡予伯父，梅光迪和俞大维先生，还有张鑫海、楼光来和顾泰来等君。父亲常夸清华一九一八戊午级毕业同学张鑫海（后改名歆海）'年少美才，学富志洁，极堪敬爱'。张君浙江省海宁县人，英文优长，从白璧德师学，得文学博士学位。论文题目是 *The Classicism of Matthew Arnold*。又说清华一九一八级毕业同学楼光来英文极好，入 Johns Hopkins University 一年即得文学士学位，升入哈佛研究院治文学，成绩亦佳，'为人严正，甚重道德'。顾泰来君毕业于苏州东吴大学，'英文也极好'，一九二〇年初春自费来哈佛习历史兼政治。与父亲和锡予伯父相识，遂成为知友。'三人每日同餐，同游，同出入，同研究校课，形迹极密，心情亦厚。'父亲说，诸君多具有深厚的国学基础，对西方文化也相当了解，在对待祖国传统文化的问题上，不赞成胡适、陈独秀等的全面抨击、彻底否定、破旧立新，而主张昌明国粹，融化新知，重视传统与现代之间的继承性，在现有的基础上完善改进。又说当时在哈佛习文学诸君，学深而品粹者，均莫不痛恨胡、陈。张鑫海表示，'羽翼未成，不可轻飞。他年学问成，同志集，定比与若辈鏖战一番'。"如此情怀，亦可理解，受白璧德影响而对中国文化传统深怀敬意与温情，试图昌明国粹，融化新知，而远在大洋彼岸的故国却已然陷溺在欧风美雨对传统的摧折之中，支撑中国文明的儒家传统摇摇欲坠，近乎两头不到岸的孤舟游魂。这种悲情意识与文化托命的自我认同形成了一种强固的心灵结构，既有共同的敌人，又有彼此抱团取暖的知己，并且有来自白璧德等哈佛名师的加持，也就不难理解吴宓此时此刻的心志，以及张鑫海的"鏖战"一词。其时与吴宓合租一房每日相往还的汤用彤也主张面对西方应该改变出主入奴之态度，培养独立反省之文化，不降志，不辱身，不媚外。他在一篇后来刊于《学衡》的文章中说道："今日中国固有之精神湮灭，饥不择食，寒不择衣，聚议纷纷，莫衷一是。所谓文化之研究，实亦衰象之一。菲薄国学者，不但为学术之破坏，且对于古人加以轻谩薄骂，若以仇死人为进道之因，谈学术必须尚意气也者。……主张保守旧化者，亦常仰承外人鼻息，谓倭铿得‘自强不息’之精神，杜威主‘天（指西方之自然研究）人（指东方之人事研究）合一’之说，柏格森得‘唯识’精义。……盖凡此论者，咸以成见为先，不悉其终始，维新者以西人为祖师，守旧者藉外族为护符，不知文化之研究，乃真理之讨论，新旧淆然，意气相逼，对于欧美，则同作木偶之崇拜，视政客之媚外，恐有过之而无不及也。”

有趣的是，这明明是一个抱团取暖的留学生群体，吴宓却常常强调自身不肯为主义或流派所规定的自由心志，这也恰恰说明了吴宓极其矛盾的心态。吴宓在留学哈佛日记中曾写道：“吾自抱定宗旨，无论何人，皆可与周旋共事，然吾决不能为一党派一潮流所溺附、所牵绊。若论精神理想一方，吾自笃信天人定论、学道一贯之义，而后兼蓄并收，旁征博览，执中权衡，合覆分核，而决不为一学派、一教宗、一科门、一时代所束缚、所迷惑；庶几学能得其真理，撷其菁华，而为致用。吾年来受学于巴师，读西国名贤之书，又与陈、梅诸君追从请益，乃于学问稍窥门径，方知中西古今，皆可一贯。天理人情，更无异样也。此‘无所附丽’之又一解也。总之，吾但求心之安，逃于忧患。凡此种种，皆暂不弃世而图自救之术耳。”其时的吴宓，面临着严峻的精神危机，曾试图到查尔斯河自绝于世，对自我严苛的要求，近似于一种道德圣徒的境地，同时对自我学术上也有极为崇高的期许，而日常生活中的吴宓却常常被世俗琐事甚至隐蔽的情欲所牵绊。读其日记感觉他每天都在疲于奔命，成了一个不会拒绝别人的软弱之人，比如为了婚事常与家人以及未婚妻陈心一的亲人反复通信沟通，比如接待从各种途径到访波士顿的师友，迎来送往，参与编辑约稿和哈佛中国学生会的活动等等，诸如此类，占用了他很多时间与精力。尤有进者，自青年时代起，他既得益于与梅光迪、陈寅恪、汤用彤等一流学人的谈史论学，开拓了眼界，培养了见识，可也被笼罩在梅、陈等巨星之下，尤其对陈寅恪，近乎学术粉丝心态，自成一家的学术主体性并未得以确立，所谓成也萧何，败也萧何！

或许正因为此，畏友陈寅恪或汤用彤在哈佛同学时对吴宓的批评，每每让其既警醒，又萦怀耿耿而欲自辩护。陈寅恪言及婚姻与人生之关系事，取豁达自然通透之态度，而每批评吴宓之泥足深陷难以自拔之作茧自缚，而对于学术自由与人格独立之关系，陈更是有着清醒的认知，没有吴宓身上那种夹缠不清的书呆子气。1919年6月3日，吴宓在日记中记载陈寅恪的话："'学德不如人，此实吾之大耻。娶妻不如人，又何耻之有？'又云'娶妻仅生涯中之一事，小之又小者耳。轻描淡写，得便了之可也。不志于学志之大，而竞竞惟求得美妻，是谓愚谬。今之留学生，其立言行事，皆动失其平者也'。"这可能是针对留学生群体习染欧风美雨，倡导恋爱神圣之说，每每单方面撕毁与故国由父母之命媒妁之言所预定之婚约，而欲在女留学生中选择新式女子之风气。胡适在1918年9月写成的《美国的妇女》一文里对此也有严厉的批评："近来留学生吸了一点文明空气，回国后第一件事便是离婚。却不想想自己的文明空气是机会送来的，是多少金钱买来的。他的妻子要是有这样的好机会，也会吸点文明空气，不致受他的奚落。……这种不近人情的离婚……是该骂的。”而对于经济独立与学术自由之关系，陈寅恪也有深刻的论断。吴宓在1919年9月8日的日记里记载陈寅恪的言说：“我侪虽事学问，而决不可倚学问以谋生，道德尤不济饥寒。要当于学问道德以外，另求谋生之地。经商最妙。Honest means of living。若作官以及作教员等，决不能用我所学，只能随人敷衍，自侪于高等流氓，误己误人，问心不安。至若弄权窃柄，敛财称兵，或妄倡邪说，徒言破坏，煽惑众志，教猱升木，卒至颠危宗社，贻害邦家，是更有人心者所不忍为矣。”学问不足以谋生，而经济独立才是人格独立的前提之一，这论断放在当今中国之学界，也同样适用。

无独有偶，同居一室的学友汤用彤对吴宓也偶有严苛之批评，给吴宓造成了巨大的心理压力，尤其是对吴宓热衷交际荒疏学问的指控，让吴宓久久难以释怀。吴宓其实并无长袖善舞之潜质，却又跃跃欲试于交际场合，所以真是有点用非所长自取其辱。据吴宓日记（1919年12月29日）所记录：“近宓常有此感，但惜宓于诸学之藩篱，尚未尽涉耳。留美同人，大都志趣卑近，但求功名与温饱；而其治学，亦漫无宗旨，杂取浮摭。乃高明出群之士，如陈君寅恪之梵文，汤君锡予之佛学，张君鑫海之西洋文学，俞君大维之名学，洪君深之戏，则皆各有所专注。宓尚无定决。文学与报业，二者究将何择，久久不决。现拟暂不明白划分，而乘时多读佳书，无论其为文学、历史、政治、时局、哲理等，但能选择精当，而所读既多，必有实益。且此心得安，则精神舒适，纵有琐屑烦恼，皆不足计较矣。凡学问事功，均须下苦功，未有不耕耘而收获者。锡予言，‘宓在清华时，颇有造成学者之志趣，之气度。及民国五六年间，在校任职一年，而全失其故我。由是关心俗务，甚欲娴习交际，趋重末节，读书少而心志分，殊可惋惜’云云。按宓近今之见解，以为人生应有之普通知识，及日用礼节规矩，例应通晓，且习之亦不必即害正业，故亟欲一洗前此偏僻朴陋之病，非有从俗学交际之心。且生来本无此才也。惟锡予既如是言之，复初亦尝有讥讽之意；是诚我之大缺失，亟宜改省。”吴宓自辩为欲借此一改中国读书人固有的书呆子气，却得不偿失，反而为友人所讥笑，以为他热衷于俗务倾心于应酬，就此而言，或许才能理解吴宓以读书来自我救赎获取内心安宁的“读书教”之所由来。读书写日记就成了吴宓的一种具有宗教仪式感的行为了。友朋学问日进，而自身几无寸功，吴宓自然就容易滋生沮丧愧疚之心情。他曾在日记里吐露心声道：“张君鑫海年少美才，学富志洁，极堪敬爱。此间除陈君寅恪外，如锡予及张君鑫海，及日内将到此之楼君光来，均具实学，又极用功；在今已为中国学生中之麟凤，其将来之造诣，定可预知。学然后知不足，学愈深，愈见得自己之所得者尚浅。故如锡予与张君等，均又实心谦虚，尤足称道。宓于学问，毫无实功，今即与二君较，远不能望其项背；而年华已长，忧国伤乱，魂梦不安，又为种种邪魔杂念所侵扰。静中回首，虚靡之光阴，真不为少。欲纯静潜心用功，实难之又难，将来只可以常人终身。吁！可惊也，可伤也。”

不过这是吴宓在哈佛中国留学生群体的内部比较时所形成的自伤自哀情绪。所谓同辈如群星璀璨，而自己却才疏学浅，心志不坚，邪魔杂念缠身，安身立命无所寄托。而当他在日记里写到纽约的中国留学生群体时，则自身属于波士顿或者哈佛留学生群体的一种自我肯定以及对纽约留学生的鄙视就遮掩不住地显露出来。一言以蔽之，在吴宓的笔触之中，剑桥才是追求真知、潜心读书之所在，而纽约这个花花世界却成了腐蚀中国学生、毒化其心灵的城市。据其 1919 年 9 月 4 日的日记记载，“午后，杨孟纪来，复述在纽约所见中国留学生情形。若辈各有秘密之兄弟会，平日出入游谈，只与同会之人，互为伴侣。至异会之人，则为毫不相识，虽道旁见值，亦不头点招呼。其专门职业，共有二种，而读书为学不与焉。凡在纽约读书者，均只挂名校籍，平日上课，亦或到或不到。该处学位既易取得，考试又皆敷衍，故无以学问为正事者。其二种职业为何？（一）曰竞争职位。结党倾轧，排挤异党之人。而如学生总会、年会之主席、会长等，及《月报》《季报》之编辑、经理等，必皆以本党之人充任，不惜出死力以相争，卑鄙残毒，名曰‘Play Politics’。而国事及公益事业，则鲜有谈者，更安望其实力尽忠耶？（二）曰纵情游乐。无非看戏、吃饭、跳舞、狎妓等事，而日常为之，视为正业。于是奢靡邪侈，无所不至。平日相聚吃饭，或有请宴者，则必男女偕来，每一人柬招一女留学生（谓中国女学生，其在纽约者，皆甚不高明），入席则并肩坐。其情形酷类中国之招妓侑酒”。仅过三日，他又在日记中写道：“昨记纽约中国留学生情形，而波城（康桥附近）之留学生则大异。波城及其附近，亦有留学生百馀人，然大率纯实用功、安静向学者居多。在留美学界中，要为上选。（哈佛及麻省理工学院，课程亦较严，迥非纽约哥伦比亚等校之比。）

而纽约之中国学生，则鄙夷之。谓凡来波城读书者，皆愚蠢无用之人，不如彼辈之活动能事云。”纽约与剑桥，形成了民初留学史上风气迥异、彼此仇视的两个星团，孰是孰非，有待留学史专家的进一步考证，就我的阅读体验而言，聚集在哈佛、麻省理工的中国学生确实更为笃学自律一些，他们后来的学术与文化成就更是为学界所公认。

王汎森曾在一篇短文《天才为何成群地来？》中谈及19世纪欧洲思想之都维也纳——正是“天才成群地来”的地方。维也纳城大量的咖啡馆成为繁星们的养成之所，往往体现了一群人如何把一个人的学问及思想境界往上“顶”的实况。当时维也纳的小咖啡馆，点一杯咖啡可以坐一天，甚至信件可以寄到咖啡馆，晚礼服也可以寄放在那里。譬如维也纳的Cafe Grien-Steidl咖啡馆就有茨威格等大人物时常涉足。以此对照一百年前聚集剑桥的中国留学生群体，真有异地而同时之感，他们在此地风云际会地相遇相识，甚至相守一生，读书，交谈，思考，写作，逛书店，喝茶，吃中国餐馆，修课，求索中国文明的奥秘与出路……真真构成了学术生涯与心灵生活的高度契合，这是一个近代中国留学史上被严重忽略的群体。按照余英时先生的看法，这个群体确实很特殊，此前没有，此后也再没出现过，而这个知识群体面对中西学术与文化所展现的襟怀与抱负，尤其是其中大部分的成员不以区分中西新旧为心魔，自由涵泳往复于多元的学术文化传统之中的态度，直到今天仍旧有启示价值。而一生虽然学术上无大成就的吴宓，却以其文人的细腻敏感和学者的严谨，巨细靡遗地记录了哈佛中国留学生的这个历史时刻，无疑是一种历史的见证和学术的备忘录，对于今人在众声喧哗的时代格局中探索中国文化的由来与归途更是具有深远的启示意义。

《吴宓日记》第2册，
吴宓著，吴学昭整理，
生活·读书·新知三联书店1998年版

政商中国的两种逻辑

余英时先生在考察明清时期的儒教伦理与商人精神时，注意到了商人力量在地方社会的崛起。他们取代了传统意义上的士绅精英的社会角色，担任修路、铺桥、赈灾、义学等慈善事业的主导者，而在这个过程之中，儒家文化的道德感与诚信伦理，深深浸透到了当时的晋商、徽商等规模较大的商人群体之中。王阳明所言的“古者四民异业而同道，其尽心焉，一也”更是石破天惊的狮子吼，奸诈、卑下和猥琐的商人形象也就在儒商合流之中悄然改善。

而到了冯筱才教授论述的晚清民国时期的中国社会（见其近著《政商中国：虞洽卿与他的时代》），随着西方政治经济力量的渗透、思想观念的导入，以及中国社会结构在一系列内外战争中的撬动，这种在明清时期形成的以儒家伦理为主导价值观念的儒商结构，逐渐被一种新型的政商架构所置换。从儒商到政商，一字之易，却暗藏玄机，前者以儒家价值为依归，而后者以政治力量为依附，儒家价值可以不断更新商人群体的教养与伦理，而政治力量的镶嵌和强有力卷入，却往往在消磨商人群体作为一个现代意义上的职业群体的自主性和道德意识。

冯筱才以晚清民国在上海最有影响力的一个巨商虞洽卿为例，生动地展现了在北洋、民国初期、南京十年以及抗战时期都巍然屹立在中国主流社会的这位宁波商人的一生。通过对其在不同历史时期与各种政治力量的聚散离合之关系，试图呈现出“政商”这种现代中国独特的社会阶层形成的历史逻辑和道德逻辑。就前者而言，现代中国的政治力量，无论是早期的中共，还是北伐前后的国民党及其代表人物蒋介石，都缺乏足够的经济力量和财政汲取能力，来支撑罢工、战争以及支持一个新型官僚体系的巨额经费开支，他们也缺乏在上海甚至江浙地方社会的深厚人脉，因此便需要一个虞洽卿式的商人从中斡旋，代为交涉，为之寻求各种可能的融资渠道，可以说虞洽卿是各种政治人物借壳上市的最佳人选。按照冯筱才很有原创性的“僭民政治”的说法，政商的各种公共集会、通电、宣言、上书等，其实也是在表达某种民意，而这种“被代表的民意”正是政治人物行使政治治理最重要的合法性或者说正当性来源。当这些政治力量成为主导型的政治人物时，自然也会投桃报李，利用其掌握的制度资源给予政商各种方便，在方便之中，自然也不免权力寻租，规则就可能被践踏，现代的职业伦理亦可能被侵害。就历史逻辑这一面而言，虞洽卿式的政商阶层，折射出的自然是作者所言的“政商化表达公共政治与私人商业利益之间复杂的关系，尤其指公开政治经济活动之下的政商利益结合，尤其是指一种稳定的政商利益生产网络”。

而就道德逻辑而言，虞洽卿无论是在国民党人还是中共眼中，其历史形象却是因时而变，时而可以变身为一个革命商人，时而又变脸为一个买办资产阶级，当其应和了政党力量的财政需求时，便成为意识形态话语中进步商人的代表性人物，而当其站在政党力量的对立面时，便成为众矢之的。自然，虞洽卿不是政党政治的傀儡，他也会熟谙时势，洞察政局，善于在各派政治力量中长袖善舞。在民族主义和爱国主义成为强势的主流意识形态时，他成为民族工商业的代言人，领导在上海的各种反日货等活动，借机扩展其自身的商业帝国的范围与边界，私下里，却仍旧暗度陈仓，与各种西方经济力量寻求合作，进而争取自我利益的最大化。根据冯筱才抽丝剥茧的史料挖掘和历史叙事，虞洽卿在北伐前后作为一个“左派资产阶级领袖”的历史形象的形成过程昭然若揭，窃以为这部分内容是《政商中国：虞洽卿与他的时代》一书中最为出彩的部分，它推翻了此前的一些基于意识形态的历史偏见，将中共在上海主导的三次武装暴动与虞洽卿等政商的关联呈现出来，而这也可以与王奇生教授关于这个时段的中共罢工史的研究互证（详见其《革命与反革命：社会文化视野下的民国政治》）。冯筱才的这一论断是建立在扎实的史实基础之上的：“中共正因为虞等人的合作，不但工人运动得以展开，而且暴动的实现，以及临时市政府的成立，也与这些人的合作密切相连。同时，对虞洽卿、王晓籁等人来说，由于其与总工会及左派势力有密切关系，因此他们也借此获得与租界当局谈判的重要砝码，也能借以增加在商界中之地位。他们也成为商界试图与总工会谈判需要依靠的人物。双方的互相利用，对北伐前后上海政局的演化产生了重要影响。”

由此可见，政商阶层，其实扮演的是近代中国社会的润滑剂角色，按照史家陈志让在《军绅政权：近代中国的军阀时期》一书中的论述，现代中国与传统中国大相径庭的一个区别就在于前者的决定性力量是掌握枪杆子的军人力量（无论是北洋军人还是后来的国共两党领导的军队），也就是邓野反复指陈的民国政治的基本逻辑是武力决定一切的逻辑。在这种基本格局之下，文化人往往只能处于意识形态的阐释者这一带有某种依附性的社会角色位置之上，而在传统中国，士大夫主导的精英政治自然决定了文人政治是主流，儒学意识形态成为主导型的意识形态。现代中国既是一个暴力征伐的动荡时期，也是各种主义纷起争逐的精神内战时代，在这样的一个历史展开过程中，掌握雄厚商业和经济资源的商人群体的取舍便显得特别重要，因此也成为各种政治力量拉拢和利用的对象，而像虞洽卿这样的大商人往往就置身在风口浪尖之上。投机性成为对其代表的商人群体的严重的道德指控，但值得追问的是，没有投机性，商人还能成其为商人吗？而投机性是否也是商人群体在纷繁复杂的历史局势中自主性的表达呢？相对于前述的近代中国的“暴力文化及其崇拜”来说，商人群体这种天然的妥协、博弈、交易、寻求稳定和秩序等性格，其实也是在最大限度地弱化政治纷争的暴力色彩。谈判桌上的刀光剑影，终究比战场上的炮火纷飞，更少造成生灵涂炭和社会苦难。在日本记者田原天南笔下，虞洽卿是没有一定信仰和操守的。而在中共党人萧楚女看来，像虞洽卿等上海总商会的商人的伦理观念是“只有‘如何与我有利’一语，说他们是宁可亡国，也不放弃私利”。显然，作者并不认同这种过度道德化的指责，他说：“党人这种指责当然是站在其政治立场，以过高的标准来将商人行为道德化。

商人求利乃其本性，本来只要在法律轨道中进行，便无须过多指责。”这也正是作者在其前一本著作《在商言商：政治变局中的江浙商人》中反复申论的主旨之一。

历史研究不是道德审判，历史写作也并不生产道德知识，但历史研究却不能去道德化，否则当“过去不能照耀未来时，人类的心灵便只能在茫然中游荡”（托克维尔语）。对于如何言说和定位近代中国像虞洽卿这样的政商群体，其实是对于历史研究者特别艰难的一种挑战，首先从意识形态和社会流俗的各种偏见中将具体的历史人物，从被窄化和固化的历史论述中拯救出来，便需要大量的档案、报刊资料的发掘，对于像虞洽卿这样与蒋介石等政治人物私交如此深厚、相互渗透如此密切的人物来说，还原历史人物的真实面相更是难乎其难。其次，我能够体会到作者在叙述像虞洽卿这样的政商群体在近代中国的兴起、演化及其消逝过程中，如何安放道德意识等价值判断的艰难，或许正是因为这份艰难，作者的论说才经常呈现出某种暧昧的情调，融价值判断于历史叙述之中，显然是作者的一种学术追求。不管怎样，作者对近代中国政商阶层的研究，其实展现了作者在新革命史的视野中，重现和审视 20 世纪中国政治、经济和社会结构变动的一种新途径。

《政商中国：虞洽卿与他的时代》，

冯筱才著，社会科学文献出版社 2013 年版

如何面对我们的革命遗产？

“革命”，成为这些年知识界的一个热门词语，而如何叙述、理解和阐释20世纪的中国革命，甚至1789年法国大革命以来的世界革命，也成为知识人之间异见迭出、纷争不已的一个分水岭。远自1990年代初期李泽厚、刘再复的《告别革命》，近如作家韩少功的《革命后记》等，都在以对谈或个人化的方式重构中国革命。而中国学者赵汀阳与法国左派学者德布雷（拉美革命中格瓦拉的战友，后转向文学、媒介学研究）关于革命问题的六组通信集《两面之词：关于革命问题的通信》，也将跨语际对话聚焦在“革命”这一关键词。一个是中国革命的见证者、旁观者和反思者，一个是拉美革命的亲历者，两个阅历、立场、知识结构、文化背景、精神气质迥然有别的人，依托共同的友人张万申的中法文的互译，却形成了一种极具生产性和思想性的交流。

显然，赵汀阳对20世纪中国革命持有更负面的看法，他更多的是从革命对人性造成的败坏、对原有和谐的社会秩序造成的颠覆，以及革命动摇了生活世界的意义秩序等角度来反思革命。他基本上认为革命是非理性的狂欢，尽管有着一个理想主义的乌托邦，但在现实主义的政治实践中，这种乌托邦往往无法着落到地，甚至可能因追求这种乌托邦而造成民族的集体心灵创伤。

赵汀阳面对中国革命的复杂态度和情感，其实也是相当多中国知识人共有的暧昧情绪。在他们看来，一方面“革命的那种暴风骤雨式的行动方式放大了力量感、信仰、激情、爱情、友情和命运感，使人卷入一种改变世界和创造历史的直接感受”。革命似乎创造了“全世界无产者联合起来”的真实图景，并使卑微的劳动者从现实的泥淖中探出头来，彼此联动，共同呼喊，形成了一种全球或区域范围内的心灵连带，凡俗的生命突然被赋予了超凡入圣的神圣感，短暂的个体生命被瞬间提升到一个具有永续感的历史脉络之中。但作为一个现实主义者的赵汀阳，同时迅速警觉到革命的“非理性”以及“永恒轮回”。革命之后，日光底下无新事，而革命与反革命之争，在现代世界的语境中，往往不是摩尼教式的你死我活的争斗，而是不同的理想或者说不同的意识形态之争。正因为此，其实完全不必用暴力式的革命来推动社会，而应该将革命“理性地分割”为一截一截的改革计划。赵汀阳说：“在情感上，我同情革命，因为追求理想不是错误；但在理性上，我谨慎地看待革命，因为革命不可能实现理想，反而会破坏正常生活所需要的秩序、规则和价值观。”关键是当历史闯入个体的生命世界时，支配个人或者群体的更多是冷静的理性还是动人的激情？

作为一个从革命硝烟中走出来的思考者，德布雷超越了这种经院哲学般的两分法，也没有学院知识分子固有的“书生气”（其实质是不接地气）。德布雷坦言其对身边的微小事情的兴趣，远远超过对构建一个宏大体系的兴趣，他的历史感与现实感都超乎寻常，能够以直接的方式谈论相当棘手的问题。对于革命，他的评价没有赵汀阳那么负面。从消极的层面来说，他认为革命并非世人所论造成了传统与现代之间的深层断裂，在从传统到现代世界的延长线上，德布雷看到了奇怪的悖论，比如“反对滥用权力的无政府派起义最终会导致一个更强硬、更集中的政权”，比如“革命自以为是地自称要成为国际主义革命，……但革命最终导致的结果是民族主义情绪的空前巩固”。德布雷相当敏锐地指出，“集体心态或历史的惯性，就称民族特性吧，它们的寿命往往要长于那些以为只需要操作群众运动和简单的口号就能消灭旧时对现时影响的狂人想象”。回头看 20 世纪中国革命的特质，也若合符节，令人感慨万千。

从积极层面来看，德布雷说自己并不认同赵汀阳对革命后果的悲观论，虽然他理解后者的心情。在德布雷看来，20 世纪的革命信仰也让一些流浪者、愤世嫉俗者或冒险者在全球范围里感受到了类似的博爱。革命超越了民族国家的界限或者冷战的意识形态，让革命者“以一个共同的理想、以分享梦的名义走到一起，而不是为了做生意赚钱”。毫无疑问，在德布雷的理解之中，做生意形成的纽带是脆弱的弱联系，随时可能被替代并且常常被庸俗的讨价还价所困扰，而干革命形成的却是休戚与共的强联系，能够超克金融资本主义的虚假性和霸权体系。从这一点来看，后革命时代的德布雷仍旧是一个不折不扣的理想主义者。

且慢，德布雷并未被这种理想的气质改造成不切实际或者陷溺在可悲的自我专注之中的“情怀党”人，相对于法国革命、俄国革命或者中国革命的翻天覆地的巨变，德布雷更愿意谈论静悄悄的技术革命对人类生活的颠覆性影响。他说，“唯一跳出星球运转的循环意义外的革命不是政治革命而是技术革命，因为只有它们才是不复返的。有了电流后就不再用蜡烛，有了汽轮船就不再用帆船。然而有了十月革命还是回到了东正教，有了长征后还是回到了儒教和看风水。……这种事物才是真正推动历史的火车头，是唯一保证了不可否认的和不可逆转的进步（无论是好或者坏的进步），虽然总是被知识分子和政治活动家忽视（他们真不应该藐视工程师）。最具颠覆性的革命是没有人鼓吹、没有人策划甚至没有人宣布过的。它们既没有领袖也没有旗帜，静悄悄地踮着脚尖，默默无闻地往前走：活塞，电流，数字化”。

尽管如此，德布雷仍旧不愿意舍弃对“革命意义”的动人书写，作为一个法国出身的左派，他在骨子里就怀疑所谓的“理性”。我们可以在他之前加上萨特、福柯、德里达、马尔库塞等一长串的法国学者名单，像雷蒙·阿隆这样强调政治理性的学者在法国的文化传统中从来就是边缘的。德布雷认为知识分子对革命行动的非理性主义的担心，是一种杞人忧天，没有想象和神话的动员，没有历史的宏大叙事和创世纪的革命图景，革命何以可能？改变何以实现？革命图景是照亮并刺穿灰暗现实的必需品，“如果没有了鼓舞人心的乌托邦和带劲头的信念，我们的社会将就地腐烂而变得无聊透顶”。而生活其中的个人，就会变成“庸庸碌碌的管理者”。1968年的五月风暴之后，进入后工业社会的法国已经不再有真正的革命，“假性怀孕结束了！”民主取代革命成为关键词，普遍的平庸替换了对理想的追寻。

从赵汀阳、德布雷的对话中，可以发现理性与情感、利益与感觉、现实与理想的分野，尽管他们有着共同的对现代性的批判和反省，但他们在对于一个现代型的国家治理如何可能的认识上，却有着殊途同归的共识：赵汀阳汲取的是前现代的温情与和谐，而德布雷重视的是现代世界之中如何形成连带感的元素。他的言论或许不那么“政治正确”，却有着相当大的政治解释效力：“一个国家没有感觉，它只有利益，但一个民族拥有心脏和感情（一个政治领袖应该懂得如何在这两方面衡量）。必须通过欣快的伟大神话来动员一个民族，尤其是在生活的条件和收入悬差极大的地方。……神话的功能正是要团结分散的人民、不同利益的阶级（把一堆变成一体）以及激发所有人的能量。只有幻境才能使人前进。”质言之，感觉世界在政治动员和治理中的作用，远远超过冷冰冰的理性。这真是一场卓有成效的“革命对话”。

《两面之词：关于革命问题的通信》，

赵汀阳、德布雷著，中信出版社 2014 年版

第三辑　明暗之间

明暗之间的生命记忆

台湾大学中文系周志文教授的教育随笔集《躲藏起来的孩子》即将在大陆出版简体字版本。他从海峡对岸来信嘱咐我为这本随笔集写一篇序言。这个来自学界前辈的嘱托让我诚惶诚恐，在我的“常识”观念里，书的序言一般都是长者为后学撰写来寄托殷殷期待，哪有反其道而行之的道理？再三推脱不过，被周先生的赤忱与坚韧所触动，只能硬着头皮答应下来。

余生也晚，且孤陋寡闻，认识周先生还只是数年前的事情。那一年，周先生在北京三联书店出版了一本带有回忆录性质的讲述其大学时代求学经历的《记忆之塔》。友人张彦武兄（《中国青年报》资深编辑、文化访谈记者）长期关注周先生在台湾地区的公共写作，且不遗余力推动或引介其著作在大陆出版（《同学少年》《家族合照》等）。彦武兄有一个很质朴而韧性的执念：那些具有丰厚而开阔的人文视野而又为人低调不太为读者所知的学者更需要媒体人、出版人的推介。（这些年他对王明珂教授、张新颖教授其人其学的推介也足为明证。）而我自己十余年来一直对搜集、阅读和评介华人世界的回忆录、口述史有强烈而内在的兴趣。因此就找来周先生刚出版的《记忆之塔》细细品读，获益良多，尤其是对周先生疾恶如仇秉笔直书的公共写作态度大为赞赏，其对母校东吴大学等存在的问题与困境洞若观火，对人性在象牙塔之中的倾轧与污浊也体察入微。可以说相对于一般性对母校温情脉脉的记忆，周先生的这本回忆录弥漫着一种冷峻自持而深刻反思的基调。正是受此触动，我给《南都周刊》撰写了一篇书评《让记忆之光穿透象牙塔》。我在书评末尾写道："这种不为尊者、亲者讳的写作态度，其实恰恰说明作者成为台湾地区文化史上'内在的他者'，是一种爱之深责之切的值得赞许的回忆录形式。而那些涂脂抹粉的回忆，往往在矮化和窄化这些重要议题本来可以拓展的意义空间。"

这篇小书评经彦武兄之手，又转到周先生处，自此素未谋面的我们就开始了通信往来。周先生在来信中对于台湾地区文化史上的"内在的他者"这一文化身份还是很有自我认同的。直到2015年5月下旬，我应邀赴台北"中研院"参加美国俄勒冈州立大学与台史所联合举办的"历史的躁动：回忆、叙述与20世纪中期的中国"国际学术会议，才得以与居住在南港的周先生初次谋面。周先生人如其文，不是那种一看温润如玉交浅言深的学者，而是清雅自持惜字如金的学者，甚至有一点点峻急冷静，不过，这丝毫不影响神交已久的我们在"中研院"的历史博物馆边走边谈深入交流，他对此岸知识界的观察、反思与期许都让我感觉到一份文化的责任。回沪后，我们还偶尔通信联系，在我这里是一直将周先生当作忘年之交的老朋友的。

年初，周先生多年前的一篇刊发于台湾地区报章的旧文《躲藏起来的孩子》（这篇文章就成为这本讲述和探索教育理念的随笔集的书名之来源）在大陆微信朋友圈广为流传，我也因此得以读到。周先生在这篇文章里讲述其第一个女儿球球缓慢生长的成长故事，充满了来自学校、社会和教师的比较晦暗的生命记忆，以及作为父母是如何细心等待其长成的心路历程。

周先生这篇文章中的一段话广为流传："我常常想，教育的目的是什么呢？教育应给受教育者知识，这些知识应该是教导孩子发现自我、肯定自我，教育应该想办法造就一个人，而不是摧毁一个人，至少使他自得、使他快乐，而不是使他迷失、使他悲伤。我们的教育是不是朝这方面进行呢？答案是正反都有，我们的教育，让'正常的'、成绩好的学生得到鼓舞，使他们自信饱满，却使一些被视为'不正常的'、成绩差的学生受到屈辱，让他们的自信荡然。凭良心讲，那些被轻视的'不正常的'、成绩差的孩子比一般孩子是更需要教导，更需要关心的，然而我们的教育，却往往把这群更需要教育的孩子狠心地抛弃、不加任何眷顾。没有一个孩子是可以被放弃的，这一点家长和孩子都要记得，在教育的历程中，没有一个受教育的人是该被放弃的。父母放弃子女是错的，教师放弃学生是错的，而孩子本人，更没有理由放弃自己。"孔子尊崇有教无类，西方人强调受教育的平等权利，可这些再正常不过的价值观念在中国的世俗社会中往往证明了"善的脆弱性"。这个时代的精英并没有将教育者应该成为点亮每个孩子内心之光的燃灯者的理念，切实地在日常教育的场景与细节之中贯彻，我们似乎都只喜欢优秀而听话的"好孩子"，也就是无个性而只会刷题和配合学校的尖子生。这种观念和方式导致的就是社会和教育领域的高度单一化和扁平化。没有多元的碰撞和自由的生长，最后所形成的往往是一些欠缺内在灵魂的势利而孤独的成功者。长大成人以后，大多数往往就是韦伯所言的“专家没有灵魂，纵欲者没有心肝”。

周先生在3月与我通信谈及对子女的教育问题时如此写道：“我们爱一个人，是爱他整个，不是单爱他的优点，当然有些缺点要改正，可是研究遗传学的人都知道，要改的如是天性，便会很慢。我觉得大都市里的好学校，都太重视效率了，对孩子造成压力，有时没有激发孩子潜能，反而害了他。举车子为例，有的车子开得慢，因为要负重；有的开得快，设计为跑车，但不能用来负重，各有特色，我们世界多元，其实是这个原因。我觉得慢车比较更有用些，尤其路况不很好的地方。用欣赏的方式看周围的人吧，尤其是自己的孩子，有时要伸出援手，是给他信心，慢一点走，走得稳是好事。我是个个性急切的人，我对子女也有过苛的地方。一次我做梦责罚我的小女儿，她顶嘴我打了她一记耳光，想不到出力太大，我把她打死了，我大声呼叫号啕，被睡在旁的内人摇醒。啊，多幸福呀，只是个噩梦，我便不再打骂孩子了。”这段话对苦恼于孩子教育问题的我也如同一剂清醒药。是啊，走得慢才能走得远，为什么我们总要作茧自缚急功近利而庸人自扰呢？现代人对子女教育乃至人生成功的焦虑，又有多少是真正关切孩子的生命之完整与精神之成长呢？

周先生少年时代并不是一个优秀的学生，甚至经常被母亲和教师体罚，也留过级。因此，他对于教育史上的失踪者的足迹与心灵史有一份痛彻于心而不忍无视的关切，也正是由此触发，他对于优等生文化更有一份深切的思考：“我们在教育的观念上还太‘单元’化，认为书读得好的人是好学生，书读得好的又以理工科成绩好的最受看重，因为他们未来的‘出路’更好。其实社会是个综合体，跟人完全一样。所谓健康，不专指筋肉，骨骼筋肉与精神的发展同样重要，每件器官在人身上都有贡献，没有谁重要谁次要的问题。”这种多元主义的价值立场和平等主义的自我意识，是时下稀缺的一种价值观念。从这个意义上来说，跟随周先生的笔触去重温一个“不良少年”的成长史，无论对于学生还是家长，都是一件很有意义的事情。直截地说，我们所习惯去了解的往往是功成名就者的辉煌过去所蕴藏的成功经验，但其实那些具有创痛感甚至屈辱感的生命经验，若能正确审视与检讨，也能成为生命世界中有意义的源泉。讲述往昔生命中的“黑暗体验”，并将之转化为一种具有共通性的成长契机，这是周先生写作这些长长短短的文字最重要的一种文化自觉，而这种视角与意识恰恰是我们的阅读世界中相对匮乏的。周先生的少年时期经历了家庭的暴力、学校的暴力、留级的屈辱、教官的羞辱等各种难以言述的苦闷，稍有差池就几乎陷溺在难以自拔的沉沦之中，但幸亏一些偶然的机缘与自我的韧性，终于从偏离的轨道中又慢慢走回来。可以说，他的一生走了很多弯路或者用如今的话说就是犯了一些根本性的错误，在世人的眼里，弯路和错误都是不必要的对生命的浪费，成长就应该是奔着一个高大上的目标经过精心计算的理性和有效的工具努力抵达的过程，这中间不能容许任何的差池和失误，更不允许一丝一毫的分心。而在周先生的生命经验中，这种价值观显然是大有问题的，而那些黑暗的体验经过适当转化也可以成为精神世界的有机组成。换言之，这个世界上没有绝对意义上的失败，关键是如何去理解失败与人生意义之开扩的关系。

我不避繁冗，引述周先生在《在我们的时代》中的一段话来展现其生命意识的深邃与开阔："生命中的许多意义，是要在很久之后才发现的。就以我初中留级的事来说，我后来能够从事学问，并不是我比别人多读了一年的书，那一年，我不但没有多读什么书，反而自怨自艾得厉害，其中还包含了一段自毁的经历，四周没有援手，幸好我平安度过。然而那次'沉沦'，使我第一次感受到人生某些极为幽微但属于底蕴性的真实。譬如什么是假相什么是事实、哪些是背叛哪些是友谊、何者为屈辱何者为光荣，……那些表面上对比强烈而事实是纠葛不清的事物，都因这一阵混乱而重新形成了秩序。那秩序并不是黑白分明的，更不是像红灯止步绿灯通行的那么当然，而是黑白红绿之间，多了许多中间色，有时中间色相混，又成了另个更中间的中间色。真理不见得越辩越明，而是越辩越多层，以前再简单不过的，后来变得复杂了，以前再明白不过的，后来变得晦暗了。我与我的亲人、朋友、老师与同学，人挤人地住在同一个世界，但每个人都活在不同的层面里，彼此各行其是，关系并不密切，人必须短暂跳脱，才看得出你与别人以及你与世界的关系，这层关系也许不像一般人所说的那么是非判然、黑白分明。当我眼前不再是红绿的灯号的时候，那状况让我欲行又止、欲止又行，我觉得进退失据的困顿与荒谬，但祁克果说，荒谬是真实的另一种称呼。"我想起自己二十年前一度沉迷于对存在主义文学作品的阅读，特别欣赏加缪所言的"人生不是要生活得最好，而是要生活得最多”。与周先生此处的微言大义略有相通之处，面对世界与人生的荒谬、痛苦与根本性的烦恼，不是转身逃匿，也不是整日哀叹，更不是做西西弗斯式徒然的奋斗，而是保持既介入又超然的有距离的态度，以行动的方式体察生活，以抽离的方式反观自我，将所有的毒药转化成养料，并活出时代的矛盾，这不正是一种卓然自持特立独行的人生态度吗？我曾经在个人随笔集《与民国相遇》的后记里写道：“对复杂性的认识、理解与接纳，或许是一个民族通过阅读历史走向心智成熟所必不可少的阶段。”从周先生的人生及其对此的反思来看，如何处理个体的“黑暗记忆”和“创伤经验”其实也是同等重要的。世人对此往往视而不见，听而不闻，避之唯恐不及，急于将之选择性遗忘，这就将那些生命中的尴尬、悖谬与难堪，轻易地用虚无主义的态度化解掉了，而没能有效地将之吸纳到生命意识之中。处理内在于生命与集体的黑暗经验是至关重要的，小至个人，大至社会和国家，莫不如此，这其实也就是用一种历史反思的态度走向和解的道路，而我们这个民族的历史记忆太多的是辉煌与屈辱交织的集体心态，冷静而严肃的思考总是相对稀缺。

由此而引发周先生对现代教育的思考，我再引一段本书辑一周先生写的附记，文中说：“教育不是高站在象牙之塔上，用俯瞰的方式看世界。以沉默不善言辞来看，我们不懂沉默人的心灵，我们就无法跟佛陀与耶稣相通，因为他们的最高贵时刻，往往是孤独与沉默的时候，孔子说‘天何言哉，四时行焉，草木生焉’的时候，不是也有同样高贵的神情？还有我觉得，阳明在跟学生说‘天理在良知灵觉处’的时候，也跟孔子的表情很相像，都是在沉默中体会了心灵觉醒的力量。另外，我们应学着欣赏老实人，还有那些不太会言说的人或有点疯狂气质的人，欣赏他们的真实，体会无言之下的真实生命力，如果我们不学习与他们相处并接受他们，我们就无法领受中国的陶潜、李白、徐渭与八大山人的艺术，还有西方的康德、斯宾诺莎、贝多芬与梵高的最高成就了。”身为教育工作者，应该有一份平等的理念与意识，更应该有一份悲天悯人的情怀，他应该成为不屈不挠并且不悲情也不矫情的燃灯者，应该成为蒙昧时代的微光，照亮那些黑夜中探索者的前行之路。

从周先生行止出处来看，他就是这样的一个践行者。比如他从学者变成师者之后，有意识地引导学生进入一个更为广博而深邃的人文历史世界，去汲取历史文化资源来滋养心灵砥砺情操。比如他组织学生分组建立读书会，并且分享阅读经验与心得，比如他引导学生写阅读日记，因为周先生相信宋儒所言的“读书在变化气质，求气质变化，是须要经年累月的，不可望其速成。古人常用‘春风风人，春雨雨人’来形容教育，春风春雨是指令人成长的和风细雨，绝不是令人摧折受伤的狂风暴雨。有时候，被我们诟病的‘效率不彰’，在教育上，反而不见得是坏事”。更难得的是周先生在日常生活中的“春风化雨，和光同尘”。在这本随笔集里的《吕阿菜》和《黄顺安》记述的都是生活在台北的真实人物，一个是计程车司机，一个是在他家附近卖菜者的小男孩，都因为与周先生的相遇，得到他的开导与鼓励而得以在某种程度上重建信心，恢复了一个普通人的生命之尊严。读到这两个故事，我是极为感动的，周先生看似冷峻，其实也有着对庶民阶层温润的热心肠。人之立世，执念于名缰利锁或者身份意识，都是一种虚妄和执著，而能在开阔自我之精神世界、夯实自我之生命底色以后，在日常言行举止中春风化雨度人度己，有一分光发一分热，对这个世界即使绝望也仍不放下爱念之心，这才是一种最高的人生境界，毕竟人生在世，最重要的是情义两字，其他都是浮云微尘，正如古人所言：人生恰似西江月，富贵犹如瓦上霜。仅此而已。周先生对人之同情心的阐发也是见人之所未见：“人在施展同情的时候也是图便利、图省事的。由于幽微角落的弱者永远置身在权力或利欲旋涡的边缘，他们知道任他们怎么努力，也无法争到更好的位置，因而决定放弃。一般的放弃是消极又悲观的，但他们的放弃却充满了自信，他们似乎找到了另一个生命的方向，这使得他们不论行止作息，都表现出自由与从容不迫，整体而言，他们的生命姿态因‘自如’而呈现了一种特殊的美态，与矫揉造作的人比起来，高下立判。”

人生或如长江黄河奔腾不息，或如山间小溪涓涓细流，这正如王鼎钧的《关山夺路》与齐邦媛的《巨流河》的二水分流各有其风致与美感一样，前者呈现政治江湖之美，后者展现人文之幽美。读周先生此书，也感觉到一种沉郁顿挫的美，是一种历经波澜之后静观人生的智慧之美。虽然社会学家会说人不可能过着他的生活而不表达他的生活，但每个人对人生的理解与表达仍旧有深浅高低之分。周先生在《我们的时代》中又说：“挫折让我更为坚强，它让我在心灵上更博大地接受多元，在情操上则更同情身在幽微角落的弱者。心灵上更博大地接受多元，是防止自己过早建立主见的一个方式，主见多数排他，在学问上又叫作‘门户之见’，做学问最忌先入为主，章实斋说：‘学问须有宗旨，但不可有门户。’就是指此而言。平心接纳多元，然后以逻辑辨其是非对错，有些是非是‘躲藏’在很幽暗的角落，不仔细看是看不出来的，这是学者要做的事，这叫‘发潜德之幽光’，观察是做学问的起码本事，我因受挫而提早拥有，这是我的幸运。”这就将学问与生活做了内在的关联，学术不再是脱离人生的虚幻的智力游戏，而生活也不再是日用而不知的混沌一片。更重要的是周先生对自由与德性之关系的反思：“有高贵道德视野的自由是把自由的境界放在别人甚至全体人类之上，所以不是自私的，真正的自由论者，并不放纵自己的自由，反而从外表看起来，似乎还更加的拘谨与自制。”因此，《躲藏起来的孩子》虽然主要是从生命经验出发聚焦于教育议题的随笔集，但因周先生学问之精湛、观世之独特、人文之底蕴与情感之细腻，处处能够从细微处引申扩散，将那些如散碎文辞的生命片段收拾起来串联成充满智慧的人文主义珍珠，这是值得大陆的读者去鉴赏与品味甚至珍藏的人文之思。

《躲藏起来的孩子》，周志文著，

东方出版社 2018 年版

文明抑或野蛮：西方视野里的中国形象

曾有一句戏言说近代中国面对西方要依次解决三个问题：挨打、挨饿、挨骂，其实质就是战争中的军事实力乃至综合国力的崛起、解决贫困人口的温饱问题，以及建构一套自成一体的价值体系以确立在国际社会的话语权这三个层面的议题。回溯历史，这三者自然不可能如此清晰地构成一个前后关系，有时候三者是互为渗透、彼此交错的。作为一个被儒、释、道文明长久浸润的共同体，中国在晚清以后的命运，以及在西方世界的形象，生动地写照了近代中国在寻求富强、融入世界的历史过程中的波澜起伏，骨子里所折射的恰恰是所谓近代中国在三千年未有之大变局中面临的“古今中西之争”。正如许纪霖教授在一次演讲中所言：“中国改革开放30多年的成功经验，在于坚定地融入世界主流文明，同时探索中国特殊的现代性道路。如何将中国的特殊道路与全人类公认的文明相结合，如何在中国的特殊性之中体现出文明的普世性，这是一个比实现富强更复杂、需要时间更漫长的文明工程。中国准备好成为文明大国了吗？我们已经足够文明了吗？这不仅关系到中国人的命运，也将决定未来世界的命运。”

中国（人）在西方人心目中的形象，所反映的恰恰是东西方之间在实力、文明和话语权之间的较量。《马可·波罗游记》是西方世界第一部广为人知的讲述中国的著作，书中主要描述马可·波罗 1271 年至 1295 年周游亚洲的过程，特别描写了 1275 年至 1292 年，波罗住在中国并为蒙古皇帝忽必烈汗工作的经历。美国著名历史学家史景迁说：“在波罗公之于世的长篇故事中，中国有着仁厚的独裁统治，幅员广大，礼仪繁冗，贸易繁荣，高度都市化，商业往来独出心裁，作战方式落后。”可见，在波罗的记述中，中国是一个有着独特文明体系的政治共同体，甚至在其描述江南风物的笔触中，中国成了一个到处是丝绸、茶与瓷器等精致生活物品的“天堂”，不亚于《圣经》里上帝应许的流淌着奶与蜜的迦南地。

明朝万历年间来到中国的意大利天主教传教士利玛窦在中国度过了漫长的时间，他在中国文化、语言和社会方面的造诣极深。在他写给家人和教会高层的手稿中，中国是这样一种形象：虽然名义上远在天边的皇帝是国家统治者，实质事务却是由经过考试制度拔擢的文官系统掌控，日常生活则由复杂的风俗习惯所规范，如此，社会和谐才得维持。而且，劳工大众各知其位，年轻人的婚姻均由父母妥为安排，缠足习俗使妇女安分地守在家中。此外，年轻人必须花费大量时间研读艰涩的中文，自然减少了他们变得“放荡不羁”的机会。而中国对外国人的不信任，也可以轻易地解释为对国家安全的顾虑，以及新来者和商人对中国人习惯的方式造成冲击所致。即使饮酒时，中国人也相当节制，宿醉根本闻所未闻。半个世纪之后，在一个西班牙传教士闵明多的记忆中，中国是“世界上最高贵的地方，宇宙的中心点，在所有阳光得以照射、万物得以存活之处，那是最荣耀的帝国”。由此可见，在相当长一段时期内，中国在西方人心目中的形象是相当积极和正面的。

明清易代之后，清朝对外开放程度逐渐收窄，欧洲启蒙运动和工业革命造就了一批强大的具有殖民主义内在动力的帝国。当英国使节马戛尔尼带着团队来到中国觐见乾隆帝遭遇巨大的挫折之后，据说在英国的议会，关于对华政策的主战派与主和派进行了激烈的争论，最后主战派占据上风，“十字架与剑”就成为西方强势介入中国的象征物。船坚炮利与宗教福音彼此支持，成为西方人征服中国的双刃剑。为配合这种需要，西方公众社会中的中国形象逐渐发生了翻转。这在中国社会科学院文学所学者施爱东对于西方与中国形象有关的漫画和插画的出色研究中也有明确的反映：16—18世纪的欧洲人很少深入中国内地，图书插画中的中国元素，除了贯穿于整个16—19世纪的大辫子，出现频率最高的中国元素主要是汉字、佛塔、凉亭、神庙、商铺、轿子、码头、骑楼、牌坊、旗杆、龙纹、凤纹、灯笼、纸伞、对联、木船、水车、驿站、拱桥、城墙，以及纺织、节庆、婚礼、集市、抽烟、打牌、喝茶、演戏、放风筝、官员礼仪等。这些插画元素的来源主要有二：一是仿自中国器皿、布帛等工艺用品上的现成图案；一是源自欧洲商人和旅行家们在广东、澳门等南方沿海地区的见闻，这些插画表现了一个宁静安乐的异域东方。

到了19世纪，大量的西方商人和冒险家开始深入中国内地，图书插画的中国元素也相应地扩增了。前两个世纪出现过的中国元素依旧会出现在19世纪的插画中，但是，从出现频率看，表现宁静安乐的元素明显偏少，出现频率最高的是颓废的鸦片烟馆、高大的北京城墙、戴枷的罪犯、路边的乞丐、衣衫褴褛的穷人、求神拜佛的男女、推着独轮车的老男人、威风八面的官员出行、道士或和尚、女人的小脚、热闹的剃头摊、奢侈的宴饮、阴沉的街道、破落的神庙、舞龙舞狮、士兵操练、婚丧嫁娶、节庆活动、斗鸡斗鸟等场景，描绘了一个停滞、野蛮、贫穷的异域东方。

1900 年，西方的摄影技术已经非常成熟，许多摄影师尾随八国联军来到中国，拍摄了大量中国图片。在这些图片中，出现得最多的是八国联军的胜利留影，以及义和团员的砍头照，其次是劫后的废墟、萧条的街道、杂乱的市场、荒芜的皇宫、贫病的百姓、惊恐的路人，以及劫后余生的教民生活等，记录了一个地狱般的东方废墟。中国在西方视野中的形象，从颟顸、愚笨、专横的“满大人”形象，逐渐向“辫子龙”转变，大量的辱华漫画、言论都是借龙说事。龙本是中国文化的象征，如今却成了一个愚蠢而保守、狡诈而软弱的复合形象。简言之，在西人眼中，中国处于文明世界以外，同美洲大陆的土著人、非洲的部落等没什么差别。1834 年，德国传教士郭士立公开声称：“龙应该被废黜，基督应该成为这个辽阔帝国上唯一受到崇拜的王。我热切地希望我们伟大的主用他万能的手将中国从撒旦的奴役中尽快解救出来。”借助这样一种宗教逻辑，西方对东方的殖民就被合理化了，西人来到中国就天然地具有了一种道德正当性和救赎激情。自然，西人对中国的影响也并非完全是负面的，他们介入中国是戴着双重面具的，既有帝国侵略者的面孔，也有文明传播者的角色。在这样一个历史进程之中，中国形象开始出现整体性的危机：“中国自身就像一具俯卧着的尸体一样被撕碎，到了19世纪末，它的领土和政府主权被极度掠夺性地攫取，它显然已经处于被彻底瓜分的边缘了。在绝大多数西方人眼中，这一历史时期的中国人形象是苟且偷生和无助的，并几乎到了可怜得无以复加的地步。”对中国的蔑视，就是通过对这个共同体“物化”，以及对生活在这个共同体中的个人的“拟兽化”进行的。19世纪初被西方社会广泛引述的一个观点就是：“中华帝国是一具经过防腐处理的木乃伊，包裹在丝绸当中，画着一些象形文字：其内在的实质是一个处于冬眠状态的睡鼠。”

中国进入近代是从中英之间的战争开始的，天朝也是从此逐渐走向崩溃，伴随着清朝一系列对外战争的挫败，中国在西方的形象不断下跌，而在西人心目中的“中国形象”，又通过各种渠道进入中国知识人的阅读世界，刺激起国人强烈的民族主义情绪。中国式的民族主义充满一种悲情意识和创伤体验，同时又弥漫着对汉唐盛世的回想和炎黄子孙谱系的追溯，在价值上又是以否定历史文化传统来逆向建构的，因此是一种极为复杂而极其脆弱的情感方式。最初进入中国腹地的一批传教士，将中国社会生活中的图景，用一种极为隔膜也因此极为夸张的笔触传播给西方世界。在这些人的日记、书信、回忆录乃至其创办的各种报刊中，中国人的衣食住行处处显得不合时宜，尤其乡村世界的溺婴、男性长辫、接生婆、吸鸦片、小妾制度、祖先崇拜、中医、卫生习惯、交通工具、农耕生活等各种场景触目皆是，更不用说皇宫里的太监、嫔妃等，更见轻薄并且更刻薄的，则是西方记者把士子会试的文场比作“巨大的猪圈”和领事把官员头上的顶戴比作“乌龟”，在自诩为文明人的西人看来，这些无疑是“野蛮的象征”，由此而证明了中国人是“半开化的蒙昧民族”。从这些外在的表象出发，一些传教士推论中国是一个“黑暗王国”，与之相应的是中国人“品性的卑劣和灵魂的堕落”。由于中国已被西人观念中的野蛮所笼罩，因此在西人的眼里，中国很容易变成无处不野蛮和无事不野蛮。19世纪70年代美国驻上海总领事西华向华盛顿报告说：“在中国居留的洋人中间，占上风的倾向是在万国的天平上把中国人贬到很低，说他们的智能低得可怜，谴责他们的道德标准，宣称他们死气沉沉，缺乏精力。”这与他们在一个源远流长的东方主义谱系里对中国形象的想象完全冲突，不过，越是腐败和堕落，越是刺激了这些有宗教热忱的传教士的救赎激情。他们在中国创办学校、设立医院、建筑教堂、开办报馆等，试图将“野蛮的中国人”引入现代文明世界之中，当然也不排除他们服务于其本国利益的面相。

面对这种帝国文明的强势和贪婪，中国士大夫和读书人，最开始以固有的“夷夏之辨”来处理中国与西方的关系，也就是用固有的对待传统中国异族的经验来处理中西之争，以为这些“蛮夷”达成其目的就会回到其本国不再侵扰中国。也正因为此，当时的士大夫是很不屑与西人打交道的，在其书面和口头用语中也时常将西人贬低为“禽兽”。但随着接触的增多和了解的深入，中国读书人逐渐认知西方的制度、军事、器物都有其优势，于是在一种充满屈辱感的被动现代化过程之中，中国人试图“化西入中”，提出了中体西用论、物质文明与精神文明二元论等多种思想框架来试图容纳西学和西方。甲午中日战争的失败让国人创深痛巨，此后从沿海到内地的读书人大都意识到回到三代之治是不可能救亡图存的，中国要振兴其在国际社会的形象，改变其“落后就要挨打”的处境，就必须“向西方寻求真理”，甚至有中国使节在英国居住一段时间之后，被其文明之风气、有序之社会、政治之规矩所震动，认为古人所念兹在兹的“三代之治”也不过如此而已。这个历史时期，中国在西方的形象就是一个古老而庞大的帝国，在缓慢而艰难地向现代文明国家转身。

治晚清史的学者杨国强教授曾精辟地指出中国人的这一心路与理路：“从19世纪40年代开始，中国人是被拖着走进发源于欧西的那个世界历史过程的。因此，与这段漫漫长路相表里的，始终是冲突和外患。然则世非大同，不能以大同世界视之，由冲突和外患唤出来的敌忾，便构成中国人身在中西交冲之间的民族心理防线。而在后来意义上的爱国主义和民族主义还没有被编织出来之前，当日的中国能够用来动员多数和聚合人心以支撑这种民族心理防线的，依然是古老的夷夏之辨和始终是古老的夷夏之辨。这个过程要的不是知识而是感召，因此夷夏之辨虽已入于穷境，而其声势则犹自绵绵不绝。与之相因果的，则是19世纪后60年里中国人的民族心理防线，又大半不能全脱懵懂、虚骄、自大和缺乏平等精神。然而也正因为有了这种同懵懂、虚骄、自大和缺乏平等精神剥离不开的东西，19世纪的中国人才可能在西潮持续的冲击下久处困境而以理抗势，60年之间精神上犹存一副骨架，没有出现整体性的‘奉洋若神’和自轻自贱。”到了20世纪初年八国联军侵华以后，中国人的这副精神骨架便逐渐土崩瓦解，“尊西崇洋”成为一种普遍的社会风气，中国知识人也就将西方人强加的“文明VS野蛮”框架内在化了，进而认为自身属于野蛮人、东亚病夫，不断地自我矮化，或者精神胜利法式地自我安慰为有待苏醒的“东方睡狮”，因此“启蒙”“唤醒”或者说“国民性批判”就成为清末民初最重要的主题，在这种观念的支配下，传统中国的价值就弃若敝屣，西潮如滔滔江海奔流直下。

民国之后，中国参与一战输出华工，为中国的国际形象加分，而二战时期，中国苦撑待变与日军的长期战争，更是让二战结束后的中国在世界上获得前所未有的尊重，蒋介石也一跃而成为世界四大国的领袖之一。中国在西方社会的形象相对多元化，中国革命在西方世界也有着强烈的回响。1930年代后期，美国新闻记者斯诺的《红星照耀中国》将中共革命及其领导人首次介绍给了西方读者，引起了西方人对“另一个中国”的兴趣，在其妻子海伦·斯诺的回忆录《我在中国的岁月》中更是对中国共产党人的言行和理想赞誉有加。可以说，西方的左翼人士一直对中国革命乃至后来的中华人民共和国有着强烈的好感，包括存在主义哲学家萨特、法哲学家科耶夫、语言学家罗兰·巴特等人都曾经到中国来，1968年法国的五月风暴，也与中国“文化大革命”有着情感上的共振。当然与此平行的是英美自由主义人士，对新中国进行隔离、批评和妖魔化，这是冷战格局下的意识形态反应。一直到尼克松访华、中美建交、邓小平访美等一系列重大外交事件后，以美国为主导的西方世界才开始重新认知中国，自然，这有着一个漫长的过程。迄至今天，中国与外国的关系（主要与西方）仍旧是弥漫在中国政府和社会里的最敏感的神经末梢，一方面，历久弥新的中国渴望着被西方世界承认、接纳甚至鼓励，因此会主动呈现出开放、好客、包容的姿态，这是一种“承认的焦虑感”；另一方面，中国的核心价值观与西方价值观、中国与西方世界的核心利益在一个全球化的格局之中时常发生摩擦甚至冲突。每当此时，近代以来的受辱、晦暗、执拗、苦涩的历史记忆就会强烈地发酵，激荡起全国上下的一种剧烈的反西方尤其是反美国情绪，恨不得将西方价值观念从中国的传媒、课堂和社会中完全清洗出去，这里显然有着一个对中国的本质主义想象，也就是预设了一个能够不被西方污染的纯真的中国。揆诸近代中国寻求富强、追寻进步的历程，西方显然已经内化到中国这个本体之中，因此这种基于意识形态或者肤浅的民族主义情绪的反西方言论，往往在效果上适得其反，进而强化了中国在某些西方国家和公民心目中的负面形象。

回首明清以降中国与西方的相遇，以及西方视野里中国形象的变迁史，我们就会发现：隔膜、距离会导致漫无边际的猜忌乃至敌意，而保持善意、开放、理解的姿态，往往能稀释国家之间的冷漠，总体上处于上升态势的西方在面对基本保持王朝稳定性的中华帝国时，呈现出来的是一种强势的进攻性姿态，而这种姿态往往会搅动一个古老文明共同体滋养出来的个人的文化自尊和民族自尊。国家形象在这个以暴力和武力为基本逻辑的世界空间，就成为被任意扭曲的符号以服务于战争机器的发动。在这个过程中，无论是中国的形象，还是西方的形象，都有一个从美好到罪恶的破碎过程，与之相伴随的是国人在追寻现代过程之中的坎坷心路。

（本文写作参考了史景迁《大汗之国：西方眼中的中国》、施爱东《中国龙的发明——16—20世纪的龙政治与中国形象》、杨国强《中国人的夷夏之辨与西方人的“夷夏之辨”》等著作和文章）

动荡时代的书香门第

无论有意或无意，作为史家的陈寅恪先生似乎越来越远离一般的知识人形象，成为一个遥不可及的学术神话和独立人格标签，造神者其实也是在人为地疏隔读者与陈寅恪先生的间距。幸好，陈寅恪的三个女儿陈流求、陈小彭、陈美延的回忆录《也同欢乐也同愁——忆父亲陈寅恪母亲唐筼》适时出版了（以下简称《也同欢乐也同愁》），与此相伴随的还有清华新成立的国学研究院资助整理出版的《陈寅恪年谱长编（初稿）》。这就从日常生活史和私人记忆的角度，弥补了既往的关于陈寅恪先生的书写的缺漏，让我们能够检索、体味一个日常的、女儿眼中的作为儿子、父亲、丈夫等多重角色的陈寅恪先生。陈寅恪先生对大女儿、二女儿的命名，其实就透露其隐秘的民族主义心绪，当然或许也跟陈寅恪先生的妻子唐筼的祖父唐景崧曾是台湾的最后一任巡抚有关。

《也同欢乐也同愁》细致地勾画了陈氏这个大家庭的聚合离散，尤其是俞大维、陈新午（陈寅恪妹夫和妹妹）对于贫病交加的陈寅恪一家的关怀备至，其情感人至深。即使到了龙应台所谓大江大海之关口的一九四九年前夕，担任南京国民政府交通部长的俞大维带口信委托胡适安顿陈寅恪一家随专机离开战火中的北平。更有意味的是，1934年的农历新年，陈寅恪的父亲陈三立先生（即诗人陈散原）以82岁高龄出门去给前清进士、内阁大学士、宣统帝师、自己的座师陈宝琛拜年。旧时代，旧人物，旧人情，在晚清以降崇新、趋新的时代潮流中如此格格不人，却又显得如此耿介而温情。

从回忆录可见，陈寅恪先生一家人的生活以七七事变为转折点，之前在清华园，基本上过的是舒适自在的教授家庭生活。这或许也是三姐妹人生中罕见的欢乐时光，而全面抗战爆发后，不愿做亡国奴的陈家跟当时的绝大多数知识人家庭一样，辗转天津、青岛、徐州、长沙、桂林、香港、昆明、重庆等地。流离失所的生活、捉襟见肘的经济、生离死别的苦痛，再加上陈寅恪先生眼疾的加剧乃至最后成为目盲之人，让人痛感“短的是人生，长的是磨难”，所幸，陈寅恪先生的师友都竭力相助，共度时艰。在此不得不提及陈寅恪先生夫人唐筼的贡献。目盲之后的陈寅恪之情状，据三姐妹的回忆：“父亲开始学习怎样在目盲的情况下继续工作。如用手握笔，摸着纸张试行写字，但笔画及行列常常重叠，令人难以辨认。两年后，他重新恢复讲课，会摸着在黑板上写几个难懂的字，但不能使用这种方法撰写长篇论著。主要还是以耳代目、以口代手的方式来认真备课，著书立说。父亲先练习以耳代目，每天听读报，间或听小说。……母亲除了照顾失明的父亲生活起居外，还担负起书记官的任务，随时记录父亲要写的书信、诗作等。”或许可以说，早年曾为北平女师大体育教师的新知识女性唐筼，成为陈寅恪先生的妻子后，基本上成为一个传统的贤妻良母角色。

陈美延记得，1947 年 4 月 27 日，清华 36 周年校庆，也是抗战后返回清华园的第一个校庆，清华进步女生以妇女如何为社会贡献力量，采访一些师母。唐筼实话实说："妇女为家庭做出贡献也很重要……"立刻被伶牙俐齿的采访女生当场批驳。可是唐筼女士并不为之所动，这位大家闺秀的人生展示了新潮流下旧价值并非全无意义。陈寅恪先生对此更是了然于胸，念兹在兹。据陈家三姐妹的回忆："父亲对母亲为他的付出、为家庭作出的贡献，深深感激，常教育我们：你们可以不尊重我，但必须尊重母亲。母亲是家中的主心骨，没有母亲就没有这个家，所以我们大家要保护好母亲。待到史无前例的'文化大革命'来临，经过了抄家洗劫、批斗、逼迁、赶走女工和停发工资，只给几十元难以维持生活的'生活费'。父亲自知存日无几，也非常担心母亲将殁，1967 年前后伤心地拟了一副挽联《挽晓莹》，预挽我们的母亲。联文俱是一字一泪：涕泣对牛衣，卌载都成肠断史。废残难豹隐，九泉稍待眼枯人。"

读此书，最深的感慨之一就是新文化运动及之后的反传统运动所激烈批判的旧式家庭的罪恶（如巴金的激流三部曲小说《家》《春》《秋》，曹禺的戏剧《雷雨》等），似乎仅仅是历史的一面之词。正如同《也同欢乐也同愁》所记述的动荡时代的陈氏家族的生活史那样，在这些年出版的诸多著作中，比如林同奇先生的《人文寻思录》、金安平的《合肥三姐妹》、何炳棣的《读史阅世六十年》，都可以窥见对于传统书香门第的私人记忆与温情书写。

这种旧式家庭生长出的“贵族精神”，其实又是深深包含着对苍生的关切和对苦难的体认，可以说是一种不迎合世俗和权贵的淑世情怀。

《也同欢乐也同愁——忆父亲陈寅恪母亲唐筼》，
陈流求、陈小彭、陈美延著，
生活·读书·新知三联书店 2010 年版

沈从文：政治灰霾中的文化情怀

《沈从文家书（1966—1976）》是一份不可多得的关于“文革”中的政治、文化与知识人心态的史料。他在动荡年代写给妻子张兆和、儿子沈虎雏、儿媳张之佩等人的书信，呈现出晚年沈从文在面对摧折人情、毁灭常识的时代灰霾时，如何让生命的延续不仅仅是苟活的三重世界。

第一重世界是亲情的世界。通读这部“文革”时期的书信集，字里行间着墨最多的是对于日常生活的记录，以及对亲属的衣食住行细致入微的关照。沈从文是如此兴致勃勃地向着远方的读信人，巨细靡遗地记录他所目睹的一切，包括孩子的成长、生活用品的价格变化、邻里的变迁等，当然这些书信中最多的是对于其时“文革”政治的细微观察。这些观察又穿插着他的理解与评论，自然，沈从文对政治的态度一直是胡适所谓的“不感兴趣的兴趣”，是一种疏离的洞察。作为一个信任文学作品力量的作家，他对政治有着一种本能的距离感。他也在写给儿子的书信中，委婉地劝说后者走“专业主义”的路线，不要过多地介入政治。尽管我们可以站在道德的高地批评沈从文在向其子女传授一种“明哲保身”的处世哲学，可是对于一个政治阴霾笼罩一切的时代，引导亲人对政治保持距离感，也就是在举世若狂的政治风云中保持一种“有所不为”的立场，这也可以说是一种“消极的抵抗”吧。

通读沈从文这段时期的家书，极少读到意识形态式的叙述，即使偶尔有一两句应景性的政治语言，也是瑕不掩瑜。这彰显了一种罕见的语言品质，当同时代相当一部分知识分子的日常语言中，也无法摆脱政治语言和政治思维的影响时，沈从文却以个体化的方式仍旧坚持了一种贴近事实和本心的言说方式。这无疑也是另一种坚持生活在真实中的表达。语言的真实，是跟历史的真实同等重要的追求。这也说明了此时此刻的沈从文具有多么强韧的内心，来消解政治灰霾的压力。

第二重世界是文学的世界。诚然，1950年代以后，震慑于新时代政治空气的压力，以及多变的文艺气氛，一度陷溺在精神绝境中的沈从文基本上放弃了虚构性的文艺创作，而转向了对历史文物主要是中国古代服饰的研究。他试图像同时代诸多知识分子那样，对自己来一次刮骨疗毒式的自我清算，在文学的领地里有组织地重新起航，却最终发现内心深处的“老虎”从未被完全地降服。他在这些吐露给亲友的书信中毫不保留地倾吐着他对文学的理解，以及矢志不渝的热爱。在沈从文的价值世界里，叙事的价值永远是高于说理和议论的，他尊重的是叙述中展现的历史、人性与情感，而新时代推崇的或者培养的诸多作家，在他看来，在写作上都是缺乏基本功的。这种直言不讳的臧否，在这本书信集中比比皆是，这自然也相当于沈从文在含蓄地为自己被压抑甚至消音的过去进行隐秘的辩护。1968 年 3 月 9 日，他在写给儿子沈虎雏的信中说："目下在大学里国文系教习作的老师，会写叙述文的就极少，会论事不会叙事，下去再久将不免还是若'目无所见，耳无所闻'。"与此相应的就是他对自己作为文学者的历史与能力的自信："五四以来有上千成万人搞创作，大多数人全淘汰掉了，跑万米式搞个廿卅年不断努力的，不到十个人。少数人侥幸，机会好，成了'作家'，依然不久还是昙花一现的过去了。这个多数有许多理由不干这个'费力不讨好'工作，或教书，或做官，或经商，都比写作容易得多。"对于当时"计划性"的作家培养模式，沈从文也很有保留："四川学沙汀，山西学赵树理，湖南学周立波，取法乎上，斯得其下，这哪会出人才？因此全国一年搞一个短篇选集，看来还有许多不免凑数。一般缺点是既不会写人，又不善写事，更不知如何写有特殊性风景背景……照《人民文学》过去的鼓励方法，是永远产生不了真正新作品的。学校则改来改去，也决不会从中文系产生起码作家。"这些在书信中谈及文艺的只言片语，充分说明了沈从文并未放弃他内心对什么是好的文学作品的理解，他坚持了某种独立性。

第三重世界是自我的世界。对 20 世纪中国的知识人来说，小我与大我，旧我与新我是处于一种永恒的天人交战的困境之中，而这种困境最能凸显知识人精神世界是强韧还是软弱、超然还是陷溺。陈寅恪所言的"脱心志于俗谛之桎梏"才是通往人格完整和精神独立的第一步。通读沈从文的家书，会发现在尊严和人格受到不公正对待的时候，他仍旧在内心深处坚持了一种人格的完整性，而这份完整人格核心的精神品质就是个体生命的独立。显然，沈从文对自己从民国一路走来不与任何党派发生直接关系，也不依附于任何政治力量或政治人物，而始终坚持通过自己的写作、编辑等工作来面对生活，有着一份执拗而充沛的自信。写作成了彰显自我的方式，而当公共写作不便进行的时候，书信这种私人性的写作便成为沈从文表达对世人、世相的理解的唯一方式。1969年9月，沈从文在写给其兄长沈云麓的书信中说："我因为这卌年来，前廿年不依傍过蒋，近廿年又不沾文学，不和周扬有什么关系，只老老实实在博物馆搞文物工作，不怕沉闷寂寞，也不怀什么名位野心，凡事从头做起。有一次让我去作老舍作的那个北京市文联主席，也不去，宁愿守着午门楼上陈列室作说明员，或钻库房搞文物登记，一个大学生也受不了的工作，我却一作廿年。"在私人生活领域高度政治化的时代，沈从文仍然坚持认为保持与政治的适当距离，是一种值得赞许的正面价值。这无疑也表明了他对时代的某种态度。沈从文自然不能算是人情练达之人，也非世事洞明者。与其说他对政治的态度是仔细权衡后的理性选择，不如说他是将青年时代艰苦奋斗的自主人格放大到了支撑整个精神世界于不坠的境地。他靠的是一种湘西乡下人野蛮而通透的价值执着，以及对世界的一种审美主义态度。

自然，他不会将政治世界的荒芜也审美化，在涉及那个高分贝时代的理想与现实之间的张力时，他毫不隐讳地批评这个时代的"分裂感"："走后门似乎还在发展，不少事以人为重，不是以事为重，占有位置即成功，干不下，做不出成绩，却无所谓。夺了权，此外即不再过问。不免令人为国家深抱杞忧。"面对这样一个时代，关键的问题是个人将何去何从？是随波逐流还是避而远之？

或者充满绝望感地反抗，如与大风车作战的唐吉诃德那样？沈从文在致其家人的书信中给出的是不同于以上三项的选择。在给其儿子沈虎雏的信中，他说：“作个‘书呆子’比作个‘混日子的人’显然是不同的。前者或许会因对国家有个理想，受事实挫折而十分痛苦，但比一个‘混日子的人’生命有分量，则极显明。既不宜在‘承认现实’中消极，还宜为‘爱国家’而作一切努力。”这种理想主义的情怀有两种面相，既有坚持个人生命价值的本真性的执拗，也有家国天下情怀的九死不悔。正是这种个人主义与国家意识两种精神底色的交融，让晚年的沈从文在自身已经完全边缘化的时代，仍旧坚持一些最基本的人类价值。他平实的话语充满了一种赤子情怀的感人力量：“热情无私和正义感，在社会任何阶段中还是需要的。还是会起好作用的。还会起连锁反应的。就可能范围内，至少把自己活得就坚强素朴而有力，而对别的人，也依然有积极意义和良好影响。”这无疑是贫病交加中的沈从文对生命的基本理解。这种人生态度，既有儒家君子人格中“任重道远”的“传教士”情怀，也有近代以来以胡适、鲁迅等五四一代作家倡导的自主人格的底色。如今回首往昔，会发现沈从文这些像独白又像谈心的家书内蕴着一种发人深省的精神力量。

《沈从文家书（1966—1976）》，

新星出版社 2012 年版

王鼎钧：谛听哭声或同声一哭

2017 年夏天，因难得机缘到哈佛燕京学社访学一年，就一直筹划着去离波士顿不远的纽约拜访王鼎钧先生。2018 年 4 月，哈佛燕京学社组织纽约之行，得偿所愿。

事先与鼎公沟通，他极表欢迎，在通信中叮嘱我注意防范纽约的小偷，并告知在其居住的皇后区法拉盛预订了一家湾仔海鲜店，一派老式的周到。会面当日，朋友雅婷驾车带我们到达时，鼎公偕夫人已在餐厅一角的圆桌旁等候。他照旧一身蓝色长袍，手拄一根青藤拐杖，即使端坐，也可感知身材挺拔，一如其峻直之人格。之前，《读书》杂志编辑饶淑荣跟我讲过她拜访鼎公时的感觉：肃穆，让人肃然起敬而难以亲近；鼎公夫人则是大家闺秀温婉亲和。初次照面，确实。好友棣文在纽约地铁迷路，辗转多时才到，这样就平白给我们添加了一小时的餐前交谈。我坐在鼎公边上，借这难得的机会，就治学之困惑与人生之问题一一求教。鼎公作答要言不烦，一如其历史写作，字字珠玑。

往　日

一次受访，被问及一生写作中最重要的回忆录作品《昨天的云》、《怒目少年》、《关山夺路》和《文学江湖》时，鼎公说：“为历史作见证是我写回忆录的抱负，这是很低的抱负。”这四部回忆录2009年在台北出版繁体字版（同一年齐邦媛教授的《巨流河》和龙应台女士的一本同背景著作出版），2013年由北京三联书店引入简体字版，随后一纸风行，在大陆发行40余万册，长销不衰。

我自2009年毕业留校、任教华东师大始，一直开设一门面向本科生的通识课程“回忆录、口述史与20世纪中国”，因此对华人世界出版的回忆录、口述史都有留意。最初注意到鼎公此书，是源于钱永祥先生主编的《思想》杂志发表了高华教授生前的一篇文章《冷战时代一位读书人的困窘与坚守》，就托钱先生给我寄来了台版回忆录的第四册《文学江湖》，读罢不忍释卷。后来三联书店出版，责编饶淑荣女士惠赠四卷本回忆录，至此齐全。收到后先读记述1945年到1949年国共内战的第三卷《关山夺路》，深深为之折服，作者对盘根错节的纷繁世事的记录、对隐微人心曲径通幽的洞察以及从历史的脉动来探究国共两党强弱兴衰转化之谜，皆有独到的识见和入情入理的理解。

这本回忆录被我列入20世纪中国历史书写最好的著作之一，与高尔泰的《寻找家园》、齐邦媛的《巨流河》等，同样属于史笔、史观和史识均属一流的上乘作品。后来，因参加台北“中研院”一个关于20世纪中期中国的历史记忆的国际学术研讨会，我提交了论文《记忆的战争与战争的记忆——有关20世纪中期中国的回忆与书写》。在这篇文章中，我用一半的篇幅来讨论《关山夺路》的历史记忆对理解国共内战的卓越价值，并提出了这样的追问："作为回忆录的《关山夺路》在历史叙述上展现出了几重张力，而这些张力或者说叙述困境的存在，恰恰丰富了作者的叙述层次，同时在某种意义上对读者固有的认知历史框架构成了挑战。从对国共两党成败之因果的探寻来说，王鼎钧对作为失败者的国民党及其军队似乎并没有同情，他费了最多的笔墨试图寻找强弱转化之道，从对于战败的日本与国民党、苏联军队来说，他对于作为胜利者的后者缺乏任何意义上的认同，反而有意选择对战败者的'尊严'做更多的记述。因此，王鼎钧的历史记忆的价值基点就不再是简单的人道主义逻辑（当然，纵览全书，他始终对弱者、失败者有同情感），也不是胜者为王败者为寇的霸道逻辑，这就提出了一个饶有意义的挑战：面对20世纪中期的战争记忆，我们的立足点究竟应该归置在何处？这场战争能够用正义与非正义来严格区分敌我双方吗？道德的模糊性与情感的强烈性，居然如此奇特地搅拌在一起，冲击着我们理性的堤坝。"

就这一点而言，鼎公是处理历史复杂性和人性复杂性的高人。他冷静、肃穆而入世地洞察一切幽微，又同时持有一种"高冷"背后的"温热"。在他与诸多访问者往返答问的随笔集《东鸣西应记》（这本文集注意的人不多，其实是对鼎公一生八十余部作品的集中阐释，字里行间妙趣横生且不乏真知灼见）里，当记者问他内战之后如果留在大陆会是怎样的结局时，他说："这是我们一再做过的推演。我出身地主家庭，父亲是知识分子，母亲信教，叔父是黄埔军官，我自己当过宪兵。我具备这样五个条件，一颗子弹足以致命，我连中五枪。……我是极容易知足、极容易感恩的人，一瓢水可以换我一生的眼泪。”

因论文里涉及大陆两位史家对龙应台著作完全对立的评价，我便从淑荣处要来了住在纽约的鼎公的邮箱（那是2015年，鼎公90岁），将自己的困惑和论文发给了鼎公。鼎公听力微弱，但熟练使用电脑和电子邮件，很快回信。其中有一段话，也许对今人理解20世纪中国的历史不无裨益——

> 感谢您对拙作《关山夺路》以大量的篇幅予以梳理审视，使我如对宝鉴。您问我意见，我能说的不多：
>
> （1）我们写的，只是对历史某一句某一段的小注，史家不必注意它的史观史论，尤其不必从其中抽绎出史观史论来评论。
>
> （2）文学作品见木不见林，这是常态。文学作品也能“寓无限于有限”“纳须弥于芥子”，那得把题材处理成高级象征。这三本书（指自己、齐邦媛和龙应台同年在台北出版的书）都无此抱负。
>
> （3）文学作品要发乎情，历史家不必费太多精神料理个人感情，不管是一家哭、一路哭，哭声对历史家并不重要。文学家谛听哭声，陪伴啼哭的人，或者与之同声一哭，史家也不必藐视。
>
> （4）恕我说句外行话：历史研究和历史教育并非一事，各国皆然，也许美国不同，至于“不同”到什么程度，我没

有能力提出说明。知无不言，聊供参考。

字里行间可见，鼎公自设是历史的见证人，也是历史中人的倾听者，他关切的是历史变动中小人物的身世与命运，给出的是有温度的、能够感通和同情的历史写作。而这种抒情的历史写作，又在最大程度上保持了一种节制和自省，避免了感情的泛滥无归甚至扭曲事实。他无意充当历史的审判者，也不愿仅做一个无所用心的围观者，用他自己的话说，他是一个聆听哭声的捕蝶人。

友人潘晖是鼎公的超级粉丝，几乎搜罗并研读了鼎公的所有著作。他认为："鼎公的文学与历史相通的一面，在于他以客观的态度写作，不轻以价值观作是非褒贬。文学的训练使他善于观察生活，对生活的观察让他发现了许多常人并不注意或无心审视的细节，这些多量的生活细节积累起来，他对世界的认识竟与一般人有了较大的分野。好多貌似不合理的现象，鼎公因为细心的观察，提出了他独特一己的解释（或者疑问）。我觉得他的本事不在思想的深刻性，而在观察的细腻与周延。"简言之，鼎公是20世纪中国历史"内在的他者"，这种入乎其内、出乎其外、情见乎辞而理在其中的写作方式，是绝大多数大陆出版的同类主题回忆录所望尘莫及的。

鼎公自己在应邀为一家中文刊物撰文比较《关山夺路》与齐邦媛教授的《巨流河》时有一段妙论："一本作品就是那个作者的世界，我的世界是江湖，齐教授的世界是学院。江湖的对面是台阁，是袍笏冠带，我见过；江湖的对面是园林，是姹紫嫣红，我游过；江湖的对面是学院，是博学鸿词，我梦过，这些经历并未改变江湖的性质，只是增添了它的风波。我志在反映现实，齐教授不然。齐教授沉浸英诗，她的散文非常‘清华’，我的烟火气太重。她的风格雅，我的风格俗。”鼎公也进一步对两书加以评论：“《巨流河》欲说还休，《文学江湖》欲休还说；《巨流河》是无意中让人听见了，《文学江湖》是故意让人听见；《巨流河》如此精致，如此雅正，如此高贵，《文学江湖》如此周密，如此老辣，如此江湖！《巨流河》材料集中，时序清晰，因果明显，是线形结构；《文学江湖》步步向四周扩充，放出去又收回来，收回来又放出去，是袋形结构。”这是切中肯綮的知人知书之论。

由那次通信，我开始与鼎公邮件往来，如他所言：“人之相知，贵在知心，文字之交就是知心之交，东鸣西应，俨如神迹。”其时我正好开始研究左翼文化与中国革命，而鼎公在《关山夺路》中对左翼文学多有草蛇灰线伏脉千里的记述，而且一些论述极为精辟。比如他曾指出：“我爱好文学，但是没参加过他们（指中共或亲中共人士——引者注）的‘读书会’，所以无从领会那些作品的价值（指巴金、茅盾、郭沫若等左翼作家的作品——引者注）。那时读书会是个很普遍的组织，左翼作品的内涵外延，靠它解说引申；左翼作品的正确伟大，靠它肯定建立；左翼作品的前瞻方向，靠它指点导引。假如巴金的《家》是马太福音，读书会就是各地的教堂，没有教堂，马太福音只是一本小册子，有了教堂，马太福音就是《圣经》。有一位学者说，左翼文学并未发生多大影响，他举当年那些作品的销售数字为证，他忽略了：第一，当年一本书全家看、全校看；第二，读书会的组织和教化。”这是对中国革命的一种全新阐释，也敏锐地注意到了中国革命无论在组织形式还是精神气质上的准宗教性，同时也凸显了左翼文学和读书会在革命动员中的角色。就此，我多次写信向鼎公讨教。作为一个亲历者，鼎公的洞察让人信服："左翼文学的主调指出，现实社会完全让人绝望，读书会则指出，共产主义革命是唯一的出路；左翼文学设计谜面，读书会则揭露谜底；左翼文学公开而不违法，读书会违法而不公开，分工合作，密切配合，文学作家把足球盘到网口，读书会则临门一脚。"这或许也就能够解释，1927 年前后大革命惨败，而左翼文学与文化却在中国最具资本主义特征的上海繁盛起来的原因吧。

当　日

面见当日，谈及民国时期的左翼文化。鼎公从一个特殊的视角指出，它在文艺战线上一直都占据优势，它对于社会生活有着特殊的解读方式。它所倡导的文艺作品，通常将社会成员分成穷人跟富人，并指出穷人有多种美德，富人则有各种罪恶。通过这样的方式，争取到左翼和大多数穷人的支持。这些文艺作品简单易懂，很容易接近大众。反观当时的国民党，对文艺并不重视。比如，国民党办报，主要抓住两个版块：一为社论，一为头条。文艺副刊被视为"报屁股"，随便找个人编一编就行了。社论、头条都比较严肃，看的人并不多；但是文艺副刊不一样，贴近生活，容易被读者接受。随着时间推移，文艺副刊多被左翼文化人士占据。非左翼的作品不能发表，非同情穷人的态度不能见报。到后来，与左派相异的声音逐渐失去了在公共舆论中发声的空间。他举例说：上海有一富家女，负笈英伦，学习戏剧，回国后编排了一出非左翼的戏剧，居然找不到剧院上演。鼎公所论，对照夏衍的《懒寻旧梦录》以及左翼作家的《左联回忆录》皆可验证，当时左翼知识人确实利用了上海的各种报刊的副刊空间来延展和扩大左翼文化与艺术的社会影响力，吸引了一大批中小知识青年。

鼎公被誉为台湾的“文学教父”，他有关如何写作的书籍《作文七巧》《作文十九问》《讲理》等在台湾一直很受欢迎，是许多有志于写作的文学青年的启蒙读物。在鼎公看来，写作是一门手艺活，成为一个作家与成为画家、科学家、艺术家一样，当然需要训练，也是可以训练的。现代人反对“写作经验的可传递性”，主张绝对的自由和个人化，这是很可怀疑的。他说，自己活生生就是一个从“失学少年”到华语文学作家的案例。一个写作者，不应该学陈寅恪，应该学罗素，写的文章要能够让人读懂。写作训练的基本原则是：先寻求共通之处，再创造个人独特的成就。写作与做学问一样，要转益多师，先是模仿多家的路数，最后融会贯通，形成自己独特的风格。这有点像哈佛王德威教授所言，有一个“似父”、“弑父”与“是父”的模仿权威、推倒权威和成为权威的过程。鼎公所论，与沈从文先生极为相似，而且他的写作经历与从文先生也相近，都是从初始阶段开始大量的最基础的写作训练，且一生视写作为生命意义最核心的来源——尽管从文先生后来因故长期放弃了文艺创作，但后半生的日记又何尝不是一种隐微写作。

谈起我的同乡前辈沈从文先生，鼎公严肃的面容上终于露出一点笑意：

我读了他所有的作品。我投身写作，有志为文，也受到他的影响。甚至包括我写自己的传记，也是从沈从文那里得到启发。他的作品，才是真正的文学作品。与他同时期的左派作家，作品的宣传性很强，关注的重点是阶级斗争。在沈从文的作品中，你可以看到文学的纯净性。沈从文是一位特殊的作家。他不是左翼作家，但新中国建立后，人们还是可以读到他的书和文章；同时，他也不属于右翼作家阵营，他的作品在台湾也没有被禁，这是非常了不起的。

在一个严肃阅读日益边缘、人心日益浮浅与急躁的时代，严肃写作还有什么意义和价值？

佛家有个说法，我们的言语造作都是“业”，“业界”永不消失。胡适有一篇文章《不朽：我的宗教》，就是申说这个主张。现在又有所谓蝴蝶效应，南美洲亚马逊河上的一只飞蝶，翅膀扇动空气，经过一连串不可思议的反应，最后形成太平洋上的飓风。我对文学仍然有信心，我写回忆录，就是要做一只蝴蝶。

历经岁月沧海桑田，观览文学潮起潮落，如何看待文字与心

灵的关系？

> 我一直相信作品和作家没有道德上的关联，人格是人格，艺术水平是艺术水平。现在我知道，卑鄙的心灵不能产生有高度的作品，狭隘的心灵不能产生有广度的作品，肤浅的心灵不能产生有深度的作品，丑陋的心灵不能产生美感，低俗的心灵不能产生高级趣味，冷酷的心灵不能产生爱。一个作家除非太不长进，必须提升自己的心灵境界，他得“修行”。

鼎公少时受母亲影响成为基督徒，后来又多年沉浸佛经，沿波讨源寻求佛理，二者构成其精神世界的底色之一。

> 上帝在《圣经》里讲了一些道理，但没有全部讲完，也没有告诉另外的道理在哪里。最后我在佛教里找到了：业、果和报的观念，不灭与轮回的观念。因此一个人说的话、写的字和用的心，都会对这个世界产生影响的，个人的姓名并不重要，重要的是那些有价值的理念都会流转存世。

这时候，我偶尔接应一下其他在座者的谈话，鼎公很严肃地对我说：“唐先生，我们在讨论严肃的历史问题，你怎么可以分心说别的话呢？”一个人做事情或思考言说最重要的是专注，不能左顾右盼声东击西，这个提醒对我真如当头棒喝！

一个人说的话、写的字和用的心，都会对这个世界产生影响；有价值的理念会流转存世。这段话对其时因世变而略有不安和焦虑的我，真是强有力的慰藉，而鼎公对于人心、人性与人世，又略有一份超然的悲观：

> 历史演变中的人类从来就是善恶俱存的，有天使，也有魔鬼。人性如弗洛伊德所言，有一个从兽性到人性到英雄再到圣贤的演化过程：兽性阶段只顾及自我的利益和欲望，人性阶段学会了安置自我与他人的关系，英雄阶段是突破常人道德也就是不讲道德，而圣贤阶段则是重建基本的道德秩序与心灵秩序的阶段。

知我在高校从事知识分子史的研究和教学工作，鼎公在临别之际谆谆告诫：

> 历史学家需要秉笔直书，应该唯实而非唯上。不能在权威面前，放弃书写的原则。在历史研究过程中，学者追寻的是事实。如果发现自己的老师错了，不能因为为老师讳，而放弃澄清历史真相。同样地，历史研究者也不能对自己的学生设置限制，更不能因为学生的研究发现跟自己相左，而加以干预。

鼎公面似儒家，精神上介乎基督徒与佛教徒之间，而其价值理念上却与自由主义所主张的自由多元价值观高度吻合，可谓是世界文化多元一体的具体而微者。对于这样一位一生为20世纪中国招魂的写作者来说，乡愁意味着什么？他笑道："中国是初恋，美国是婚姻。”

前者惊心动魄，后者静水流深，前者甜蜜与痛苦交织，后者更趋日常的回望。纸上风云，漫卷诗书，纵横千里，笔落故园，这是一种何等高超动人的境界！他曾在被问及是否有“少小离家老大回”的计划时说：“今日乡愁已成珍藏的古玩，无事静坐，取出来摩挲一番。乡愁是我们成长的年轮，陷入层层包裹。乡愁是我们的奢侈品，不是必需品。乡愁无可骄傲，也绝非耻辱。乡愁是珍贵的感情，需要尊重，不受欺弄。流亡者懂得割舍，凡是不能保有的，都是你不需要的。乡愁迟早退出生活，进入苍茫的历史兴亡。”就此而言，回忆录四部曲何尝不是在他乡与故国之间架设的乡愁通道。

回到波士顿后，我给鼎公写了一封长信，这是拜会了一位书写者、观察者、思想者的收获，这次晤面聚谈也成为我访学期间最珍贵的几个片段之一，值得用一生去回味。摘引信中一节，收束此文——

周六晚上在您身旁聊天谈及的一些话题，这些天一直萦绕在我脑海。其实，我当时是带着一个很大的精神上的困惑去拜访您的，就是中国近些年变化这么大，像我们这一代自认为知识人的个体如何在这样一个时代安身立命？自去年到美到如今，确实时常有一些焦虑和不安。听您谈到，一个人的言语、文字在长远的时空里可能产生无法预期的影响，仿若空谷足音一样让我震动。万事皆有因果，因此才能慎待文字和写作，才能临文以敬、待人以诚。我想这可能是这次谈话中最让我有可能悟道的一段话了。

（此文撰写缘于李宗陶女士的提议和一再督促，也得益于参加了与鼎公一家人餐叙的挚友肖棣文的共同回忆。谨此致谢！）

《关山夺路：回忆录四部曲之三》，王鼎钧著，
生活·读书·新知三联书店2013年版

超越诉苦的历史记忆

耶鲁大学华裔学者孙康宜的回忆录《走出白色恐怖》，在所有对那一特殊时代历史的回忆录作品中，显然是独具一格的。书名就隐含了作者写作的深层动因，那就是不再纠缠于历史的恩怨与清算，而是在细腻地追述个人、家庭或群体在政治压迫时代的生命故事，来展现即使在最黑暗的年代，人性仍然会有一线幽光在闪烁。这正如阿伦特在《黑暗时代群像》的序言中所指出的那样："即使是在最黑暗的时代，人们还是有期望光明的权利，而光明与其说是来自于理论与观念，不如说是来自于凡夫俗子所发出的荧荧微光，在他们的起居作息中，这微光虽然摇曳不定，但却照亮周遭，并在他们的有生之年流泻于大地之上。"

孙康宜遭逢的恰恰就是20世纪中国最黑暗的一段岁月。青少年时期的成长伴随的是撤退到台湾的蒋介石政府制造的极端压抑的政治气氛，在风声鹤唳草木皆兵的政治环境中，孙康宜的父亲孙裕光（1919—2007）因受作者舅父陈本江的政治牵连而被捕入狱，获刑十年。孙康宜的母亲陈玉真（1922—1997）在突如其来的家庭变故中，以一种强韧的生命意志为几个年幼的孩子打造一个尚可栖身的生活世界，并勉力保持做人的基本尊严。在孙康宜的笔触中，父亲的朋友张我军（人类学家张光直的父亲）帮助孙家从上海上船去台湾的情景；小学教师蓝顺仕面对匿名恐吓信和秘密警察的威胁，仍旧不屈不挠地关切孙家三姐弟的学业与生活；作者姐弟三人跟随母亲去台北新店军人监狱探监的路途中，三轮车司机的"同情"和"好心"，这些都是没有被政治完全摧折的人情，慰藉处身白色恐怖年代的受难者的心灵。感恩而非诉苦，成为孙康宜这册回忆录的基调，与其诅咒黑暗，不如发掘微光，这就让这部作品与大陆触目皆是的诉苦、控诉型的历史记忆构成了触目的对比。

作者敏锐地注意到父亲或者说像父亲那样的政治受害者，在出狱之后乃至漫长的一生中，创痛感难以愈合的心结。因此，创伤性的历史记忆如何转化为心灵建设的正面成分，成为海峡两岸华人应该共同反省的议题。这些年两岸出版的《寻找家园》(高尔泰)、《巨流河》(齐邦媛)、《三生三世》(聂华苓）等都代表了这种心灵自觉。在孙康宜的私人记忆中，"沉默"，成为才华横溢的父亲出狱后的"胎记"，而这种缺乏政治自由和表达空间的年代，因自我压抑形成的"沉默感"，居然内化成一种话语惯性！作者写道："经过将近三十年的'沉默'，我父亲终于得以离开台湾到了美国，而且已经开始在亚利桑那州教书了。可惜的是，我父亲已经习惯了'沉默'，从来不把他曾经在新店军人监狱和绿岛的十年经历透露给我们。可以说，只要是涉及台湾和大陆自 1950 年代以来的政治问题，他全都闭口不言。"而这种沉默，对于作者来说，也居然成了一种“生存技艺”。作为一个政治犯家属，孙康宜在从6岁到16岁的漫长成长期不断地告诫自己，除非不得已，绝对不向人提及父亲被捕的事情。这无疑是那个年代很多人生存境况的共相。

或许作者是一位语言文学学者的缘故，孙康宜对政治变迁中的语言问题有着高度的敏感。她从一个细微的视角为我们揭示了在白色恐怖年代，语言是如何与身份认同、族群意识乃至政治文化搅拌在一起，进而对不同语言社群的个人构成压抑的面相。孙康宜本来成长在一个北京官话家庭（父亲是天津人，日本早稻田大学毕业；母亲虽然是台湾省人，但在日本接受教育，后来学习北京话，家庭长期在北京），当她跟随父母被迫迁徙到台湾，尤其后来父亲蒙冤入狱，母亲带着姐弟三人避秦祸到高雄乡下林园，年幼的康宜迅速地融入了当地的闽南话社群，有一种如鱼得水的畅快。可是这种浑然不觉的语言认同，在学校的国文教育等课上开始承受压力。作为一个外省人，居然会说闽南话，而国语竟然夹杂着明显的“口音”，这就成了“语言上的原罪”。少年孙康宜得一次次面对教师和同学的质问甚至羞辱，似乎带口音的国语就暗示她背叛了中华文化圈，而向“野蛮本地人”靠拢。在国民党政权强行推动的“国语”普遍化进程中，台湾地区社会此前的日语、闽南话等多种语言社群里的成员突然感觉到自己成了“语言贱民”，必须一次次荒诞而无望地证明自己不标准的口音，仅仅是一个生理事实，而非政治倾向和族群认同的表征。

年幼的孙康宜在这种偏执而压抑的语言环境中，就开始以沉默或者日夜啃读英文来回避这一切。生活像浓重的暗影一样，这就像台湾地区诗人痖弦这个笔名最初的隐喻那样。只有等到作者离开台湾去往美国留学，她在英语的环境里才重新找到自由表达的愉悦感，她才发现自己其实并不是一个生性内向不善言辞的人。这时候，作者才有意愿重新面对自己的母语问题，开始尝试用中文来写作和言谈。这时，作者发现她已经将在林园乡下学会的闽南话彻底忘记了，而在美国的“台湾亲戚”认为作者在聚会场合不说闽南话，乃是因为歧视台湾本地人，是数典忘祖。在外省人与本地人的蓝绿撕裂中，国民政府的语音霸权造成的族群怨恨，居然漂洋过海继续纠缠着人们。语言似乎不再是存在的家园，而成了焦虑的根源。

在我看来，孙康宜的回忆录里最具价值的是关于他舅父陈本江与“台湾第一才子”吕赫若的记述。台湾的政治迫害，大陆人耳熟能详的是1947年的“二二八事件”、1970年代末期的“美丽岛事件”等。其实在1950年代初期，还有一件至今未能进入主流历史叙述的“鹿窟事件”。鹿窟是台北附近的地名，而鹿窟组织是由一群反对国民政府的左翼知识分子（十几名）及乡民组成。1952年冬，国民党的保密局人员前往鹿窟逮捕该组织的成员，并当场枪杀数百个乡民，自此鹿窟基地才被完全消灭。作者的舅父陈本江及其挚友吕赫若就是事件的主角。陈本江早年从日本早稻田大学毕业后在北大教书，是北京的台湾学生会的重要成员，又是会写诗填词的才子，可是终其一生郁郁而终。作为左翼作家的吕赫若，在台湾被日本占领时期深恨殖民者，1945年日本战败，台湾重回祖国，吕赫若倍感振奋甚至一度加入三民主义青年团，可是专横而腐败的国民党政府迅速让他沮丧失望。他开始投入“二二八事件”激发的左翼政治运动的潜流之中。鹿窟群体是台湾的左翼知识分子，他们研读马克思、黑格尔的哲学体系，对社会主义有一种乌托邦的理想主义激情，在“二二八事件”之后，国民政府肆意逮捕有左翼倾向的本土知识分子，陈本江和吕赫若等人逃亡到鹿窟山上。这个手无寸铁一腔热血的左翼知识分子群体就这样被撤退到台湾的国民党政府以“鹿窟武装基地”的名义剿灭，舅父幸存了下来却长久生活在白色恐怖的阴影之中，1967 年在台北的一条街上死于脑溢血。这真是对理想主义者的极大反讽。

不过，孙康宜在描述其父母移民美国时历经艰辛和阻遏，最后因台湾当局最高层介入而终得逃出虎穴的故事后，发表的一通感慨却让我大跌眼镜：“在中国人的制度里，上面的高官领导似乎都很仁慈而通人情，但底下的官僚却时常不合作，甚至狐假虎威，徒增老百姓的痛苦和负担，于是本来一件好事时常会变成了坏事。我也想到，多年来那一连串施加在我们身上的‘查户口’、监视、翻箱倒柜等行为，似乎不太可能全是上头领导的指示，事实上他们也不一定会知道这些详情。但可惜的是，许多中下层的官僚却习惯了威胁诈取，不以服务为己任，我想那一定是中国几千年来官僚制度所流传下来的恶习所致。何时才能使中国人普遍地变得博爱而宽容呢？何时才能走出仇恨的情绪呢？”备受政治创痛的人在追忆过去的时刻，可以选择一种感恩的笔调来淡化怨恨的情绪，但这丝毫不意味着可以轻易放弃反思的向度，更不意味着在一种传统式的“反贪官不反皇帝”的思维惯性下，将官僚系统划分为“圣君”与“恶官”两极而轻纵最高当权者的责任与罪过。

孙康宜在与其父亲谈论张光直的早年自传《番薯人的故事》时，借评论他人回忆录之机谈到自己对待回忆录写作的认知：“我最不喜欢看别人写控诉文学，我认为那是没有深度的作品。张光直这本书之所以感人，乃是因为它具有一种超越性。它不是在控诉某个具体的对象，而是在写人。它一方面写人的懦弱、阴险及其复杂性；另一方面也写人的善良、勇敢以及人之所以为人的尊严性。”可以说，孙康宜的这本回忆录就清晰而意味深长地写出了白色恐怖年代人的尊严性，而这种被书写出来的尊严感才可能是超越历史虚无主义的原点，也才是历经磨难的华人社会道德重建的起点。

《走出白色恐怖》（增订版），孙康宜著，

生活·读书·新知三联书店 2012 年版

台湾地区左翼历史的一页

孙康宜在回忆录《走出白色恐怖》一书的开篇就谈及她父亲与张我军的交往和友谊，以及两个家庭在艰难时世中的守望相助，其中有一段话对张我军的儿子张光直（哈佛人类学家，已故）所撰写的《番薯人的故事：张光直早年生活自述》赞誉有加："幸亏张光直教授在过世之前有机会写这本早年的自传，给历史做了见证。但与其说它是给历史做见证，还不如说它是在给生命做见证。我最不喜欢看别人写控诉文学，我认为那是没有深度的作品。张光直这本书之所以感人，乃是因为它具有一种超越性。它不是在控诉某个具体的对象，而是在写人。它一方面写人的懦弱、阴险及其复杂性；另一方面也写人的善良、勇敢以及人之所以为人的尊严性。"很早前就知道台北联经出版的这本回忆录，可惜没能读到，如今北京三联书店引入了简体字版，可以让像我这样的对台湾地区政治及其转型历史深感兴趣的读者一睹为快。薄薄的一本回忆录读下来，却让人抚卷良久，正如孙康宜所言，这里没有控诉，只有呈现事实和人性，以及隐含在这种平淡叙述背后的价值执拗。

少年时代的张光直，是台湾地区“二二八事件”的见证者，又是“四六事件”的亲历者，这双重身份，让作者在叙述这段历史时拥有不一样的视角。“二二八事件”，成为台湾地区族群政治的原点之一，外省人携威权政治余威和汉族中心主义之狂傲，压制本省精英的族群冲突被镶嵌到政治论述之中成为一种“历史记忆”，但根据张光直的回忆，其实在“二二八事件”发生的彼时彼刻，本省人与外省人之间的冲突并非全然如此。张光直当时是建国中学的学生，事发那天他正在上课，听见窗外如鞭炮声一样的枪声却懵懂不知情，当天下午仍旧与两位同学去学校对面的民众教育馆的图书室看书，出来后遇到三个二十岁左右的本省人的袭击。张光直因身穿表哥的日本军装而幸免，而其同学韦俊涵穿着中山装被殴打得头破血流，另一位同学则溜之大吉。打人者扬长而去，剩下张光直搀扶韦到医院诊治，路遇一个本省妇女帮忙带去台大医院，而就在这门口，张光直目击许多外省人正在挨打。由此可见，政治话语的操作和情感本能的偏向，常常会扭曲历史真相的细部。

1949 年 4 月 6 日，思想左倾的高三学生张光直因为与左翼学生温景昆通信，凌晨在家里被捕，从此开始作为“政治犯”的牢狱生活。因四六事件被逮捕的主要是台大和台湾师大的学生，张光直是罕见的中学生。时隔一年之后，张光直从狱中归来，才知道父亲在其被带走后做的第一件事是将儿子所有左倾书籍拿出，藏在茶商公会办公室的抽屉里，数月后又来了第二批特务仔细搜查。而第一次搜查其实并不是太认真。据张光直事后推断，“那天早上来捉我的人，可能包括对学生同情的人们在内，甚至有地下共产党员在内”。开始时，张光直和台大工学院学生申德建被关进一个拘留所的笼子里，这笼子大概有5米宽、8米长，椭圆形，一个短头是墙，另外三面都是铁栏杆，在靠墙的一角有个茅坑。最初的审讯，晚年张光直仍记忆犹新，并非中共党员的他自然要否认指控。理屈词穷的审讯者最后居然以张光直在审讯中“一点不慌张，对每一个问题都有答案”来有罪推定，这真是欲加之罪何患无辞的“诛心之论”。同时被捕的这19名学生和新闻人经受的刑讯方式主要有疲劳轰炸、灌辣椒水、坐老虎凳、两手反绑吊挂屋檐上用皮鞭抽打等。

监狱生活自然极其无聊，为了应对这种乏味和焦虑，这群年轻的思想犯在监狱中开始学唱歌，歌声在黑暗的禁闭空间里像自由的精灵一样四处飘荡。据其回忆，当时这群年轻人最喜欢唱的是《学生之歌》，歌词有“你是光明的象征、胜利的旗帜！勇敢的中国学生们，我们光荣地生活在你的年代，朝着你的方向，跟着你的火炬，走向自由幸福的新世界”。这群激情洋溢的年轻人并没有被突如其来的白色恐怖击倒，他们甚至在监狱里办起了杂志，手工做了一副麻将。后来因为一位狱友认为这种“生活流于腐化”而送给了看守。这批思想犯后又被转移到严酷而折磨人的情报处关押了一段时间。张光直在回忆录中谈到这里日常生活的种种细节，比如吃饭要“一少快，二慢多”（第一碗要少盛快吃，第二碗要多盛慢吃）；比如思想犯与医生之间的关系；比如狱中的性压抑及其缓解的形式；比如中共俘虏的大义凛然等。

张光直就这样作为最年轻的政治犯，辗转数个关押场所，在父亲托至交杨肇嘉向台湾省“保安司令部”彭孟缉多次求情后，终于在一年后保释出狱，被父亲领回家“管教”。张光直很偶然地从杨去世后的遗物中发现1952年8月11日杨向台湾省“保安司令部”新生训导处一个处长的报告，其部分内容值得征引如下：“张光直于一九五〇年三月十二日奉准离队后，即在其台北市延平区甘谷街廿四号家中复习功课，准备升学，旋于同年八月投考‘国立台湾大学’文学院考古人类学系一年级，幸获录取，十月入学，每日由其家中走读。……该张光直在受训中深悟训诲真理，益使其坚定反共抗俄之信念，复激于政府爱惜青年之德意，故离队后即不敢随便与人交际，一味读书，冀能成为一忠实有为国民，图报国恩于万一，努力功课，故其在学二年间，品学均列优等，并受领‘教育部’工读奖助金及省教育厅特种奖学金，有案可稽。”一个思想犯保释出狱后，在白色恐怖的台湾还可以读大学，获取政府奖学金，并出境留学最终成为哈佛人类学家，真令人不胜唏嘘。

张光直早年左翼思想的来源之一是他少年时代在北平的阅读与生活阅历。当时张的父亲是北京大学教授，自然衣食无忧，据其自述在北平受其哥哥和温景昆的影响，在台北受中学老师罗老师的影响，所购买书籍有艾思奇的哲学书、华岗的《社会史》、翦伯赞的《中国通史》和毛泽东的《新民主主义论》等五六十本。而在1943年以后北平的西单和东安两个市场，在报摊上可以买到隔日的《解放日报》《晋察冀日报》，还有土纸本的《论新民主主义》《论联合政府》，还有斯诺的《红星照耀中国》等，这些阅读的报刊所构成的思想世界，自然对幼年时代的张光直产生了深远的影响。一个日本早稻田大学毕业的留学生徐木生，是一位马克思主义者，曾经短期居住在北平的张家，经常无事就向张家的两兄弟宣传马列主义。据张光直的回忆和推断，其兄长就因此而“背叛家庭”投身革命的洪流。1945 年，其兄长离家出走到河北平山晋察冀边区，一走 40 年。在 1980 年代，张光直与其兄长遭逢世变历经磨难重逢时，“我问哥哥：‘什么让你下决心加入共产党的？’他的回答是我绝对没有想到的：‘我加入共产党的第一个目的是，好让徐木生不再叫我少爷！！’”这些大历史背后的小细节，让我们有了一个特殊的渠道去理解革命年代个人的选择和命运。一直到六七十年代，台湾地区仍有为数不少的青年知识人倾向左翼，他们在政治强权的压抑下，将对岸的革命政治想象成最终实现了人的解放和尊严的政治。这批人有些后来因为出国留学可以接触更多的信息与思想资源，而成为对左翼政治既有理解又有反思的自由主义学者，比如著名思想史家张灏，而还有一些比如陈映真等人，仍然坚持着青年时代的左翼政治理念。若要探本溯源，张光直的回忆未尝不是提供了一个探查的历史通道。

张光直在回忆录的后记里提到常有人问及对这段“少年思想犯”经历的感受。他说这影响了其一生做人的态度，“在那个环境里，人的‘好’与‘坏’是很难判断的。‘特务’一定是坏人啰。被抓去那天，那几个到我家来的特务，很显然有保护我的行为，不然我的罪状一定要大得多。……总之，我在当时坐了一年的牢，接触到各样的人，出来以后，对人之所以为人发生了很大的兴趣”。真正好的学者，就如张光直这样，能够将个人的人生经历（无论是荣耀的还是卑微而凄惨的）融入对学术真谛的探求之中，而要理解这样一位学者的其人其学，反过来又必须结合其生命经历及其感受来细究。就此而言，张光直的人生及其回忆录无疑提供了一种典范意义上的“经过反省的人生”。

《番薯人的故事：张光直早年生活自述》，

张光直著，生活·读书·新知三联书店 2013 年版

第四辑　人文之思

让历史写作照亮中国的启蒙运动

——五四百年的历史反思

五四新文化运动的健将鲁迅曾经在《呐喊·自序》里说过："假如一间铁屋子，是绝无窗户而万难破毁的，里面有许多熟睡的人们，不久都要闷死了，然而是从昏睡入死灭，并不感到就死的悲哀。现在你大嚷起来，惊起了较为清醒的几个人，使这不幸的少数者来受无可挽救的临终的苦楚，你倒以为对得起他们么？"这是民国初期沉闷而绝望的鲁迅与劝他为新文化期刊《新青年》写作的友人钱玄同之间的一场具有深刻隐喻意义的对话，很自然能够让我们从这个"铁屋子"联想到古希腊柏拉图著名的"洞穴"隐喻。铁屋子也好，洞穴也好，都认为人的生命与智性被一种蒙昧与昏暗所遮蔽，都需要一种光亮来照亮。对于欧洲的启蒙运动而言，这光亮来自古希腊与古罗马，是西方历史文化中的"内在之光"，而对于近代以后的中国知识人而言，这光亮却来自遥远而陌生的西方（有时候借道作为中介的日本），是"借来"甚至"盗来"的外在之光（这个比喻源自余英时先生）。留学潮流的兴起象征着面对政治、社会与心灵秩序危机的中国读书人，已经不能回到传统中国的三代之治与孔孟儒学去寻求解决危机的思想文化与政治智慧，而必须“向西方寻求真理”。就此而言，中国的五四启蒙运动天然就存在一个中国文明与西方文明这种异质性的因素甚至体系的融合问题，而这一接榫的历史过程到今天尚未完结，也正因为此，启蒙也仍未完成。这正如余英时先生所论：“如果我们把‘启蒙’的概念当作一个隐喻，而不用之于比附，我们可以说，五四在一个最基本意义上与欧洲的启蒙运动截然不同。启蒙运动的哲士在抨击基督教、经院哲学与‘黑暗’中古时，他们是用古希腊和罗马经典来武装自己的。换句话说，他们接受了西方内在之光的引导。相形之下，为了见到白昼的光明，五四知识分子必须走出黑暗的洞穴——中国，而引导他们的光照则来自外部——西方。或者，借用毛泽东的名言，‘19 世纪以来’，中国一直‘向西方寻找真理’。”

毫无疑问，五四绝不仅仅是一场爱国主义或民族主义运动，它更多的是一场人的唤醒与觉醒的运动，是呼唤形成人的主体性（即解放与自由，也即延续了谭嗣同所言的“冲决网罗”）的启蒙运动。胡适曾在五四运动 16 周年的时候发表纪念文章特别申明了五四超越狭隘民族主义的一面：“‘五四’运动虽然是一个很纯粹的爱国运动，但当时的文艺思想运动却不是狭义的民族主义运动。蔡元培先生的教育主张是显然带有‘世界观’的色彩的。《新青年》的同人也都很严厉地批评指斥中国旧文化。其实孙中山先生也是抱着大同主义的，他是信仰‘天下为公’的理想的。但中山先生晚年屡次说起鲍罗廷同志劝他特别注重民族主义的策略，而民国十四、五年的远东局势又逼我们中国人不得不走上民族主义的路。十四年到十六年的国民革命的大胜利，不能不说是民族主义的旗帜的大成功。可是民族主义有三个方面：最浅的是排外，其次是拥护本国固有的文化，最高而最艰难的是努力建立一个民族的国家。因为最后一步是最艰难的，所以一切民族主义运动往往最容易先走上前面的两步。”五四新文化运动的独特意涵就在于，不仅历史中的这场新文化运动是一个典范的启蒙运动，而对这场运动的不断回溯与接续也构成20世纪以降中国历史中最真实的启蒙式的历史动力。换言之，作为历史事件的五四与对五四的历史阐释构成了回环往复的启蒙链条，共同推进着中国人寻求自由与民主的历史进程。而在后者中，学术与思想互动的历史写作自然扮演了重要角色。

对于五四新文化运动最经典的阐释来自于美国的三大华裔思想史名家张灏先生、林毓生先生与余英时先生。张灏先生在其自选集中有专门的一辑“重访五四”，收录了他论述五四的几篇经典文献：《五四运动的批判与肯定》《重访五四：论五四思想的两歧性》《中国近代转型时期的民主观念》《中国近百年来的革命思想道路》，以及后来的一篇讲演《五四与中共革命：中国现代思想史上的激化》，这些文献对于五四新文化的一些核心命题，尤其是启蒙与革命之间的关系、高调民主与低调民主、幽暗意识与民主文化等进行了极为深刻而富有洞见的论述。尤其是张灏教授提出的五四思想两歧性，让我们充分意识到五四新文化包含着多元而复杂的思想源流，绝非外在的符号化标签可以“盖棺论定”，而对照近些年来不同知识派别对于百年前的新文化运动的反思甚至否定，就更可见张灏先生这一论断的重要意义：五四新文化运动本身就包含着克服启蒙运动的病症的思想资源。因此，对于五四百年的反思并不需要超越五四回归传统，更不需要转过身去拥抱西方，而需要聚精会神地进入五四新文化的源流深处去汲取历史的智慧与光亮。正如张灏教授所言：“就思想而言，五四实在是一个矛盾的时代：表面上它是一个强调科学、推崇理性的时代，而实际上它却是一个热血沸腾、情绪激荡的时代，表面上五四是以西方启蒙运动为楷模，而骨子里它却带有强烈的浪漫主义色彩。一方面五四知识分子诅咒宗教，反对偶像；另一方面，他们却极需偶像和信念来满足他们内心的饥渴。一方面，他们主张面对现实，‘研究问题’，同时他们又急于找到一种主义，可以给他们一个简单而‘一网打尽’的答案，逃避时代问题的复杂性。”2009年在纪念五四90周年的会议上，张灏教授进一步指出五四启蒙与革命的历史关系：“中国近代思想在1895年以后，传统的核心价值与宇宙观开始解体，在知识分子里产生普遍的精神失落与思想迷惘。在惶惶的文化解体过程中，他们急需一个新的个人与群体生命的方向感、文化认同与精神的归属感。到了五四时代，这种精神失落已经变得很普遍，形成一种文化基本取向的危机。五四健将罗家伦用‘回旋时代’来描写当时他们所面对天旋地转的精神世界，最能凸显这种文化取向的危机震撼。这也可以解释为何五四知识分子的领导人物胡适、陈独秀、周作人等，一面高谈理性主义、怀疑主义、批判精神，另一面不时流露出他们需要新的‘宗教’。……针对这种吊诡的精神状态，我认为在激化的趋势之下，许多知识分子从1920年代至1940年代在革命思想里，找到了一个新宗教，使他们在回旋的时代，能够于精神上维持方向感、认同感、归属感。”

王汎森教授在这个学术论断的延长线上提出1920年代的中国是一个“主义时代”。他指出五四虽然带来了个体的解放与极大自由，但这种被解放的个人发现自己的人生更“烦闷”与“苦恼”，旧的房子拆掉了，而新的房子还没建起来，因此后五四的相当一部分追求进步的青年开始倾心于马克思主义与社会主义等激进思潮的接受与传播，而这套价值观念与社会学说与高度政治化、组织化的主义式政党紧密结合，给困惑、茫然和挣扎的新青年提供了一个整全化的制度和心灵依托。这正如王汎森所指出的那样：“在近代中国，‘主义’之所以吸引人是因为它形成一张蓝图，一张沟渠网，把各种零散的力量最后都汇向一个出路，联合成共同的行动。它照顾到的范围不只是政治——即使它的最终目标是政治，它还包括人生观、世界观、日常生活中的烦闷与挫折。它提供了一套新的认知框架来解释烦闷与挫折的情绪，使得一切飘荡的资源可以循着‘主义’所提供的认知框架而得到新的位置与秩序。它将问题置入一个新的架构中，使得原来无以名之、无以解说的问题，在新架构中，一方面结束了它原有的模糊、漂浮、零碎性，转换成了新的了解问题、意义的方式。接着是解答这些问题，而且解答的方法是连珠式的、汇趋式的。像零散的小渠最后汇到一两条大江、大河，形成共同的方向，最后流向一个共同的‘出路’。所以马列主义不是在1949年以后才从上笼罩下来，它一开始是一件宝贝，吸引各式各样的人。”

这种所谓“大经大法”之所以能将人生观、世界观与价值观“一网打尽”，与五四时代所寻求与确立的个人的特质有极大的关联。尽管胡适呼唤易卜生式的健全的个人主义，鲁迅倡导一种尼采式的拒绝庸人政治的“自立而立人的个人”，陈独秀更是为新青年规划了一系列基本的人格特质，但不得不承认，五四时代并未确立真正意义上的健全的个人主义，即基于经验主义和自由主义的个人。用林毓生先生在其关于五四新文化运动的经典著作《中国意识的危机："五四"时期激烈的反传统主义》中论述鲁迅笔下的阿Q等人物时所指出的那样：缺乏一个内在的自我。或许正因为缺乏这样一个内在的健全的自我，致使中国启蒙运动所呼唤和向往的个人主义就缺乏一种稳健的社会和思想根基。林先生指出："阿Q缺乏内在的自我，阻碍了这一点，因为没有自我觉醒，他不能有意识地培养和发展这种好的因素。由于他几乎是靠本能在生活，即使有外部刺激，他也不可能受到它的激励。他的天真实际上是缺乏内在自我的特殊表现，而不是人格中的道德力量。……阿Q事迹所表现的正是对中国人民阴暗面的观察。在农村——中国的缩影——没有什么可以看作积极的希望之源。辛亥革命并没有带来什么变革，相反，暴露了中国人的可恶的本性。除了形式上更改了官衔，摧毁了旧社会的一些标志等而外，旧的文化和社会制度（迷信、风尚、中国社会的森严等级）实质上原封未动。"

诚如史家杨国强在讨论新文化运动与个人主义时所指出的那样："国民性的主体，是被称作为'庶众'的群体中国人。因此鲁迅全神贯注于国民性，心头所抱持的关怀其实始终在大众本身。然而追索国民性的'病根'以求'改革国民性'，则作为主体的大众同时又始终被置于审视和诊断之中，成为一种缺乏自主意识的对象；一种没有个体面目的群体聚合；一种有待于再造的东西。

而后是其意中的个人主义与国民性‘改革’虽同在一个理路之中，但既以‘尊个性而张精神’为个人主义之内核，则被称为‘盲子’‘看客’，并在实际上承载了国民性的大众，已不能不被当成这个理路中的反面意义之所在。由此生成的两者之间的直接对立，一面表现为个体在走向升华的过程中要把自己与大众从精神上划分开来，以‘个人的自大’和‘独异’出乎其类，‘对庸众宣战’；一面又表现为着力于从内里剥开大众的群体心理，深究‘这样沉默’而且‘愚弱’的‘国民的灵魂’，期望‘引起疗救的注意’。但因此而用心刻化其间的‘卑怯’‘自私’‘贪婪’‘自欺’‘麻木’以及‘诈伪无耻’与‘猜疑相贼’，则显然都是在自觉地，而且毫无顾忌地用笔锋为利刃剖开和铺陈被深究者的‘黑暗’。两面所构成的矛盾异常尖锐，在可以预见的当下和未来都看不到可以化解的途径。陈独秀的个人主义背后，有他心中的‘法兰西文明’做依傍；胡适的个人主义背后，有自杜威那里引来的自由主义做依傍。但鲁迅的‘尊个人而张精神’，自始即生成于为‘今世文明’纠‘偏至’的过程里，因此其背后已不会再有一个完整的西方文化可以用为依傍。”

阿Q成了中国人一个具体而微的象征符号，这个小说人物其实也隐喻着五四新文化的启蒙的悖论，等待或者拒绝被唤醒的底层民众未必能够理解启蒙者的心灵与理性，更未必愿意追随启蒙者去参加各种思想文化或政治的运动。正因为此，后五四时期对于启蒙知识分子而言，思想启蒙的问题被整体地置换成了“革命动员”问题，宣传与组织就显得特别重要。回到鲁迅式的启蒙命题上来，他必须面对一个永恒的困境：启蒙者如何面对被启蒙者？启蒙者如何克服自身灵魂深处的“幽暗基因”？作为小资产阶级知识分子的启蒙者如何面对大众政治尤其是无产阶级政治的兴起？其阶级和社会出身在后五四的革命年代就成了一种“原罪”，瞿秋白才会自称是“高等游民”甚至“废物”：“我二十一二岁，正当所谓人生观形成的时期，理智方面是从托尔斯泰式的无政府主义很快就转到了马克思主义。人生观或是主义，这是一种思想方法——所谓思路；既然走上了这条思路，却不是轻易就能改换的。而马克思主义是什么？是无产阶级的宇宙观和人生观。这同我潜伏的绅士意识，中国式的士大夫意识，以及后来蜕变出来的小资产阶级或者市侩式的意识，完全处于敌对的地位；没落的中国绅士阶级意识之中，有些这样的成分：例如假惺惺的仁慈礼让，避免斗争……以至寄生虫式的隐士思想。完全破产的绅士往往变成城市的波希美亚——高等游民，颓废的，脆弱的，浪漫的，甚至狂妄的人物，说得实在些，是废物。”在这一点上鲁迅倒是比较清醒，他自称是“大众的一员，既不是大众的偶像，也不是大众的奴仆”。这在将劳工和底层神圣化（同时也污名化和漫画化）的五四时期尤其难得。换言之，鲁迅尝试去理解大众的日常生活与精神世界，但这种理解并不代表一种认同的态度。

殷海光曾经在与青年时代的林毓生的通信中很精辟地指出了五四知识人的这一困境：“五四人的意识深处，并非近代西方意义‘to be free’（求自由），而是‘to be liberated’（求解放）。这二者虽有关联，但究竟不是一回事。他们所急的，是从传统解放，从旧制度解放，从旧思想解放，从旧的风俗习惯解放，从旧的文学解放。于是，大家一股子劲反权威、反传统、反偶像、反旧道德。在这样的气流之中，有多少人能做精深谨严的学术思想工作？新人物反旧，旧人物也反新。互相激荡，意气飞扬。防御是尚，于是形成两极，彼此愈来愈难作理性的交通。一九一一年以后的中国就没有日本那样的稳定的社会中心，以及深厚的中间力量。加以左右的政治分化和激荡，更是不可收拾，正在此时，日本从中横扫，遂至整个土崩瓦解。”解放重在“破”，而自由重在“立”，破并不能代表立，或许正因为此，五四时期也并未形成知识人的“内在的自我”。这也是相当一部分知识人后来走向革命的内在根源（外在的原因是民族主义与救亡图存的号召等）。陈映芳教授从历史社会学的视角考察了五四一代青年反传统的“求解放”与1920年代的转向激进主义之间的历史关联：“如果我们从家族主义与激进主义的关系入手来分析青年中的共产主义倾向的形成原因，那么我们可以看到，在民主主义与共产主义之间存在着某种共同的理念。青年中的民主主义者是从对儒家伦理的批判出发，以改造中国社会、建设民主政治为其理念的。而青年中的共产主义者则是以对私有制的否定为前提，以改造社会和夺取政权为目标。在青年的这些政治理念中，对专制统治的抵抗和对乡绅—族长—家长的支配构成的社会结构的否定，是为民主主义和共产主义所共有的。青年如果从反抗家庭出发，进一步认识到家庭制度和家族主义不仅是以儒家的伦理而且是以地主经济的私有制为基础形成的（就像施存统他们所认识的那样），他们就可能接受共产主义。从改造社会到否定私有制，在青年的这一转向中，社会结构与经济结构的关联在某种意义上充当了媒介。”

林毓生在讨论陈独秀时指出：“陈独秀批判中国传统的部分原

因是他的个人主义和民族主义相互作用的结果。他虽然从未把国家视为尽善尽美或终极目标，但却十分关心中华民族的生存。他的个人主义，因为主要涉及的是个人必须从中国传统文化和社会的桎梏中获得解放，所以在功能上是与民族主义相联系的。他认为，解放了的个人不仅对个人幸福而且对民族—国家（nation）利益都有好处。陈独秀说：'集人成国，个人之人格高，斯国家之人格亦高；个人之权巩固，斯国家之权亦巩固。'因此，个人的解放具有双重正当理由：它不但对个人道德的完善而且对民族—国家的生存都是必需的。"这也是史华慈所言的从寻求富强的严复开始，中国知识人追寻的自由主义与个人主义，同时也是服务于民族国家的富强目标，两者并未呈现出在欧洲启蒙运动时期那样的对峙和紧张。不过，即使在五四时期那样一个因巴黎和会国家利益受损而掀起的民族主义狂飙运动中，陈独秀也坚持个人在国家利益面前的尊严与完整性，这或许也是晚年陈独秀能够对后来的革命文化做出深刻反思的根源吧。林毓生先生指出："在这篇文章中（指陈独秀发表在《新青年》上的《爱国心与自觉心》），陈独秀认为有两种不同的因素——情感和理智——竞相控制人们的思想。爱国主义产生于个人对国家的情感上的献身。爱国主义固然重要，但我们却不应盲目赞美它，因为尽管它非常重要，也必须在人们意识到国家之目的以后才能引导人们爱国，这一点只有通过理智的作用才能理解。国家之目的是什么？是'保障权利，共谋幸福'。国家为个人而存在，非个人为国家而存在。如果国家不能保障权利和共谋幸福，那么个人就不应当爱国。如果人民爱他们自己的国家，但并不了解国家之目的，那么，机会主义者和窃国之徒很可能滥用权力欺骗人民。”与清末民初将“国家”神圣化的取向不同的是，陈独秀将国家还原为增进民众福祉和自由的工具。国家如果违背这一基本的原则，则爱国主义与民族主义就成为政党操纵下对普通人进行压迫的工具。

余英时先生曾多次撰文纪念五四，他对于五四新文化运动的评价不像林毓生先生那样负面。在最近接受笔者的访问中，余先生概略地谈了他在五四百年之际的三个基本看法，其中一点指出："我认为‘五四’具有多重的复杂性质，不能仅仅把它看成一场激进的思想运动（或革命）。在一般人的理解中，‘五四’的特色在推翻中国的名教传统，运用西方现代的文化成果，特别是‘民主’（‘德先生’）和‘科学’（‘赛先生’）把古老的中国转变为一个现代化的国家和社会。所以‘五四’作为一种‘新文化’或‘新思潮’往往被看作和‘反传统’与‘西化’是分不开的。这一理解或认识大体上是‘言之成理，持之有故’的。但是我们决不能进一步推断：所有接受或认同‘五四’新文化的知识人都必然会走上反传统与激进化的道路。事实上，只要稍作考察，便可发现很多学人当时曾参加‘五四’运动，也接受‘民主’和‘科学’，但对中国传统并不一笔抹杀，而且还能指出传统家族与宗亲关系也有互相支援的一面。他们主张宪政，尊重思想和学术的自由，但反对以暴力改变现状的激进态度。我过去曾指出，萧公权便是一个典型人物，因为和他采取相似立场的学人随处可见。甚至胡适本人也同样具有典型性，晚年（1960年）《中国传统和未来》（*The Chinese Tradition and Future*）一篇讲词便是明证。”可见，五四对于那一代知识人是否构成全盘性的反传统主义，仍旧是悬而未决的历史疑案。而从历史事实来看，传统未必会构成中国知识人追寻现代价值与民主政治的阻力，传统中相对正面的部分思想文化资源甚至可能为中国的进入近代提供精神上的动力。而从已故旅美学人林同奇关于其家族的自述与研究的文章《林氏家风——士大夫生活之一瞥》，更可见传统的教育与理念，并不构成对该家族成员走向专业化和职业化道路的阻碍，反而提供了一种精神助力。林同奇指出："林氏传统本来无意于敛财聚富，因此不鼓励子弟经商；对于参与政治派系的厌恶又抑制了成为政客的兴趣。对事业的选择只剩下一个，即成为现代意义上的专业人士，从传统士大夫到各种现代专家的转化已无可避免。"

相对于上述三位学者从五四时期的传统与现代、启蒙与革命、个人主义与国家主义等大视角展开的历史思索，美国学者舒衡哲教授在其关于五四运动的经典著作《中国的启蒙运动——知识分子与五四遗产》中更注重五四知识人的代际问题，同时也更注意作为现代理性觉醒的启蒙运动在中国的历史语境里是如何转化为崇尚暴力的革命的。舒衡哲指出，"为'五四'启蒙运动开辟道路的师辈，本身深受儒学的熏陶。尽管这一代的多数人都拒绝参加清政府所主办的延续到1905年的科举制度，但他们都有坚实的国学基础。进一步说，他们对他们致力推翻的世界观的了解，远超过书本上的知识。在日常生活中，这些反传统的知识分子被迫结婚、生儿育女、祭奠父母、遵从师长，与中国自身的伦理传统保持一致。即使1919年以前他们曾经留学海外，体验过某些对国内文人而言仍为禁区的思想和行动自由，激进的知识分子怀着单薄的个人解放的希望返回了中国。回国之后，他们先致力于发起对清朝统治者的政治革命。受挫后，才着手于对单纯无瑕的青年进行文化觉醒的工作。这些专业的教育家敏锐地感受到自己身为新旧文化之间过渡性一代的困境。通过自身在日本与西方游历的见闻，他们对近代科技和启蒙思想记忆犹新，从而无法对中国的落后视而不见。他们更清楚地认识到旧旗帜下的惰性，因而举起了新的旗帜”。

换言之，对于陈独秀、胡适、鲁迅等这一代五四新文化运动的领袖而言，他们对于传统的反叛有着创深痛巨的日常生活的苦难体验，比如对传统婚姻的背负或者艰难的割舍（胡适的所谓“情愿不自由，也就自由了”、鲁迅所谓的母亲赠的“礼物”），也就是一种浸入骨髓而难以切割的生活乃至精神维系。或许正因为此，他们才会呈现出一种激烈的全盘性反传统主义的姿态，但与此同时，正如舒衡哲所言，这一代人又是从中国的历史文化里生长出来的，传统中国的文化、生活与趣味又在他们身上有着或深或浅的影响，传统中国就成为美国汉学家列文森在《儒教中国及其现代命运》里所言的理性上反思甚至否定而在情感与心灵上有所眷恋的对象：“我们再次通过旋转门式栅门，从外部的现实世界来到了博物馆。就博物馆学的意义而言，陈列品都只具有历史的意义，它们代表的是既不能要求什么，也不能对现实构成威胁的过去。或者说它们只具有‘审美’的意义，只能用价值而不能用历史的眼光来欣赏。它们被小心翼翼地从过去中提取了出来参加展览，换言之，它们从过去的整体文化中被割了下来，并成为新的文化的一部分。由此可见，那些（仅仅）具有历史意义的东西也就是被割除后剩下的东西，亦即一件艺术品被创作出来时的环境，或各种联系。”而对于在五四运动中崛起的学生一代而言，舒衡哲很精辟地捕捉到了他们与师长辈的代际差异：“一瞬间，年轻一代似乎改变了年长一代。事实上，这两代人都具有最基本的启蒙信念，即一个科学的世界观有其固有的自由性和进步性。学生们虽然比老师们更强调科学的方法论和认识论，但他们也要求高于一切的思想自由。……这些学生越深入探究科学方法论，他们就越加反对弥漫于中国社会的对个人自我表现的禁锢。最后，他们认识到，阻挠自由表达思想的障碍，与其说是由于同胞缺乏科学知识，不如说是因为同胞们本身长期的、内在的自我压抑（self-repression）。是这种他们称之为‘非民主的自我压抑，破坏了他们力图形成一个可代替的认识论的努力。这样，对科学的世界观的探索，使学生们直接与自我怀疑的习性，以及通过家族制度而形成的中国文化中的消极性，相互对立’。”

除了上述著作和专论，研究五四的著作还有美国华人史学家周策纵的《五四运动史》。这本著作更为系统，主要从社会文化史与政治史的视角来考察五四的前因后果，其比较重要的特色之一就是梳理了五四后各国对于这场中国的政治和文化运动的观感，同时也很细致地爬梳了五四之后新文化运动在地方上的扩展。换言之，是作为政治事件的五四为文化事件的启蒙的拓展和深化提供了助力，其对于后五四中国知识界在观念和政治上的分裂，以及后世对于五四的竞争性的历史阐释与历史记忆的构成都做出了一些深入的分析。对于《新青年》的分化，周策纵指出：“《新青年》阵营中的左翼，尤其是陈独秀以及他在上海的助手们就抱怨该阵营中的自由派比如胡适、陶孟和等变得过于保守，太接近研究系。如李大钊所说：‘现在我们大学一班人，好像一个处女的地位，交通、研究、政学各系都想勾引我们，勾引不动就给我们造谣；还有那国民系看见我们为这些系所垂涎，便不免引起点醋意，真正讨嫌！’而自由主义则觉得《新青年》的政治色彩太浓，说它‘差不多成了 *Soviet Russia*（纽约共产党出版的一份每周一次的画报，《新青年》常转载其中的文章）的汉译本’。”

此外，陈平原的《触摸历史与进入五四》强调从文本细读与现场细节入手，重构五四时代的思想语境与历史语境，充满着一种来自现代文学研究者的独特思路与气质。他对于五四的遗产也有着积极的认同：“‘五四’除了作为历史事件本身的意义，很大程度上成了20世纪中国人更新传统、回应西方文化挑战的象征。每代人在纪念‘五四’、诠释‘五四’时，都不可避免地渗入了自己时代的课题和答案。但另一方面，以‘五四’命名的新文化运动，又有其相对确定的历史内涵。其文化口号、其学术思路，萌芽于晚清，延续至今日——可以这么说，在思想文化领域，我们今天仍生活在‘五四’的余荫里。”高力克的《五四的思想世界》则对于五四时期的各种思想源流（个人主义、自由主义、社会主义、科学主义、马克思主义等）及其基本内涵，以及相互的论争与关联，做了非常细密的分析，作者也充满着强烈的现实关切，希望能够接续五四的启蒙理想。高力克对于五四知识人在启蒙取向与民族主义之间的紧张有着深刻的洞察：“中国的启蒙运动源于寻求国家富强的民族主义目标，因而启蒙始终与民族主义结伴而行。这也是中国启蒙异于欧洲启蒙之处，欧洲启蒙时代的个人主义精神毋宁是世界主义的。所谓‘救亡压倒启蒙’之说，显然忽略了中西启蒙的历史差异以及中国启蒙的民族主义关怀。实际上，中国启蒙的深层动力正是‘救亡’，与欧洲人文主义式启蒙相比，中国启蒙毋宁说是一种落后民族寻求富强之道的‘救亡型启蒙’。在中国现代化运动中，西方一直以强盗兼导师的矛盾形象而出现。它一方面代表了自由民主的现代文明，另一方面又是欺凌掠夺东方民族的帝国主义者。与西方文明的自由主义与帝国主义两面神相对应，中国现代化运动和启蒙思潮，亦有亲西方的自由主义与反西方的民族主义两种趋向。中国现代思想之‘反西方的西方化’和‘反现代的现代化’的矛盾取向，即源于此。因而，民族主义之于中国启蒙，始终是一把双刃剑，它既可成为驱策启蒙的精神动力，又可成为抗拒启蒙和现代性的保守因素。”杨念群最近出版的《五四的另一面》则聚焦在后五四时期“社会”观念的形成与新型组织的产生，他特别强调五四新文化思潮与传统观念的呼应与援引：“我个人以为，世界局势对五四新文化走势的影响固然重要，但‘团体主义’与‘社会主义’之所以能后来居上，在后五四时代跃升为中国变革的思想主潮，关键在于其核心理念与中国传统思维有诸多对应吻合之处。在中国传统思想体系里，与‘公’的正面价值不断受到弘扬表彰相反，‘私’自古就被当作负面对立物不断遭到批判，约束‘私欲’‘私情’成为实现‘公意’‘公德’，服务‘公共’事业的前提条件。特别是宋明理学迅速崛起之后，更加强调只有在群体道德伦理网络之内才能实现个人价值，最后构成‘公意’与‘私利’截然对立的二元解释框架。”

1969年，五四运动50周年之际，作为五四精神传人的台湾地区自由主义精神领袖殷海光，被政治压迫和病魔纠缠的他在去世前完成的最后一篇纪念文章如今读来仍发人深省且毫不过时：“狂热、幻想、激变、神话、偏执，总不是清明的思维活动的征象。我们不能说这些东西真的有助理想世界之实现。民主是‘社会健康’的产品。‘社会健康’回过头来又可增进民主。二者之间的循环是恶性循环反面的‘良性循环’。在这样的情境里，人的独立、尊严和存在的价值才能显现。科学所蕴含的是客观性和普遍性。只有客观性和普遍性撑起，才有‘理性’可言。如果一定要用‘理性’这样的字眼的话，那么我们不妨说科学是人类理性的结晶。人群的现代生活若无理性作骨架，我们不能想象怎样活得下去。现在，五四运动倡导‘民主’及‘科学’五十年后，民主完全落了空，科学的基本态度也很少被人接受。但是，如果二者是人的生活所必不可少的要素，那么就会有许多人不断地追求它们。如果有许多人不断地追求它们，那足见它们还是社会文化变迁的动力。如果它们还是社会文化变迁的动力，那么迟早可能有再现的日子。”

黑暗时代的燃灯者

1963年，在美国芝加哥大学就读的青年学人林毓生写信给远在台湾地区的大学时代的老师殷海光，谈到人与人之间深度精神交流的不易，以及这种匮乏给喧嚣的现代人的生活所带来的内在的欠缺感："我觉得很寂寞，不但在情感上如此，在思想上更是如此，看看咱们这一代年轻人，再看看老一代，有几个是头脑清楚并对生命具有热忱的人？……时至今日，文明可能随时毁灭，人类面临着无比的威胁，真正可以珍惜的是个人和个人间真挚情感的交流。……中国话里有所谓'真性情'，这和英文里的sincerity相近，这是我最珍惜的，反而言之，没有真性情的人是我最厌恶的。"这封信写于冷战时代，台湾地区尚处于戒严状态，那时候的林先生就忧虑现代文明的毁灭，再联系林先生晚年与王元化先生经常提及的"文明的庸俗化"以及"这个世界不再令人着迷"等话题，就可以窥测出一个知识人青年时代奠定的精神底色，对其一生的知识趣味与精神品位都有根本性的导向意义。悠悠半个世纪过去，殷先生早已作古，而林先生也已退休，但仍然笔耕不辍，深思不懈。

回头来读50多年前这对师生之间真性情的交流，对于以微博、微信、电话交流为主要沟通方式的我们来说，无疑具有一种别样的兴味与凝重。林先生也谈及寂寞，并认为精神生活以及人们精神的交流，可以驱散这种内心的寂寞感，从殷海光先生读其来信时的内在的喜悦，我们也可以感觉到何为心灵的契合与共鸣。而时人使用微信刷朋友圈，却经常出现越刷越空洞、越刷越无聊的绝望境地，频繁高密的交流，似乎并未带来精神的成长和心灵的开阔，反而是资讯时代自掘坟墓式的手指滑行运动，所导致的更是一种彻底的焦虑感和支离破碎的所谓“知识”。两相对照，更让我们惊异于殷海光、林毓生先生在书信中反复谈及的一些议题的“经典性”（所谓经典就是跨越时空和不同代际的心灵而具有永恒的切时性和当下性），比如对现代性的反思、对五四的思虑、对读书治学的思考等。

1960年代正是西方世界在战后崛起的时代，也是台湾地区经济开始腾飞的时代，更是西方世界资产阶级的孩子们形成嬉皮士文化的时代。在殷海光、林毓生这两个具有古典心灵的现代人的眼中，这却是一个“技术肥肿、伦范消瘦”的时代。去世前一年的1968年，殷海光在写给林毓生的一封长信中谈及他对人类未来的忧虑：“我所要打开肺腑说的，是我不想掩饰我内心对人类今后自由问题的忧虑。这主要的并非我个人的遭际使然。在这样一个动乱的岁月，个人的幸与不幸，又算得了什么？我真正关心的是整个人类前途自由的明暗。人本主义（humanism）及科学本是近代西方互相成长的一对双生子。可是，西方文明发展到了现代，科学通过技术同经济的要求，几乎完全吞灭了人本主义。时至今日，我们已经很难看到‘文艺复兴人’了。我们只看见大批‘组织人’‘工业人’‘经济人’，纷纷出笼。他们不是被归队于公司，就是被束缚于工厂。我们偶尔瞥见个把哈耶克，彳亍在西欧的街头。大部分人的活动及个性逐渐被科学技术织成的组织之网缠住。大学也企业化，工商管理化，教师成为雇员。”现代社会成为一个巨大的无远弗届的铁笼，笼罩着几乎每个人的日常生活和精神生命，技术宰制了人类，压抑了个人的自主性与原创性，一种经济和计算的原则渗透到日常生活和组织管理的每个环节，人在自我精神降格的同时却陷溺在一种巨大的成功渴望与焦虑并存的自我膨胀之中。即便是守护人类精神之薪火的大学及其知识人，也未能幸免于难，若对照当今世界的大学管理，尤其是西方和日本一些大学纷纷裁撤被认为“无用”的人文学科或压缩其预算，就更可以感觉到殷海光的悲怆从何而来。

在这样一个时代，作为一个有精神信仰和心智生命的现代知识人，该何以自持而不为黑暗所吞没？像殷海光先生这样的知识人仿若置身在一个前不着村后不着店的过渡时代的十字街头，只能以类似白璧德的新人文主义所倡导的自制、自律来应对这个时代的纷乱与狂飙：“第二次世界大战以来的世界，真是‘人心浮动’的世界。人类的器用生活相对地高度发展，而人类学家所说的人类的超自然生活却相对地萎缩。无论怎样，科学知识代替不了‘credo’（信仰）。时至今日，人类心灵上的自律力真是脆弱得可怜。科学的技术之空前发展，给我们置身于‘新洪水猛兽’时期的边沿。往古诚然没有太多的东西值得我们留恋，战后这样的‘新时代’又有什么东西能令我们感到‘心至如归’？如果人类的力量不可企及那最后的永恒，与真诚地信持与人无害的旨义，那么又有何不可？”以当时称雄一时的美国文化而言，殷海光认为美国文明的病象已经显露了：“一个社会，技术肥肿，伦范消瘦，唯利是图，个个忙得失魂落魄，怎样维持平衡呢？不平衡必至引起不安的。”

殷海光先生在台湾孤岛上的这些论断，恰恰可以从林毓生初抵美国大学与社会的观察来印证。他在1961年的一封信里如此描述美国社会与青年：“过去二十年可悲的经验，使得现代美国人，放弃了一切价值标准。‘寂寞’与‘the strain of civilization or the boredom of civilization’（文明的劳伤与文明的厌倦）是两个最基本最普遍的现象，这种现象表现在实际行动方面则是：不肯深思，对一切反convention（约定俗成）的东西表示欢迎。据说一般州立大学，极少人肯用心读书，就拿芝大而论，学生的生活方式也是在畸形的状态之下。社会上普遍地流行adultery（通奸），婚姻破裂的比率高达三分之一，青年人的性生活也是很随便，因此使得感情没有真正寄托的所在。青年人欢喜新奇，但，paradoxically enough（够吊诡或悖论的是），他们处处却倾向conformity（与别人一致），言谈、举止、衣着不用谈，即使在思想上，也表现着清一色的‘统一’。”在林先生眼中，所谓反叛的一代青年，由于所能汲引的思想价值资源的有限，往往只能变成高度同质化的一个群体，新奇就变成“刻奇”或者说媚俗，或者一种低俗的模仿，而放弃了对人生的真诚而严肃的责任。这也恰恰是林先生在讨论史华慈教授的学术与人格时所反复指出的现代社会的内在病症。他在解读完史华慈《中国与当今千禧年主义——太阳底下的一桩新鲜事》后忧心忡忡地指出："迈向有意义的人生的第一步，就是不怕犯错，并为自己的错误负责。事实上，衡量一个人成熟与否，要看他从错误中学习的能力如何而定。这才是通往人的自主和尊严的道路。"

由对现代性的深刻反思开始，殷海光与林毓生在通信中对中国的"现代时刻"——五四新文化运动及其代表性人物也进行了历史的反思。因林毓生最终确定将五四一代知识人的全盘性的反传统主义与中国意识的危机作为博士论文研究的课题，所以师徒二人在书信里一个重要的主题就是围绕五四一代知识人进行阐释和评价。在1968年9月24日的一封长信里殷海光剖析其观念活动里同时潜伏着两种强烈的冲力：第一是iconoclasm（反传统思想），第二是enlightenment（启蒙）。他认为之所以形成这种基本的价值观念，除了受到五四的影响和五四后期西南联大的熏育以外，也与其出生及长养的时代环境和家世背景大有关系："我这一辈子眼看着中国大大小小的政治势力因争夺权力而败德的各种表演。这曾给予我心灵中道德意识极度的不安和反感。这五年来，随着我对人生世事了解的加深和扩大，我的这种不安和反应渐渐净化并且概念化了。……在家世方面，当我童少年时，家道已经中落，但是长一辈的人还要摆出一副架子，说话矫揉造作，室屋之内充满理学式的虚伪。我简直讨厌透了！这成为我日后不分青红皂白的反传统文化的心理基础。"对于影响过他的五四一代人，殷海光基本上是负面评价居多，反而对戊戌一代启蒙者比如梁启超、严复相对有正面一点的评价："自五四以来，中国的学术文化思想，总是在复古、反古、西化、反西化，或拼盘式的折中这一泥沼里打滚，展不开新的视野，拓不出新的境界。”在另一封书信中，殷海光先生指出：“默念中国近几十年来，在知名人物里，除了严又陵及梁启超二位先生比较有些成熟的见识以外，都是青苹果。这些人物的名望和地位及所事，无一与其知识与才能相埒。”五四一代知识人就成了思想园地里半生不熟的“青苹果”，在一个急剧变动的过渡时代，因思想和学术上的青黄不接而被催熟或早熟了。

对于五四新文化的象征性人物——胡适，师生两人都没有什么好评价，甚至在书信中经常出现对当时尚在台湾的胡适的不满、讥讽与严肃的批评。林毓生的学位论文分析的五四人物之一就是胡适。他在一封致殷海光的书信中如此写道：“最近正要写论胡适之的那一章，仔细想来，他带给中国知识界的灾害恐怕多于恩惠。奇怪的是：自五四以来像他这种只会‘眼到、手到、脚到’，内心深处平淡得像一杯白开水的人，怎么会领袖群伦数十年？傅孟真以霸才闻，又怎么会居然被他罩住一辈子？（等而下之的，当然更不用提了。）当然，骂他的早已很多，但大都糊涂不堪，或别有居心，结果只造成他的声名更大，发散的影响更大。他个人长袖善舞，精于做人之道（这在他留学日记里倒有坦然的自述），当然是造因之一，但近几十年的人才贫瘠（也许有许多人才是被压在社会底下），无人能拿出一套结实的思想来，我想大概是造成‘胡适现象’的主因。”这段话说白了就是“世无英雄，遂使竖子成名”。而殷海光更是在另一封信里对胡适毕生推崇美国文明给予了严峻的批评：“胡适之流的学养和思想的根基太单薄。以‘终生崇拜美国文明’的人，怎能负起中国文艺复兴的领导责任？更何况他所崇拜的美国文明主要是五十年前的。他虽长住美国，其实是在新闻边缘和考据堆里过日子，跟美国近五十年来发展的学术没有相干。”

正是五四一代人执拗的反传统情绪，尤其是到了1920年代政党政治与意识形态的崛起，导致中国知识界整体地崩塌在一种流于浅表的论说氛围之中，而无法从根基上奠定现代中国学术的底色、问题与图景等。在这关键处，殷海光目光如炬地洞穿了这个时代知识人心灵的奥秘及其纠结和影响。

尽管殷海光对五四一代有着冷峻而严苛的审视，但他并不否认自身受到五四新文化源流与精神的浸润。当他在1960年代后期的孤岛台湾回望现代中国这一场启蒙运动中的历史人物时不由感慨万千：“千头万绪，真不知从哪儿说起。你知道我在这个岛上是岛中之岛。五四以来的自由知识分子，自胡适以降，像风卷残云似的，消失在天边。我从来没有看见中国的知识分子像这样苍白失血，目无神光。他们的亡失，他们的衰颓，和当年比较起来，前后判若两种人。在这样的氛围里，怀抱自己的想法的人之陷于孤独，毋宁是时代的写照。生存在这样的社群里，如果一个人尚有大脑，便是他不幸之源啊！”孤独的殷海光将与远在美国的弟子林毓生、张灏的通信，看作身处孤岛的自己通往外部世界的“知识之窗”，他频繁地要求弟子给他邮寄新书、杂志和文章，汲取西方世界最新最精深的学术与思想，在孤岛上展开独立而深邃的思考。在1967年的一封信里，深受逻辑哲学家金岳霖影响而坚持理性品格的殷海光对刚刚得子的林毓生及其夫人发出了这样的深情呼唤：“你们二位可以想象这一时代一个孤独的心灵的光景吧！愿我们终有一天在一起煮茗，论学，抱小孩。”

书信录里涉及读书治学的文字，尤其是对大众传媒时代如何读书治学的阐释，对今日的学界也不无警示意义。在这一点上，殷海光与林毓生都坚持读书做学问是少数知识贵族的事，与“学衡派”吴宓、梅光迪、胡先骕、刘伯明等人坚持文化是智识贵族的独创工作的主张殊途同归，在这一点上可以说他们是反对所谓学术的大众化与民主化的。殷海光在1967年12月1日的一封信里写道：“不管我是否会成众矢之的，我依然认为读书做学问是少数知识贵族的事。我极不赞成第二次世界大战以来知识分子‘大量生产’的趋势。这是造乱！依此，我固然很穷，我认为在原则上书必须贵而且装潢高雅。这样方显知识的尊严。这种想法真是‘满肚子的不合时宜’！但是，时宜是什么？我根本看不起时宜！”知识生产的大众化和平民化，固然可以提升一般民众的文化水准，就像如今的网络写作一样，但真正精深和有原创性的学术与思想，却基本上不可能在一种浅薄而即时的交流中产生，它需要的环境就是像林毓生与殷海光隔海通信这样的语境与心境。殷海光对读书的由衷喜悦，以及对电子媒介的深恶痛绝之间判若鸿沟：“我们得认清读书的价值。人类有食色等生物性的欲求必需满足，这是未可厚非的。科学技术在这些方面对人类已经帮了很多忙，但是，在有些地方实在帮忙过火，发生反作用。电视就是邪魔的东西。Radio（收音机）更是烦躁之源。没有高深灵魂的人才亲爱这些玩意。书，则是人类最高级的心灵满足的发明。感谢上苍，我们居然是读书人，并且真爱读书，并且说到最后又是为读书而读书，真是有幸！”林毓生先生有一个很经典的说法，那就是做学问是“比慢的事业”，但其实青年时代的林先生一度为了自己博士论文的进度太慢而焦虑，殷海光的回信如荒漠甘泉滋润了他的心灵："根据现在美国的'潮流'，凡事以快速为尚。但是我看不出'效率'的本身就是一崇高的价值。这里有若干美国青年，中文半通不通，需要花钱雇人助读。他们急于赶忙拿学位，急于要当教授。试问，这个样子的快速，有何可取？学问之道，快煮不成的。古往今来，凡在学问思想上真有分量的东西，无一不是长期浸沉出来的。我总认为大成为尚，犯不着跟流俗争一日之短长。"

赵越胜在追忆与其老师周辅成先生跨越半个世纪的交往时如此介绍他日常生活和精神生命中的"燃灯者"："三十多年，走近先生身旁，受先生教诲，体会先生的伟大人格，渐渐明白，希腊先哲所区分的'静观的人生'与'活动的人生'在先生身上是浑然一体的。先生用超越的纯思贡献学术，又以入世的关注体察民生。平日慎言笃行，却不忘读书人'处士横议'的本分。邦有道，先生闻鸡起舞；邦无道，先生鹤衣散影。内心死守善道，终不忘循善取义。"对于青年时代的林毓生先生来说，殷海光先生又何尝不是一位至真至纯大勇大智的燃灯者。50多年过去了，重读殷、林两位先生当年散发着滚烫的情怀与求知精神的书信，就会怦然心动于黑暗时代的燃灯者是何等重要。殷海光与林毓生的交往相对于周辅成之于赵越胜，更不仅仅限于单向的精神和知识传递，师徒二人在冷战时代隔海相望相守彼此温暖的书信交流，更像是彼此都在扮演对方的燃灯者，点亮对方的心灵之光和智慧之光。在一个知识人噤若寒蝉的黑暗时代，在一个政治吞没人心、制度毁灭人情的极端年代，唯有三两读书人之间的清雅自持和遗世独立，在守护着无边黑暗中的一线微光，让自身不被黑暗所吞灭和毒化，让来自真理和人格的温暖之光给予孤独的知识人以一种温情与暖意，我想，这也正是见证过20世纪最黑暗的一页历史的美国犹太裔思想家阿伦特写作《黑暗时代的群像》的初衷吧。

《殷海光林毓生书信录》，
殷海光、林毓生著，
中央编译出版社2016年版

反潮流的思想史写作

葛兆光先生的中国思想史研究与写作在文史领域独树一帜，在国内外学术界产生了持久而广泛的影响。无论是早期的《中国思想史》还是近些年“从周边看中国”的系列著作（比如《宅兹中国》《想象异域》《何为“中国”》《历史中国的内与外》等），都广受专业人士和知识公众欢迎。葛兆光先生的著述文献功底扎实，历史脉络感强，问题意识明确，而且从文风上来说也极为清晰，往往如抽丝剥茧将一些极为复杂的思想文化与政治社会交错的议题解析得一清二楚，而从学术脉络来说，葛兆光的著作既立足本土，从中国的历史文化源流深处发问，将一些原本被认为是常识与定见的“学术论断”与“历史理解”重新问题化和去熟悉化，进而老树长出新芽，生生不息地激发出一些有跨学科意义的学术讨论。拥抱传统文史之学的学者往往容易在一种学术和文化民族主义心态之下，对西方学术采取坚壁清野或冷嘲热讽的态度。葛兆光接续的是晚清民国如严复、陈寅恪、傅斯年等那一代学人的学术传统，具有一种国际化的学术视野，在东西方学术源流（包括亚洲视野）

中沉潜往返，自由涵泳。他对西方的学术传统和理论流派等都极为熟稔，讲述起来如数家珍，抱着一种“他山之石，可以攻玉”的多元而开放的心态。

最近增订再版的《思想史研究课堂讲录》（三卷本）便完整地展现了葛兆光教授的治学心得，可以说是他现身说法授人以渔的作品。就史学训练而言，常有两种说法，一种认为史无定法，历史研究和写作只能是各自取径，为学由己，造化在人，最好的办法是熟读各种文献和一流研究成果，在历史脉络和学术传统中来回往返，反复玩味，自然就可以逐渐长成一个具有学术个性的自我，从这种观点出发就会认为历史写作是不可教的；而另一种观点认为历史学是一门手艺或者说处理历史问题的技艺，它有自身的一套行规、家法和传统，这些都是可以通过训练、模仿和演示来教授的。支持前一种观点的往往是相对比较传统的学人，而支持后一种的往往是比较受欧美尤其是北美学术训练传统影响的学者。葛兆光教授显然支持后一种观点的学者。他从影响中国文史之学的法国年鉴学派、福柯理论、后现代史学、图像史学等出发，大致勾勒了数十年来对中国史学影响深远的几种西方学术理论流派，在这些西方理论影响之下，中国思想史研究的问题意识、研究领域、史料范围和研究方法甚至写作风格等都发生了显著的变化。思想史不再仅仅是精英的历史，也不再仅仅是观念的历史，而成了文化史、社会史和政治史交错中的历史。

关于中国思想史研究中精英与民众、中心与边缘、文本与实践的分野，葛兆光有一个经典的说法——思想史研究的加法和减法。简而言之，“加法”指的是传统的思想史研究往往只关注精英的新思想、新观念和社会的新文化等。葛兆光指出，这样的“思想史好像是越来越大的一条河，依照时间汇成巨流，越近下游，水就越多。终于从古代、混沌、蒙昧到了现代、理性、文明。其实，这是由果溯因的一个套数。而且这个‘果’还是被不加论证就确定的必然结果”。思想史就成为不断累积新观念和趋向进步的历史，在这种历史视野下，历史研究者就仿佛戴着有色眼镜而充满执念的“捕风者”，只追逐潮流与风向，而对于那些如丸山真男所言的“古层”或“执拗的低音”完全视而不见。这正如王明珂在《反思史学与史学反思》的扉页中所论：“如在一个夏夜，荷塘边有许多不同品种的青蛙争鸣，不久我们会被一个声音吸引；一个规律洪亮的声音，那便是‘典范历史’，被忽略、压抑的其他蛙鸣，便是‘边缘历史’。我们对历史的整体了解，在于倾听它们间的争鸣与合鸣，并由此体会荷塘蛙群的社会生态，一个隐藏的景。”而思想史研究上的减法有双重涵义，一是指在历史变迁中不断消失（因为各种条件和观念等）的风俗习惯、制度设计和价值观念等；二是指在历史学家的笔下不断因被认为“不重要”“不相关”而被省略的历史。即此而言，葛兆光显然认为，从可见的历史到不可见的历史，从众声喧哗的历史到沉默不语的历史，从精英的历史到庶民的历史，这是考验和判断一个史家是否具有历史学的想象力和史识的重要标准。这正如耶鲁大学斯科特在《弱者的武器》中所言，历史其实也具有“公开文本”和“隐藏文本”两副面孔。大多数史家容易被前者牵引而轻忽了后者，那些在历史的日常生活世界发生支配作用的习惯、观念和行动逻辑往往是隐而不显的。它们没有进入“历史的书写”并不代表它们从来没有存在过。葛兆光在《思想史研究中的加法与减法》中写道："我总觉得，思想史还有很多事情要做。第一，要尽量恢复历史的全貌。这个全貌不是什么都写，是不扬善不隐恶，是比较全面，让人知道什么是真正的古代中国思想，知道所谓'思想传统'，是后人用后来的观念从古代寻找资源，重新书写出来，让人继承和认同的，实际上这是'音调未定的传统'。第二，还可以让我们知道，原来关于'思想史'的描述，太过于精英化和经典化，经典本来不是经典，是一个被逐渐经典化的东西，那些没有被经典化的思想可能就边缘化、秘密化或者世俗化了。你得想办法重新读它们，不至于被后来经典化的东西占据了全部思想史。我总是觉得，有没有这种反方向的怀疑、思索和关怀，是学问境界上的最大差异。好的学者对现成的说法总有追问的习惯，而差的学者总是接受现成的说法，既不去搜集，也不去寻找，更不去解释那些边缘的、看上去是次要的资料。"

说到底，葛兆光关切的是一般人在日常世界里遵循的生活逻辑和价值观念，也就是对于他所谓的一般的知识、思想与信仰世界更感兴趣。他尤其试图挖掘和重建的是精英的文本是如何从高端的"创造性的思想"向接地气的"妥协性的思想"转换的，也就是那些领先于时代和一般民众的价值观念，依托于怎样的历史通道和集体空间而常识化、制度化和世俗化的。因此可以说，葛兆光的学术情怀是在精英与庶民之间的观念流转。他虽然追溯精英和经典的建构过程（比如对于宋代以程颢、程颐、朱熹等为主要人物的道统和道学的谱系），但并没有走到反精英主义的地步（太多受后现代思潮影响的学者最后成了卡尔洛维特所谓的"能动的虚无主义者”），以他对余英时先生《朱熹的历史世界》的分析与讨论为例，可见他对于精英文化的内涵和拓展仍旧有浓厚的兴味；另一方面，他对于庶民的生活世界和精神世界充满浓烈的兴趣，比如对于传统中国边缘地带的各种风俗习惯（比如道教的过度仪等）、风土人情的打捞与重写（如对于夜聚晓散习惯在中国社会所反映出来的时间观念和精英对秩序的诉求等），但也没有走到民粹主义的地步来，他对民间文化的野蛮与血腥也保持着敏锐的反思。

正是因为依托于这样一种开放而多元的学术心态，葛兆光便能够在思想史的研究和写作中屡屡呈现出一些具有独创性的历史阐释。比如他对于从习惯化的“唐宋变革说”作为一种文明史的理解模式，切换到以宋明作为一种理解框架，进而就能看到从宋到明的历史传承性，也就是从文本到操作的历史转型。葛兆光指出：“宋代理学关于社会伦理和道德、人的精神世界的很多高明看法，宋代士大夫和皇帝关于社会秩序和结构的很多理想设计，在两宋时期只是在论著、奏疏、书院、语录里面，只是在少数精英的思想世界里面。真正按照宋代精英的描述和想象出来的文化、思想和生活秩序，其实，是要到明代前期，经过皇权与士绅在礼与法两方面的强力推进，用严厉的措施推广，才真正在生活世界里成为现实的。”宋与明的政治文化在钱穆、余英时先生等前贤的论述里差异巨大，而关于士绅社会和地方秩序的这种“理学的落地”自然撑开了一个历史讨论的新空间。

对于庶民日常生活世界的构成，在有关夜聚晓散和上元观灯的对比讨论中得以呈现，这个部分具体而微地体现了葛兆光从庶民的日常世界出发，形成庶民与精英之间的连带性的独特历史分析。

传统中国社会遵循的是日出而作、日落而息的生活规律，其实质就是农业社会的作息规律，在这种熟人社会里，对于夜聚晓散的群体尤其是边缘人群体抱持着一种本能的抵触和深深的疑虑，所以士大夫和官府对于夜聚晓散是高度禁抑和惩罚的。但与此同时，官府又提供了上元、中秋观灯等合法的夜间集会时刻，这种集会在一些反感的士大夫那里就成为违背了“非法不服，非道不行，道路不同，男女有别”的行为，会造成贵贱等级混乱、男女混乱和宗教、世俗界限混乱等。那么为什么皇帝和官员大多会睁一只眼闭一只眼或者禁而不止呢？葛兆光认为：“对于一向注重秩序而害怕混乱的朝廷，对于一直讲究区分‘贵贱’‘男女’‘缁素’界限的古代中国士大夫，他们关心的是秩序，秩序，还是秩序。一般来说，他们都格外担心昼夜不分，会引起淆乱，可是，还要在这特别的时间里允许混乱，这是为什么呢？简单地说，就是因为这一限制一直过于严厉，白天和黑夜、上层和下层、男人和女人、世外和世内，常常是在一个单调刻板的生活节奏下重复，所以，你不得不提供一个变化的机会，让民众的这种生活松弛下来。”一个高度追寻秩序与纪律的社会会导致一种内在的压抑与自我审查，日积月累就会导致毁灭性的爆发，而从传统中国“文武之道，一张一弛”的治理智慧来看，古代政治精英因时因地制宜的方略，以及默许政策执行者的某些弹性的改变，以及普通民众消极、懈怠、磨洋工等“弱者的抵抗”，确实透露出中国传统社会上层与下层、精英与民众之间某种心照不宣的“秘密”，也就是不要求那么精细化的严苛的社会控制，而给地方士绅和民众一定的“自由裁量权”。这或许也是长达数千年追求稳定的中国社会仍旧能够在一些历史时期会有文化和学术上突破的原因所在。但更为关键的问题也许是王汎森所追问的“儒家文化的不安定层”，他借讨论傅斯年的相关论述指出：“儒家主流文化并不关心下层人民的文化、思想、心灵、信仰，而佛教、道教、基督教这些宗教却以下层人民为其主要关心对象，所以民众动辄被新兴宗教席卷而去。”换言之，儒家式的稳定秩序并未直接面对普通民众在日常生活中所必须面对的生死、疾病、意外等各种苦难，因此很多普通民众甚至包括知识精英在相当长的一段时间内，或者日常生活中的相当一部分时间，会被佛道席卷而去寻求安身立命之所在。因此，何以稳定、秩序和一元化会成为中国文化和政治社会的金科玉律，而对于多元、分歧和冲突为何无法产生一种相对积极的肯定态度，就成为一个值得进一步追问的深层问题了。

葛兆光以南宋陆九渊“东海西海，心同理同”这一观念在南宋、明后期和晚清三个不同时期的再阐释，呈现了中国不同历史时期因为内外因素与思想史内在理路的分歧，而导致的特殊主义与普遍主义的分殊。尤其是提出宋代是中国近世民族国家意识的滥觞这一观点，更是成为知识界近些年来有关中国历史上的民族国家认同讨论的重要组成。葛兆光认为，宋代理学家特别强调的“华夷之分”以及士大夫精英对“国是”的重视，折射出来的是列国环伺强敌压境的“我者”与“他者”意识。这一点在许倬云先生《我者与他者：中国历史上的内外分际》中也有精彩的阐述：“宋代的民族主义思想兴起，北宋还不明显，南宋则已成为清议主调。王夫之的宋论及朱熹的中华正统之论，内涵是列国体制下孕育的国族认同，却又以天朝上国的天下意识为理论的寄托。宋人风气，往往虚骄，却昧于实务，国势不张，不能有唐初之兴盛，又不甘于与别国为伍，上述宋人风气，与这一天朝情结的不得舒展，多少有些关系。”而到了晚清民初的中国，谭嗣同、蒋梦麟甚至钱锺书等都在各自的文章或书信里援引陆九渊的这段话来为中国接受新思潮和新文化打通心灵上的轨道。杨国强先生所论的晚清七十年以“夷夏之辨”来构筑的民族心理防线到甲午尤其辛丑之后分崩离析，“中国野蛮而西方文明”的新二元认知模式开始主宰中国追求富强和进步的知识人的心灵，自此“向西方寻求真理”取代了孔孟之学和三代之治的位置。西方成为具有神圣性的普遍主义真理的源头。葛兆光对其时国人的心态描摹得极为精准：“在近代也就是晚清民初，可以看到很多人都在引用这一段陆九渊语录。我们要想一想，为什么这段话在这个时候又走红了？我想，一是可以给自己宽慰，不至于有那么强烈的屈辱感；二是平息周围民族主义的反感，使西方知识尽快进入中国；三是延续圣贤思想的生命力，使他们重新产生活力。”这就是葛兆光教授别出心裁提出的：应该用“资源”、“回忆”和“解释”三环节来代替思想史研究常用的“影响”，后者过于单向度和精英主义取向，而前者则强调历史过程的互动性，认为“思想常常是一种资源，在某种历史环境所引起的历史记忆中被发掘，被重新解释，然后变成新的思想依据”。

在我读来，最有感触的是葛兆光以沟口雄三的中国思想史研究为切入点，对近代日本的亚洲主义和东亚意识的分析。这部分研究很精细地展现了将思想史与政治史贯通起来理解的一种学术图景，同时也是从学术与政治的彼此交错和牵缠的历史脉络里来梳理，这也为我们理解日本的近代及其挫折提供了较有启发性的理路。葛兆光指出，“日本在近代化的过程中，在观念上出现了三个可能或者可以作为选项的‘认同’：第一个是象征着近代化的西方，就是‘西洋’，以民主、进步、理性、富强、科学为标志，这是西方文明，就是过去所说的‘脱亚入欧’的‘欧’；第二个是亚洲主义的东方，这也是东方文明，是传统的以佛教和儒家、自然简朴、内在超越、忠孝之道等为标志的东方文明；第三个是日本自身，强烈的民族自尊和自豪和同样强烈的日本国家主义。这三个认同，和日本自德川时代以来的东洋、西洋、日本的世界观念有关”。而在中国近代的过程中，只有中西交冲和对峙，不是中体西用，就是西体中用，并无东亚和东洋的普遍观念。因此对于清末民初日本舆论界腾嚣一时的亚洲主义言说，葛兆光一针见血地揭示道：“亚洲主义在很大程度上是日本的‘亚洲主义’，而不是中国的‘亚洲主义’。这个作为西方的‘他者’的‘亚洲’，往往只是日本想象的共同体，而不是实际存在的共同体。”就此而言，作为专业学者的葛兆光又有对政治和现实极为敏锐的一面，这在他这些年发表的讨论当代中国思潮的宏文《对“天下”想象：一个乌托邦想象背后的政治、思想与学术》《异想天开：近些年大陆新儒学的政治诉求》中亦有深刻的彰显。一切历史都是思想史，而一切历史同时又是当代史，真可谓不知我者谓我何求，知我者谓我心忧！

宋儒朱熹有诗云：“问渠那得清如许，为有源头活水来。”对于葛兆光先生而言，“思想史研究与写作”的活水不仅来自中国的文史传统，也来自西洋的现代学术，同时也取法日本等亚洲国家的学术成果与文献，正因为有着多重来源的学术传统的滋养，以及他追求学术写作与表达中的“清明的理性”和“智性的诚实”的自觉，才使得葛兆光的思想史系列经久不衰，常读常新，尤为重要的是葛先生在历史与当下之间的往返追索，更是赋予了他的思想史一种充满现实关切的底色，这正如他在《思想史为什么在当代中国如此重要》一文中所言：“近二十年来，中国的思想世界越来越复杂，不同思潮的起伏变幻、冲突论争，给思想史研究者提出了新问题，需要思想史去回应。毕竟，中国有一个习惯于在历史中寻找合理依据，在思想中解决根本问题的传统，中国当代思想也总是需要在过去的思想史，特别是近代的思想史中，获得合法性与合理性来源。”

《思想史研究课堂讲录（增订版）》，

葛兆光著，生活·读书·新知三联书店 2019 年版

接续民国的史学传统

2006年底，在华东师大的丽娃河畔举办了盛况空前的史华慈国际研讨会，也借此追思这位以研究中国思想史闻名的哈佛教授的90周年诞辰。在会议间隙，我陪学友段炼去逸夫楼宾馆，采访与会的历史学家张芝联先生。张先生在缕述了一些光华大学旧事后，悠悠然说道，华师大能为美国历史学家开这么大的一个会，怎么就不能也开个国际会议纪念历史系的已故史学名家吕思勉呢？这虽是一个细微的插曲，却不亚于给当时正为史华慈倾倒的我以“当头棒喝”。对于我们这一代有志于历史研究的青年学人来说，也许我们更耳熟能详如数家珍的是海外汉学家的姓名与著述，而于民国的史学名家则往往隔膜已深，民国史学传统几乎没能根植于我们的史学意识之中。

或许正因为张先生的这个提醒，当我阅读华东师大历史系王家范先生的《史家与史学》时，尤其当打开正文，看到第一篇文章就是关于吕思勉的研究文章时（《吕思勉：尽心平心治史的楷模》），内心涌动的是一种惊异与喜悦。王先生是明史专家，曾经给我们这些研究生讲授过中国通史课程，可以说他的课堂第一次让我感受到历史学的魅力。记得一次课堂上，他说研究历史就仿佛去捕获窗外天空中的浮云，虽然永无可能完全触摸到历史的真实浮云，但那个寻找、思索与捕捉的过程是让人着迷的。王先生也常言："历史是一条奔腾不息的时间长河。"读王先生这本书，就仿若仍旧置身于他的课堂之中，聆听其议论风生，臧否人物，随其思接千载神游八极。他也仿佛一个功力深厚的武术名家，在激情四溢又回味悠长（有时甚至手舞足蹈）地传授武林秘籍。

王先生通过对民国以来的史学家荡气回肠的叙述、描摹与剖析，再现了一代历史学家的精神群像。这种叙述与再现，在海外汉学对中国史学界影响日烈的今天，自然具有"拨乱反正"之意义。他在序言中也夫子自道其著述目的："盘点好百年的家底，就是要抛弃一切狭隘的偏见，以同情理解的态度，尊重出于学术良知的一切歧见，合理地评价一切有价值的学术成果，把学术的发展看作在百年探索不已、交相激荡中积累起来的共同财富，学术不属于少数人专有。"王先生虽年近古稀，却永远是那样的精神饱满，对历史的探索激情总是能给我们这些后学以极大的鞭策。

王先生倾注心力分析了吕思勉、许思园、张荫麟、萧一山、柳诒徵、范文澜等历史学家的史学思想，也评论这些史学名家的代表作品，为我们这些后学洞开了管窥民国史学传统的幽径，道旁奇花异草，让人目不暇接。王先生本乃性情中人，又具谦卑情怀，更兼身世跌宕之历练，以无我之我，翩然径入民国史学丛林，其诸多感慨都是心领神会之后的知人之论。如对张荫麟如是评价："读过《东汉前中国史纲》的，多会惊羡它的文笔流畅粹美，运思遗事之情深意远，举重若轻，在通史著作中当时称绝，后也罕见（唯钱穆《国史大纲》可相匹敌）。全书没有累赘冗繁的引文考证，不故作深奥高奇，史事都以‘说故事’的方式从容道来，如行云流水，可令读者享受到一口气读完不觉其累的那种爽悦。”而对于用力最深的史家萧一山，通过评述萧一山的生平、交往与写作《清代通史》的原委、经过，王先生对萧氏治史“博而知要，约而能精，由分析而之综合，由征实而知发挥，由功力而通义例的通史大家风范”则赞美有加。

从对这些史家与史学的梳理中，王先生极力倡导一种研究历史者应存的敬畏之心：“人之处世，敬畏之心不可无。如同不畏天地人心，对历史的无知无畏，也会因权力或物质之诱惑，恣意妄为，置历史冰鉴于不顾，坠入黑暗。”同理，对于史学传统也应该持有敬畏心，而不能弃之如敝屣，或束之高阁不闻不问。缘此，王先生对于天才史学家张荫麟的“好学深思”褒扬不已：“这种不依门户、自由创造的风格，绝非世俗常见的那种无端狂妄，藉浅薄挑战名家以求一搏。张荫麟从心底里尊敬一切有学术成就的前辈和师友，细微地体察汲取一切有价值的学术创造，治学厚实而见地敏锐，执著底定而鄙薄趋俗。”

但王先生在《史家与史学》中除了阐扬这种敬畏心外，也提倡“吾爱吾师，吾更爱真理”的求真精神，这在他看来是史学的命脉所系，不能不守持之。因而，在提倡史学研究的谦卑精神同时，他也呼唤一种史学的敢于疑难前辈或名家的挑战精神，对历史的这份“痴心”也可反映在他的知行合一之中。例如，王先生对钱穆的《国史大纲》如此褒贬道：“《国史大纲》可以说是以气盛情深而获取成功的一部通史。若以专家的角度看，疏阔之议势所难免（严耕望也委婉说到）。然最可斟酌的，倒是这种近乎自恋式的本位文化情结，不免对本属历史的应有之义，多有遮蔽回护，总欠几分冷峻。对近世的落后、变革的艰难，也缺乏深沉有说服力的内省。”对于前些年在中国史学界刮起一阵旋风的弗兰克的《白银资本》、彭慕兰的《大分流》，王先生不趋流俗之浅薄，不陷自恋之泥潭，依托自身数十年对于明清历史之钻研与积累，发表了几篇重要的商榷性论文，认为“弗兰克、彭慕兰的宏大叙事存在巨大的断裂，即对于解释英国19世纪何以能转变、中国何以不能转变这种强烈反差，与它们先前历史因缘果报的复杂关系，采取了逃跑主义的策略。这种不近情理的逃逸，终究显示出他们和我们有着截然不同的治史心境。他们尽量寻找19世纪前中国历史发展的一切光明面，置阴暗面于不顾；因为只有这样，他们期望中反对的‘欧洲中心主义’的光芒才相对黯然失色”。

古之学者为己，今之学者为人。古今乃相对而言，民国学者对于今日纷纷然沉溺在国家、省市级项目、课题、人才、头衔中的“为人”之学的教授来说，似乎也已算作“古之学者”，其遗风余韵在历次政治运动之淘洗中，虽近乎澌灭，但也偶尔有薪火流传。王先生青年时亲炙著名史家陈旭麓，作为其学术助手自然得以隔代遗传民国之学脉。而其治史学之“未泯童心”（童心亦即好奇心，无欲无我之心），更是为其理解民国史家提供了机缘。比如其对于吕思勉之“尽心平心”悠然会意，阐发为：“心安方能理得，心平方可心安，方可人‘意诚’的境界，即笃于真理的探索与追求，不为世俗的种种欲求所拘縻，独立思考，有自己学术上的执著。浮躁即缘于心不平。私欲太过，坠入世俗之孽障而不能自拔，举止言行自然必难不浮躁、不入俗。”王先生虽年届古稀，但接触新生事物不让少年，且兴趣之广博让后学望洋兴叹，斯亦可管窥其“老顽童”式之性情。王先生时常网上冲浪，经常游走在一些著名思想文化网站和史学讨论区，甚至匿名发帖讨论，有“老夫聊发少年狂”之情态。聊举文中一例可察之：“稍稍关注网络，就不难发现，对清史各式各样的议论，真也不少。不能小看了那些自称‘渔樵’‘钓客’的，虽不是专门家，随性翻书，笑侃加闲话，亦庄亦谐，不经意间蹦出若干惊世之语，往往会让人猝不及防。”王先生在一次学校讲演中，专门以一网络高手的业余明史研究，作为议题切入历史研究话题，视野所及纵横捭阖，史料采择左右逢源，吉光片羽时或展现，妙语连珠涤人情怀，其兼容并包的开放心态和诙谐风趣的大家风范昭然可见。记得前不久，加拿大明史专家卜正民来校讲演，王先生端坐前排，入情入史之状让我等后生小子甘拜下风，讲座结束后，入厕，发现王先生方便完毕后，居然在公厕里，拄着拐杖，抽着烟，悠悠然而声情并茂地与历史系一博士生讨论该讲座所涉及之历史细节，谈笑风生，旁若无人，其情其境，赫然可见王先生之不拘小节，及对后学循循善诱、即兴教导之师道情怀。

敬畏心、痴心、童心，构成了王先生《史家与史学》内在的精神源流，也许从其发掘民国史学传统之不遗余力，以图开掘中国史学之新路，还可以加上一个“赤心”的名号，即开放而反思的文化民族主义情怀。史学之于王先生，绝不是一种外在于其心性的谋生职业，而是其人生志趣、精神探寻之所在，学术与生活不是像今天的诸多史学工作者那样是截然两分的。或许用韦伯的一段话可形容王先生的研究状态："没有这种圈外人嗤之以鼻的奇特的'陶醉感'，没有这份热情，没有这种'你来之前数千年悠悠岁月已逝，未来数千年在静默中等待'的壮志——全看你是否能成功地做此臆测——你将永远没有从事学术工作的召唤；那么你应该去做别的事。因为凡是不能让人怀着热情（Leidenschaft）去从事的事，就人作为人来说，都是不值得的事。"王先生研究史学的心得在如下一席话中全然捧出，读之如坐春风，如沐晨晖，有令人豁然开朗之奇功："研究历史，两个基本条件不可或缺：一是材料，要熟悉过去与现在有关'人'与'社会'互动的经验性材料，掌握检索和辨伪史料的技术；二是思想，有自己的体验和心得，能言人所未言，道人所未道。前者是苦功，是技巧，有一个逐渐熟练的过程；后者是灵性，是思想，要许多相关知识的综合，更需要判断和联想的能力，发表意见的能力。所以学历史的人一定要耐得住寂寞，肯坐冷板凳，要地毯式地一寸一寸地搜寻资料，'上穷碧落下黄泉'。太乖巧而不刻苦的，难成为历史学家。当然，刻板而缺乏思想，不敢独立思考的，就很难成为出色的历史学家。"善哉斯言！

《史家与史学》，王家范著，
广西师范大学出版社 2007 年版

我们的大学史该如何书写？

这些年，对民国大学的怀旧成为文化界一股热潮。何兆武《上学记》、鹿桥《未央歌》、何炳棣《读史阅世六十年》等口述史、文艺小说与回忆录作品，让如今众多疲于奔命的师生，都对那段消逝的民国大学史有着重温进而接续的心情。与此相对照的，却是当代中国大学史写作的整体性缺席，即使偶尔有一鳞半爪的大学史，也多是索然乏味的大学编年史：简单地罗列大学历史沿革、规章制度、师生人数等，根本无法有力地将大学的精气神及其在历史中的挑战与困境叙述出来。因此，这些大学史既无法建构出该校自身的历史文化脉络和学术传统，也没能将大学放置在政经框架和文化思潮的大背景下进行细致分析。这样的大学史的命运自然是自产自销而无人问津的，说到底不过是大学的一个自娱自乐的形象工程罢了。

我不得不说，叶文心《民国时期大学校园文化（1919—1937）》绝非一本可读可不读的校园文化的“软书”，而是一本将民国时期三种类型的大学（北平的清华大学、北京大学，上海的圣约翰大学和南京的中央大学等）归置在学术、社会与政治的三角互动之框架中进行考察的文化史著作。就此而言，中文版的书名具有严重的误导性（英文版书名为：*The Alienated Academy: Culture and Politics in Republican China, 1919-1937*）。叶文心治史的长处（包括《上海繁华：都会经济伦理与近代中国》）在于整体感强，有着历史的通透和洞见，注重细腻之处的深描，而且她的史学语言也是格外清新和优美，不故作惊人之语，也不滥用学术名词。因此，这可以说是一本雅俗共赏的著作。

此前大学史著作都比较关注清华大学、北京大学、西南联大等，但对于民国大学格局中至少占据三足鼎立之一位置的教会大学缺乏必要的关注，其实当时的燕京大学、辅仁大学、东吴大学、圣约翰大学、齐鲁大学等教会大学，对于当时中国的政治、学术与社会也有着重要的影响。叶文心的著作用了相当大的篇幅来讨论圣约翰大学的成立初衷、团队精神、校园社群和文化，及其面临的民族主义挑战。

根据作者在此书以及《上海繁华》一书中的考察，当时上海的圣约翰大学以及其他私立大学，是上海的资产阶级阶层文化再生产最重要的管道，而且依托于上海这个最具有国际性和现代感的大都会，这些大学成功地实现了儒家中国的知识范式的现代转型。通过科学知识、职业技能、良好语言等来获取财富，开始成为一种新的社会职业伦理，但是这种对于财富的渴求与追逐，并未导致暴发户式的浅薄与庸俗，因为这些教会大学有着良好的道德训育与宗教熏陶，这就类似于韦伯所言的新教伦理与资本主义精神的关联。

但是，即便如此，在当时那样一种强劲的民族主义潮流之下，作为天然具有保守性质的教会大学，自然会面临来自社会各界（自政府到知识阶层乃至普通民众）的指责。当整个国家都在民族危机之下摇摇欲坠，一个教会大学的大学生却还在做着成为高等华人的美梦，这既在道德上是不可欲的，在现实上也是不可能的。

更值得注意的也许是叶文心在著作中对上海大学的分析。上海大学如何从一所被时人所不齿的“野鸡大学”成长为一所“革命大学”，这在此前的历史叙述中是面目模糊的。在于右任担任校长后，左翼知识分子如瞿秋白、蔡和森、恽代英、张太雷、彭述之、李季、李达等人都成为上海大学的教师。当时上海大学最著名的社会学系开设了诸如“近代中国外交史”“科学社会主义”“社会主义革命史”等课程，而这些课程为年轻一代的学生传播了阶级斗争、资本主义、帝国主义、社会主义等马列主义观念。

读者切莫以为这仅仅是革命大学上海大学的独特现象。事实上在大革命失败后相当长的一段时期内，上海的左翼文化蓬勃兴起，唯物辩证法等理论著作风行景从，年轻一代的左翼在政经结构上边缘化，反而强化了其心态上的激进化和控制文化话语权的冲动。20世纪20年代中期和30年代早期成为出版社会科学读物特别狂热的时期，社会问题与社会科学成为上海大学校园文化的两个关键词。个人问题在革命理论的映照下，就不再仅仅是个人或家庭可以解困的，而成为具有共通性的社会问题。社会问题的解决更需要大量引入社会科学理论。因此，当时翻译出版的最大宗就是社会科学理论。理论成为照亮灰色生活的最大探照灯，也是指引年轻人走出人生困境的明灯。

而上海大学可以说是这一现象的风暴中心，正如叶文心所言，1920年代中期的上海大学成为马克思主义知识分子的重要据点，这些知识分子领导并启发了整整一代进步青年。如果说一所大学体现了那些支持它的人的集体热情和信念，那么上海大学就是一所为推翻通商口岸体系、掀起社会革命而建的大学。

自然，即使对处于历史风云激荡中的民国大学来说，除了民族主义的政治动员、革命文化的传播，或者资产阶级文化的塑造，同样存在着大学生如何面对日常生活的挑战。这部分内容（书中第六章《大学生活之代价》）在我看来很有价值，因为之前的民国大学的历史记忆与历史写作更多的是关注政治和文化的层面，而相对轻忽了日常生活的层面。正如革命有神圣与世俗的双重性格一样，大学同样如此。

大学既是近代中国的学术文化中心，又是高度政治化的空间，同时还必须应对贫困与苦难等社会问题。叶文心通过大量当事人的记录和事后追忆，呈现了民国大学的收费、学生日常生活等多重层面。显然，私立大学的逐利冲动压制了很多年轻人的求学欲望，而公立大学的制度性保障，却也培养了年轻人志怀高远超越世俗的情怀。作者呈现了社会舆论、政府、知识界等对当时学生群体的各种评价，高等教育成了社会公平最重要的聚焦点。

亦学亦官的陶希圣就曾经尖锐地批评1930年代的教育体制："从小学到大学的几层等级，逐渐把贫苦子弟剔除下来。最贫苦的农工子弟们没有受初级小学教育的机会。……其中升入中学的少数青年，大抵出于中资或富裕的工商业、地主、官僚家族……更就能够升大学的来说，大抵是中资以上的富裕人家。大学则是所谓

‘上层社会’，即大地主、金融商业资本、工业资本阶级的领域。他们的子弟是最能住进大学的。”

或许正因如此，上海一些昂贵的私立大学里的学生，在教育部门的报告里呈现出的完全是消费主义者的形象：“这些大学生们从不关心任何严肃的事情。他们过着娱乐休闲的生活。他们的衣着昂贵，饮食考究。他们消费进口商品。他们经常出入影院和舞厅。他们出门坐着雪佛兰汽车。他们既不关心国家大事，也不关心他们的学业。”高等教育成了社会结构再生产的有效机制，而堵塞了社会不同阶层流动的可能性，这自然就会引发底层出身的知识分子强烈的不满，而这些学生的公共形象，在一个内忧外患的民族国家处境中更是显得格外刺眼。

叶文心敏锐地注意到了当时社会舆论的表达困境：“当舆论聚焦在大学生的失业问题上时，大学毕业生被看作清寒子弟，需要工作来养家活口。但是当舆论聚焦在教育机会的结构性不公时，大学生又被描绘成资产阶级的富家子弟。”这充分说明了当时大学生群体的社会结构的复杂性，以及舆论在议论大学生群体时的复杂心态。

无论是培养资产阶级的圣约翰大学的分崩离析，还是培养左翼激进者的上海大学的被关闭，都在映照一个急剧变动的大时代里学术、文化与政治之间强烈的依附性与疏离感。近代中国大学的主体性仍旧在艰难地重建，它必须面对民族主义话语的挤压、政治力量的控制、社会舆论的话语暴力。不同的大学与政治、资本力量的关系呈现出不同的面貌，而在这种不同的关系网络中，大学呈现出的“整体情绪氛围明显陡然消沉”，1920年代后期开始的政治幻灭感成为一种尖锐的集体心态。当稳定成为大学校园压倒一切的政治诉求的时候，其实，它也悄悄地酝酿着反叛的潜流。这或许可以解释为什么在如此现代和西化的民国上海，左翼政治和左翼文化一直是它挥之不去的文化精神内核之一。

《民国时期大学校园文化（1919—1937）》，

叶文心著，中国人民大学出版社 2012 年版

穿越黑暗时刻的历史写作

白俄罗斯女记者阿列克谢耶维奇凭借《切尔诺贝利的回忆：核灾难口述史》《锌皮娃娃兵》等代表性作品荣获2015年诺贝尔文学奖，这些作品大多是对前苏联的个体在巨大历史变动与灾难时的命运、处境与心态的记录与书写。这在微博、微信上激起的反思之一是：我们为什么仍旧没有产生配得上我们承受的巨大苦难的伟大作品？几年前与社会学家陈映芳闲谈，她也说20世纪中国经历了太多的苦难，可却并没有产生一种史诗般的文学或历史作品来铭记和书写。这个问题其实也是张纯如在《南京浩劫：南京大屠杀》中发出的“天问”之一。而回头来看对二战时期德国反犹史的历史写作，却是史不绝书的。这个欧洲在20世纪最悲剧的历史时刻，不断地被引入公共生活进行记忆、反思和讨论。

他山之石，可以攻玉。或许因为这个理由，单世联教授潜心数年写作并出版了两卷本著作《黑暗时刻：希特勒大屠杀与纳粹文化》(以下简称《黑暗时刻》)，从希特勒、大屠杀根源、集中营世界、后纳粹德国等多个视角，援引多种档案、回忆录、口述史、文学作品和研究著作，展现了这个黑暗时刻是如何降临到德国乃至世界的，而当这个时刻崩塌之后，其后续的阴影又是如何长久纠缠着德国乃至世界的良心的。如果我们想唤起对战争中的个人性的存在、苦难和焦虑的真切感知，那么阅读这部书就是很好的“介入”。我愿意称之为一种带体温的历史写作，它不是将历史只认作政治的奴婢，而是要让一个个曾经活着而已然逝去的生命，成为历史的承担者与见证者，因此，可以说这是一种见证式的历史作品。

就笔者而言，最感兴趣的是本书的最后一部分“奥斯维辛之后”。阿多诺说：“奥斯维辛之后，写诗是野蛮的。”这句话经常被引用，但未必有多少人真切地理解了这句大白话背后的复杂含义。德国是表现欧洲文化最重要的国家之一，也曾一度是文明大国，其在追求现代化的过程中，深深地被追寻独特性文化形态的浪漫主义潮流所裹挟，又在一战战败后掺杂着强烈的寻求民族复兴、清洗民族屈辱的集体心灵动力，可就是这样一个国家，却发生了史上空前绝后的针对一个特定族群——犹太人——的大屠杀。对于这场屠杀为何发生，自然有各种各样的探讨，而对于二战之后的德国人如何面对这个悲剧，却同样是一件极为重要的公共议题，前者思虑的重点是如何避免悲剧再度发生，而后者思考的重心是如何面对这份沉重的历史遗产而仍旧得以在人类文明世界有尊严地站立起来。一项针对挪威和以色列幸存者的调查表明：“集中营生活导致的最主要的后果，似乎就是人格的巨大改变。它使人精神脆弱，从而影响了人的精神生活的各个方面，其中包括对理智的影响，尤其是对情感生活和意志生活的影响，这一切导致他们很难适应现实生活，使受害者的生活极为复杂。慢性焦虑症、经常被噩梦惊醒或彻夜难眠、白天被联想或记忆所困扰、严重的慢性抑郁、不能享受任何东西、不能与他人一起欢笑、不能建立新的适应的人际关系、不能愉快地工作或融入社会角色。总之，不能过正常人的生活，这些都是最有代表性的症状。”

已故诺贝尔文学奖获得者格拉斯曾经在晚年回忆录《剥洋葱》中透露其青年时代曾经参与纳粹外围组织的经历，一度在德国甚至世界范围内引起轩然大波：原来被称为德国战后知识界的良心的格拉斯，也双手沾上了反犹和战争罪恶的鲜血，德国还有干净的独立的知识分子吗？其实如果细细阅读《黑暗时刻》就会明白，格拉斯的举动和言行，所折射的恰恰是德国在二战后检讨和反思纳粹帝国历史的曲折历程。通往解放与自由的道路从来就不可能是笔直的。如何面对纳粹德国的历史遗产？是被幸存的负疚感与负罪感压迫残生（为什么活着的人是我而亲人朋友都死去？），抑或转身逃匿，视而不见，还是以人生和青春的名义积极为之辩护，或者以壮士断腕的决心诚实地面对这曾经发生罪恶的土地，真诚地反省并寻求和解之路？每个纳粹德国的“遗民”都必须面对这个议题。而如何处置这个议题事实上就决定了德国在战后究竟能够走多远，走多久，以及最终能够重新被现代文明世界所接纳。

此前，我们都有一种似是而非的错觉，以为德国从一开始就比日本更愿意诚实地面对自己黑暗的过去，更真诚和具有负罪感地面对曾经被它凌辱过的国民和其他民众，所以每当我们批评日本在二战侵略中国史上的刻意隐瞒等行径时，就会以德国作为反省罪恶的典范。从《黑暗时刻》的叙述和分析来看，这并非历史的事实，至少不是全部事实。德国的反省之路，同样经历了一个漫长而痛苦的过程。同盟国在战后德国主导的非纳粹化半途而废。单世联指出了关键的原因是：“对于联邦德国政府来说，重要的是重建德国，尽快恢复其国家主权。为了使一个混乱的、处于无政府状态的国家恢复到某种程度的正常状态，特别需要那些有能力、有技能的人，而在纳粹德国，反纳粹的技术人员不是流亡国外、死于集中营，就是由于多年闲散和受迫害而丧失工作能力，因此他们主张向前看，对历史问题宜粗不宜细，缓和非纳粹化压力，大量雇用前纳粹分子担任重要职务。”一个例证是，20 世纪 50 年代末，联邦德国司法界担任法官和检察官的前纳粹分子多达 9000 余人。

事情发生转变是因为 20 世纪 60 年代遍及欧美的激进学生运动反对美国的越南战争以及本国的保守势力，被刻意遮掩或有意淡化甚至美化的纳粹德国的历史重新浮出水面。德国年青一代人开始向父辈一代发起挑战和质问，那些隐含在历史深处的纳粹德国的罪恶暴露于光天化日之下。面对充满苦难与罪恶的过去，社会上产生了尖锐的冲突或长久的沉默，每一代人都有将自身经历美化的冲动，即使他们曾经经历的是 20 世纪世界历史上最黑暗的一页，他们也会强调这曾经是其人生的一部分，因而也具有不可全然否定的价值，就如同中国知青作家强调的“青春无悔”一样。一些子女因此而无法原谅父辈，只能等着他们离开世界才如释重负，而另一些采取与父辈一样的犬儒态度，无视过去，得过且过，变成在现实中虚无掉历史的一群装睡的人，还有一种人采取的是放弃过去的悲观甚至绝望的态度。这些来自于西施罗夫斯基的《生而有罪：

纳粹子女访谈录》中的极为细腻而真实的口述故事与心情，将战后德国极为复杂的境况记录了下来。记忆历史的目的究竟何为？为了鉴往知今避免悲剧重演，或者为了追述过去为人类苦难历史留存一份证据，或者为了深化人们内在的连带感，或者为了一个民族的集体自我疗伤，讲述是为了持续地清洗伤口实现和解与宽恕？

阿伦特曾经在《集体责任》一文中讨论过责任与罪的区别，她认为战后德国社会的所谓“我们都有罪”（对于纳粹罪恶）是一句过于轻巧、虚滑的遁词。我们都有罪其实是我们都可以卸责的同义词。阿伦特强调要在责任与罪之间做出区分，对于有罪的人就应该实施法律的适当的惩罚，而对于责任，则可以是一个可持续的漫长的民族反思与人性检讨。或许正因为此，阿伦特在报告耶路撒冷的前纳粹军官艾希曼受审情景时提出了一个“平庸之恶”的观念，并指出部分犹太人领袖在纳粹反犹罪恶中所扮演的积极角色。历史正如人性，难以黑白分明地界定，而宽恕依照阿伦特之见，更需要爱的能力与勇气，也只有爱与宽恕才能破解仇恨之间环环相扣的链接，更重要的问题是宽恕只能是被侵犯或伤害的个人对施害者的宽恕，而这必须建立在后者真诚道歉的前提之上，即首先要认识到自己的罪恶。一个国家或政府是不能讲宽恕的，否则就会伤害一个社会最基本的正义。

单世联的反思也聚焦在此，文明世界应该是反暴力的，而20世纪最暴力和血腥的悲剧，却恰恰发生在启蒙最早也号称最文明的欧洲。他写道：“在纽伦堡法庭上，有‘波兰屠夫’之称的汉斯·弗兰克说过一句明白的话：‘千年易逝，德国的罪孽难消。’奥斯维辛之后，‘怎么可能发生这些事情’是缠绕着整个文明世界的问题，也是时刻萦绕在子女心中的梦魇。无论在历史罪责的意义上，还是在代际传承的意义上，讲清往事，承担罪责，都是父辈不容回避的，这样才能给自己画上句号，使儿女回到光明世界。而行凶者的沉默所造成的时间的坟墓，在亲情的意义上是失去儿女，把儿女拉进罪恶；在历史的意义上是不能消化过去，把往事向未来延伸。”真正重要的是需要对德国的反犹主义的历史根源与社会根源进行深度分析，并在社会层面上建立一系列防范机制防微杜渐。希特勒《我的奋斗》给犹太人起了若干绰号：“恶魔的化身”“雅利安血统的污染者”“腐生菌的酵素”“吸血鬼和吸血生物”“娼妓和梅毒传播者”“雅利安妇女的强奸者”“有害真菌”“蛆”“投毒者”“瘟疫”“罗圈腿的私生子”“发出恶臭的生物”“寄生虫”“真菌”“股权交易控制者”“说谎大师”“异族成员”“傀儡操纵者”等等。极权主义就是要在日常生活中构建一个敌人的形象，以分清敌我的方式彻底将对方污名化、妖魔化和非人化，进而为将后者系统毁灭提供一种道德和科学的根据，因此可以说，“纳粹主义的种族意识形态是传统反犹主义、现代种族思想与优生学的大杂烩”。《黑暗时刻》通过对英文世界和德文世界很多关于纳粹德国幸存者和施害者的访谈、追忆、文学性作品的梳理，将后纳粹德国社会心态的复杂性揭示出来，尤其是施害者一方要么坚固地捍卫自己当年反犹行为的正当性，要么隐蔽地维系纳粹的那一套思想观念。比如小说《无命运的人生》中的一个主角居然如此说道：“没有什么荒谬是我们不能够自然地生活于其中的。在我的人生道路上，我已经知道，幸福，如同某种绕不开的陷阱似的正窥视着我，因为即使在那里，在那些烟囱旁边，于痛苦的间隙中也有过某种与幸福相似的东西。所有的人都只问不幸，问那些‘恐怖的事情’；然而对于我来说，或许这种体验才是最难以忘怀的。是的，下次，我应该给他们讲一讲这一点，讲讲集中营的幸福，如果别人再问起我的话。”

痛苦的间隙中闪烁的瞬间幸福就被夸大、渲染和重温，而只要是人生的体验，即使是最悲痛的体验，也因为独一无二性而被证明为具有在历史与记忆中占据一席之地的正当性，这真是人性的扭曲之才。所以问题的实质就不仅仅是作者所质问的“记忆如何可能”的问题，而是“不被扭曲的记忆如何可能”的问题，或者说，我们如何去认知扭曲的记忆的生成机制，及其背后所折射的人性与人心。比如《我的母亲是纳粹》就是根据作者施耐德的亲身经历所写成，这样一个生活在维也纳养老院的前纳粹体制的服从者或支持者，总喜欢谈论过去，沉溺在可以支配犹太人的权力快感与权力想象之中。二战结束了 25 年，她仍旧认为集中营岁月是最值得纪念的岁月，依然相信“最终解决”的正确性，因为被烧死的犹太人等所谓“劣等民族”都不过是些“人渣”，理应“全部消灭”，包括那些孩子，因为“一个犹太小崽子将来就是一个犹太人”，而德意志必须完全清除这个令人厌恶的种族。有些人，包括被她轻蔑地称之为“小杂种”的孩子们，未被毒死就和其他尸体一起被扔进焚尸炉，她说起这样的事，居然还发出几声讥笑，脸上露出幸灾乐祸的神情。她在与前来探视的女儿对话时反复强调她的“全部职责只是服从命令。忠诚和服从，这便是一切”，同时她还认为自己没有权力对受害者表示同情。“服从”看上去是一个略显消极、被动的态度，但其实相对于纳粹体制的灭绝人性的罪恶，这种服从其实质就是支持，所以反过来要追问的是：你为何支持这样一个反人性的暴力和血腥的纳粹体制？勇敢、忠诚、献身精神和履行义务，这些观念在一个抽象的层面上都是极具道德能量和美感的品质，但若其对象是像纳粹体制这样的存在，这些所谓的德性就成了罪性，日常生活中这种不加“反思”和“判断”的忠诚与服从，就成了阿伦特在《艾希曼在耶路撒冷》中，针对纳粹军官艾希曼的所言所行所提出的“平庸之恶”。从《黑暗时刻》的这些纳粹体制支持者的个案来看，平庸之恶往往是表象或者说有意构造的社会形象，其实骨子里仍旧是种族主义和极权主义的大恶。纳粹桂冠法学家施密特强调“决断”对于德国命运的重要性，而反对魏玛德国议会民主制度的“悬而未决”，而阿伦特在晚年特别注意“思考”、“判断”和“行动”的重要性，决断往往是对某种观念（比如反犹主义）的一次性选择，选择之后就是行动，而将反犹思想固化成为一种民族纯化的神话，而“思考”不同于“思想”，它是一直在进行之中的人类心智活动，判断更不同于决断，它是时刻需要进行并同时自我反省的。前者很容易授权给一个类似于希特勒这样的民族领袖来操作，而后者则需要每个个体在日常生活和精神生活中时加留心，通过承担自己的自由来成为一个人，而不能在极权的暴政之中假装自己是自由的。

问题的关键就成了：如何克服德国思想中的这种反犹主义病毒？思考和判断的知识基础和道德根基应该从哪里寻找？必须将德国的历史文化抛掷到一边，从外部引入思想资源和价值资源来养成一种自由、民主和多元的公共文化，还是说其实可以从德国思想的内部寻找到足够的资源来超克德国的“黑暗时刻”？这正如单世联所言，重建时代所缺少的不只是面对错误和罪恶的勇气，更重要的是缺少克服荡涤错误和罪恶的内在力量和精神资源。当代德国学者温克勒在《通向西方的漫长道路》中认为，德国不但一直是西方文化的一部分，而且还是西方价值观的主要奠基者。他从历史中发现德国热爱自由民主的传统，并证明这种传统是德国传统固有的乃至非常重要的一部分；只是在历史的进程中，德国由于一系列的偶然背弃了西方，并最终发展为与西方价值观念进行对抗，这并非不可避免，纳粹不是德国历史发展的必然，只是一个悲剧性的错误。如果这个逻辑成立，那么德国对战争罪行的忏悔、在政治体制和政治文化上对西方无条件的开放就不再是个被动的过程，而是主动向自我的回归；不是一个被胜利者改造和强加的过程，而是对自身历史资源的重新发现。

这就提出了一个意味深长的问题：黑暗究竟是内在于德国的历史与文化传统，还是其本身只是德国传统一个病态的基因变异？笔者并不认同温克勒将之视作偶然性的错误来拯救德国人民对未来信心的做法，因为如此一来，普通的德国人和德国精英就会容易在心灵上松弛和道德上卸责，而毋宁期待德国人选择正视黑暗的真实与疼痛，只有将反犹的历史当作德国现代史上“内在的他者”，时刻加以审视与反观，或者说，正如托克维尔在《旧制度与大革命》所告诫的，当过去不再照耀未来的时刻，人类的心灵就会在茫然中游荡。这种照耀在我看来，绝对不仅仅是自我神化或民族自恋，而是从历史中汲取最深邃的精神养分，无论它来自经验或教训。就此而言，黑暗时刻，才不会仅仅是一种急于被摆脱的负面遗产，而成为不断激活历史文化传统中光明基因的存在。单世联极为感慨地说："记忆是现在向过去的回溯，一切都回来了，个体因此被过去所掌握；但恢复过去意味着与死亡为伍，在被残酷地蹂躏之后，幸存者只有通过忘却才能重新唤起生之希望。……茨威格可以一往情深地回忆昨日的世界，普鲁斯特可以沉醉于逝水年华的追忆，但奥斯维辛之后，记忆已不再美好、不再完整。无论文明创造了什么，只要它不能禁绝屠杀，它就永远负载着不可救赎的罪恶。以史为镜，忘记过去就意味着背叛。"或许，这就是写作与记忆的永恒意义之所在吧。

《黑暗时刻：希特勒、大屠杀与纳粹文化》，

单士联著，广东人民出版社 2015 年版

重建知识人的共同世界

汉娜·阿伦特面对现代世界的过度私人化，特别呼吁一种共同世界的存续，在她的理解与想象之中，这个“共同世界是一个我们出生时进入、死亡时离开的地方，它超出我们的生命时间，同时向过去和未来开放；它是在我们来之前就在那儿，在我们短暂停留之后还继续存在下去的地方。它是我们不仅与我们一起生活的人共同拥有，而且也与我们的前人和后代共同拥有的东西。但是这样一个公共世界只有在公开显现的程度上，才能比一代代的匆匆过客存在得更长久。正是公共领域的公开性，能历经几百年的时间，把那些人们想从时间的自然侵蚀下挽救出来的东西，包容下来，并使其熠熠生辉”。阿伦特思虑的核心议题是如何超越尘世的短暂，而通过在公共生活的参与和建设，来获得一种通往不朽的可能。与此相反，如果是“过一种完全私人的生活，首先意味着被剥夺了对一种真正人的生活来说本质重要的东西；被剥夺了从被他人看到和听到中产生的实在性；被剥夺了一种在一个共同事物世界的媒介下形成的，使人们彼此既联系又分离的‘客观’关系；

被剥夺了赢得某种比生命本身更长久的事物的机会”。

从这样一个视角来看，个人在公共生活中追求卓越并克服“病态的自我专注”（查尔斯·泰勒语），就成为人生题中应有之义，而知识人更应该勇敢地从私人生活的城堡中走出来，面对公共议题言说自己，拓展社会文化的深度与广度，正如贝拉在《心灵的习性——美国人生活的个人主义和公共责任》中指出的那样，当具有公共性的共同体日趋繁荣，而共同体内部及共同体之间的交往更显活跃之时，作为共同体成员的个人的自我才会获得更加多元的拓展，生命的意义脉络才会在更为宽广的背景中展开。共同体的传统与架构，绝非自我形成的反命题，两者是相得益彰的关系。回首20世纪最杰出的思想史家之一以赛亚·伯林的一生，青年时代在牛津的学生和学者时代，正是奠定其思想成就的关键时期，也正好体现自我与共同体之间的交相辉映，如今，这段时期的伯林书信集译为中文出版了，可以让我们管窥英国知识人的共同世界是如何形成的。这种历史的回溯，对于我们检省当今中国知识界自然有着一番不同寻常的意味。

伯林这段时期的书信，所呈现的是一个交流频繁而互动密切的知识界。这个知识界的议题极为多元，小说、诗歌、艺术、旅行、同人刊物（《牛津展望》）、学院体制、理论热、政治等各种议题都在知识人的视野之中。毫无疑问，伯林是这些知识界的公共生活最重要的参与者、见证者和记录者。今天回首来看这段时期英国知识精英的公共生活，会发现他们的“公共性”并非完全被政治化的议题所捆缚，更非局促在私人生活的牢笼。他们不是一群只热衷于讨论政治或者说反对当权者的政治人，他们是一群人类智性生活的创造者。“趣味”是一个关键词，在这种通过书信、讲演、教学、漫谈、沙龙、旅行、相互之间的阅读等形成的知识社群中，正在孕育一种高度趣味化的公共文化。这种趣味与教养、审美、判断力有关，同时也跟学识有关，可是，这种趣味不是一种极其私人化的个人偏好，而是一种在批评的文化和重新评估学术与生活的态度之下形成的价值共识和清明理性。趣味成为人文主义的核心价值。批评成为趣味的前提，而趣味也不是个人退隐回内心世界城堡的借口，趣味更非一种将一切审美化（其实也是扁平化）的黏糊糊的态度。

晚年伯林曾在面对其传记作者伊格纳季耶夫的访谈时回忆其牛津的日常生活：“我住在学院里，平日教书，每天五个小时，早上和下午，我和奥斯汀谈话，他是在我之后一年选上的。我和他一起散步，或者和莫里斯·鲍拉，或者和别的朋友。我每晚会在全灵学院吃饭，平日吃饭的人有七八个，周末约有二十五个。我的生活很有规律。我绝对是个牛津人，比以往任何时候都更是，更能融入牛津的机制，绝对如此——牛津的学术生活让我感到非常自在舒适，而且我非常非常学究气，在那些日子里我是个超级牛津人。我和别的哲学家很友好，我过去常常见他们，和他们在一起也很舒服，我们谈论同样的题目。”

从书信集可见，这一时期的伯林花费了相当多的精力阅读文学作品尤其是新小说，并且经常与文艺家聚会。他对作品的批评往往聚焦在对人性的广泛洞察，他对人性的全部复杂性的感受，被挪用来理解知识人思想嬗变的微妙之处。25 岁的伯林在 1934 年 1 月 2 日致好友伊丽莎白·鲍恩的信中如此谈论小说家亨利·詹姆斯、普鲁斯特等："他（詹姆斯）给我的印象是，他具有缓慢地、文雅地、无情地抽取每个场景的精华的天赋，但是却不能从他的直接体验中找到足够真实的素材来满足他的写作技艺。他常常写些附录式的文字，我对此不满，这些文字虚假而了无生气，而普鲁斯特，甚至是托尔斯泰，他们说的越多，向读者揭示的也越多，他们隐匿不说的越多，读者就越发能感受到精准细微的差异，读者就越能［读出小说中？］丰富的、似乎互相渗透的、流动的体验。"通过对作品的细致解读，以及对作家的深入探索，伯林更是对启蒙运动之后的人类面临的深层困境有着切实的实感，比如在 1937 年的书信中他这样描述他对卡夫卡的理解："在卡夫卡的作品里，人也是无助的，他提出了一个更深刻的（讨厌的词语）命题——既然在某种意义上失败不可避免，那么就应该视其不存在，它不能因为有秘密储备而被避免。确实，拥有秘密储备以及对秘密储备的需求使你在未开始时就已经有失败的症状了，你被诅咒了，所以你不妨继续下去，就好像失败可以避免，采取行动，妥善应对，知道这很绝望，但承认这一点却是愚蠢和耻辱的。"伯林一生崇奉价值多元论，认为在现代社会不可能有一套整全性的价值系统能够放之四海而皆准，而这种多元主义的立场，或许就跟他在牛津的阅读和生活中充分地感受了人性的幽暗面相有关。极而言之，喜言自己总是生活在表层的伯林，其实对于逃逸出理性规划的人生与日常，有着一份温和的包容。正如他在《二十世纪的政治理念》一文中所发抒的那样："我们所需要的，毋宁是一些与它们相反的东西，例如，少一些救世主般的狂热，多一些开明的怀疑主义，多一些对个人怪癖的容忍，多一些有弹性的措施，以期在可预见的未来，达成目标。并且，让那些在喜好和信仰上，未获大多数人赞同的个人与少数人，能够有更多达成他们自己目标的机会，不必过分介意那些喜好与信仰，是否有理，是否正确。我们所需要的是：不必那么机械死板、那么狂热激情地使用所谓的普遍性原则，不管这原则多么合理、多么正确；对于未经检验的个别事例，不要一味迷信已获众所公认或已受到科学测定的普遍性解决方案，而应稍抱持较为谨慎、较为谦虚的态度。”

如果说文学的阅读和学术的沉潜（比如他写作马克思传记的经历）是在养成一个精神世界日益深邃的伯林的话，那么热衷旅行的伯林，则通过对各地风土人情的细致入微的观察，更加强化了他对世界持多元主义立场的信念。作为一个俄裔犹太思想家，伯林的认同与其复杂的身世有着密切关联，在 1930 年代初期，他成为其家族直系亲属中第一个奔赴巴勒斯坦的人。在这段旅行时光里，他热切地吸收这个既陌生又熟悉的新世界为他提供的所有不同体验。他热切地、尽可能多地和这片土地上的居民见面，包括犹太人、阿拉伯人、英国人、犹太复国主义者、反犹主义者、官员、政客、学者、商人，还有普通人。他笔触中的耶路撒冷是如此迷人：“圆顶清真寺的美难以名状，老城区就像《一千零一夜》中描述的景象。小毛驴、铃铛、慢条斯理地干活的制陶工、灯光昏暗的洞穴、蒙着眼缓慢地拉着磨磨芝麻的骆驼，这一切都会让最狂热的中世纪研究专家感到高兴。”就像伯林的书信中所呈现的那样一个犀利、博学而坦率的形象一样，伯林对于巴勒斯坦的人民也有着一份发自内心的喜爱：“住在殖民区的人要比那些快活的小个子城里人更英俊、更坦率、更有趣、更稳定，在危机中也更可靠。我非常喜欢和那些来自俄罗斯的前社会民主党人谈话，他们是老式的1848年欧洲革命的理想主义者，不管怎样，他们真的是白天在地里干活，晚上阅读诗歌，但这样的生活方式却一点不让人觉得他们附庸风雅、装腔作势、令人难以置信。我从来都没有如此喜欢过一群人，虽然我不能生活在他们中间，他们太高尚、太单纯、太压抑而又太可敬，但探望他们的经历令人愉快。”伯林的智慧就在于他深知人类理性的困境，以及人性和知识的有限，因此他面对外部世界从来就是抱持开放的态度，并且当他思考自由、多元论、浪漫主义、理性主义等基本议题时，他能够有效地将他的旅行经验、生活感受融合进去。即使当他是一名情报部门的官员，也不忘借机考察民风政俗，比如《苏联的心灵》等著作，伯林之所以能成为人类世界的最睿智的洞察者，与他早年在牛津的公共生活中的砥砺不可分割。

伯林是文学批评家，也是旅行爱好者，更是著名的思想家，同时他也是一名卓越的政治观察者，可以说伯林对“积极自由、消极自由”这一对概念的再阐释、对价值多元论的倡导等，跟他亲眼见证20世纪政治的大悲剧密不可分，尤其是德国的纳粹主义思潮等以自我实现、民族复兴为感召的政治运动，让伯林深深地怀疑所谓进步、理性、自主性的边界，他更相信依托于经验主义的自由主义。在这册早期的伯林书信集中，政治议题虽然未能成为一条主线，却仍旧可以让我们管窥到伯林对政治的基本立场是如何形成的，而这种政治立场事实上也与他定义知识分子公共生活的半径和焦点有内在关联，与其说他热衷于政治，不如说他热衷于研究政治现象。1933年，年仅24岁的伯林刚从牛津毕业，他对政治有了最基本的理解，那时候他对政治的态度是："政治是极其令人生厌的东西。我对政治一无所知，只知道我得尝试以某种方式让步；唯有忘我地投身其中，才能彻底了解内幕。但那样做的话又会与我原来的立场产生矛盾。所以我打算先让自己出尽丑态，遭人嗤笑。没人做过比这更大胆勇猛的事。这是人们根本不想去做却不得不选择去做的正确举动。"这与阿伦特对政治的理解大相径庭，在后者看来，政治从来并非肮脏之事，而是神圣之事，是让个人的生命获得一种卓越可能性的平台与实践。

或许正因为此，伯林一生虽基本上以牛津学者角色自处，但二战期间先后在纽约、华盛顿和莫斯科担任外交职务，而且大多从事的又是最诡秘莫测的情报工作，这也算是对他早年"唯有忘我地投身其中，才能彻底了解内幕"这一政治观念的操练吧。伯林最初的一本著作是《卡尔·马克思》，但是他对19世纪以降滥觞的社会主义、共产主义者的政治激情，有着一种本能的疑虑。在二战前夕写给好友的书信中，伯林如此谈论欧洲的共产主义，他认为当时的共产主义者"只是觉得社会主义没有效果，官僚主义不可信任，在某种意义上是高雅的个人主义的空头理论家进行的一场高雅起义，是一场纯粹的知识阶层运动，只不过是因为有真正的工人阶级的加入而稍稍调和了一点"。他对马克思的研究，也让他明白了马克思主义的内在限制，他认为："马克思本人因生活在一个愚蠢、无序和自鸣得意的世界而饱受折磨，于是，他将自己的状况泛化，使其适用于人类，或至少是工人阶级。工人阶级成为他自身的投射，被视为拥有潜在的自由和权力，却被可悲的、胸襟狭隘的小人所压制。而这，如果是道德激情，在我看来与通常人们所说的那种是不同的，它是渗透性的，但不是马克思著作中最有价值的东西，虽然就像所有的雄辩那样，它能够而且已经在以不同于他的眼光阅读他的书的人们当中激发了截然不同的、更高尚、更深刻的感情。”在伯林看来，“自我投射”的马克思或者说马克思主义者并不能恰如其分地评估政治世界的性质，缺乏一种穿透复杂现象的现实感，更缺乏一种权衡政治的审慎感，却往往容易被关切社会正义的道德激情自我感动，并推己及人到人类世界。换言之，在这些人眼中，对世界的感受（必定是多元而变动不居的，甚至包括对这种感受的表述）已经等同于世界本身，而感受的方式却是高度选择性乃至情绪性的，这确实可以解释革命者的崇高体验是如何发生的。但是伯林并不因此而否定马克思的这种论述，他发现这种论述在现实世界常常能感召出一种高尚而深刻的情感体验。伯林的睿智就表现在他对历史人物、政治思想等错综复杂的聚合离散关系的洞见。

伯林的一生都关切现代情境里的政治伦理，以及个人的处境与命运，他将承受伤害和苦难的对象始终设定在个人身上，而不是民族、国家、社会、族群、传统等抽象名词上，他始终反对以牺牲个人来达成民族国家的某种目标，他对一元论的宏大叙述也终生保持警惕，在伯林看来，恰恰是对个人的价值与尊严始终如一的关心与守护，才夯实了稳如磐石的知识人共同体。在著名的《两种自由概念》一文中，伯林曾经掷地有声地捍卫康德所言的“人是目的而不是手段”的价值论断：“试图操纵人类，怂恿他们去追求那些社会改革者所看到，而他们自己可能不会看到的目标，却是否定了他们人性本质，将他们当作没有自我意志的物体看待，因此，也就等于贬抑了他们的人格。这就是何以对人类撒谎、欺瞒人类，也就是说，把人类当作达成自我独自构想的，而不是他们自己的目的之工具，如此做法，即使是为了他们本身的利益着想，实际上也等于把人类看成了次等人，认为他们的目的，不如我的目的，仿佛只有我的目的，才是终极而神圣的。……因此，假借名义屈人从己，其实是假借了终极性不如人类本身的某种名义，来强制人类，使他们屈从于我的意志，或是屈从于某人对幸福生活、对权宜之计或对安全与方便的特殊渴望。如此，我是以我或我的集团所欲求的事物为目标，而以他人作为手段，无论动机是什么，或动机如何高贵，事实就是如此。然而，这却和我所知的人类相抵触，因为：人类本身就是目的。因此，凡是玩弄人类、诱惑人类，从而违反他们的意志，而依照自己的模式塑造他们，所有这一类的思想控制与制约，都是否定使人之所以为人，以及使人的价值成为终极价值的行径。”即此而言，心灵建设才是最重要的公共政治，自主人格才是最基本的人类价值标准，极而言之，没有心智生命在自由而多元的共同世界中的充分滋养发育，个人就不太可能锚定其生命的航道，但伯林同时也告诫我们，不能对人类自身的心智与德性抱持太高亢的期待，人应该在暴政历史的灰烬中学习谦卑与自省。

纵观伯林在牛津从一个青年学生成长为青年学者的人生轨迹，就会发现一个知识人的开放、自由而充满批评空气的共同世界对于心灵的成长是多么重要，而对文学、艺术、历史、自然、旅行等的喜好，又是在多么积极地参与心灵的建设。这种心灵建设自然不是从公共领域向私人生活的退缩，更不是反公共的自我迷恋，心灵本身就是至关重要的公共，因此，各种与信仰、身份、认同、道德相关联的议题都在青年伯林的智性生活中多元而混杂地融合着。伯林的一生（1909—1997）几乎穿越了整个20世纪的人类历史，他也正是以这个世纪的参与者、见证者与反省者著称于世，就伯林早期留下的这批书信而言，他更愿意扮演的是一个观察者的角色，他在喜乐的表象之下隐含的是一颗冷静而浪漫的灵魂。正如钱永祥先生所指出的那样："这种隐藏自己主体性的倾向，赋予他另外一种特质：借投射而设身处地了解别人的能力。尤其诡异的是，他最感兴趣也最能够深入内里的人格与心态，往往与他本人相反，尽是一些激动、极端、混乱、有旺盛生命力与强烈信仰的异端分子与魅力型领袖。对于法国启蒙思想家的狂热理性主义，他抨击有加；他的批评之所以力量入骨，是因为对于这种理性主义的霸道面，他有切肤的理解。对于反启蒙思想家的浪漫主义，他的赞赏充满着同情，不过他知道那不是他能归属的世界。对于19世纪俄国思想家的亢奋与夸张，他的掌握可能难有出其右者，不过他却深识这些人的无力与虚幻。连他所崇拜的20世纪人物，如他对伊格纳季耶夫所言，也没有一个是'温文、善良、客气的自由派'。这种移情共感的能力，即使并非起自某种补偿情结，渴望由替身填充自己的缺憾，仍有助于说明他的思想史著作何以引人入胜。"这无疑是对伯林思想与人格的"双重性"甚至"多重性"最真切而动人的理解。而这种人格特质，自然与早年在牛津的知识人共同体生活里的历练多有关联，或许这也算是伯林留给今天中国知识界的一份值得不断重温与思虑的精神遗产吧。

《以赛亚·伯林书信集（卷一）：飞扬年华（1928—1946）》

译林出版社2012年版

附录　书与人的光影交错——我的哈佛缘

我在 UBC（加拿大不列颠哥伦比亚大学）访学时的恩师齐慕实教授经常引用他 1980 年代初期在哈佛留学时，他的导师孔飞力教授说的一句话，“一个人的思想与他的经历密不可分”，来告诫我们研究历史人物的思想时，一定不能仅仅停留于文本，而应该注意到文本背后的历史脉络，以及写作出这些文本的作者的人生经历和生命体验。其实，一个人的学术偏好、关切与趣味同样与其经历密不可分，尤其是与他生命中的阅读史密不可分。有时候重要的不是从阅读中记忆了什么，而是阅读如何形塑了学者的品位与眼光，以及阅读如何变化气质让学者的生命情调和精神境界有了根本性的变化和扩展。诚如齐邦媛先生所言，那些忘不了的人和事，就是你的真生命。对一个学者而言，那些忘不了的书与人也就是你的学术真生命。当我 2017 年 8 月初抵剑桥到哈佛燕京学社进行为期一年访问之时，很偶然地进到哈佛广场的一家旧书店（乌鸦书店），徜徉其中流连忘返，居然就这么巧遇了齐慕实教授 1997 年在牛津大学出版社出版的博士论文 *Propaganda and Culture in*

Mao's China: Deng Tuo and the Intelligentsia（那一年正是我初到长沙湖南大学上大学的年份），这是英文学术界迄今唯一的一本关于邓拓的传记，也是对改革开放前30年的体制内知识分子与政治文化关系研究得最通透的一本著作，惊喜之余欣然买下。中秋的时候，齐慕实教授到波士顿探望亲人，顺道到哈佛寻师访友，闲坐在我租住的房子花园里畅谈其30多年前在哈佛跟随孔飞力教授读书的往事，以及帮助西方学界研究毛泽东的权威教授施拉姆整理、翻译和编撰毛泽东选集的经历（恰恰就在我如今所属的哈佛燕京学社所在的Vanserg Building内），就有一种时光倒流和光影交错的感觉。我请齐老师在他的书扉页上题词。他写下："To Xiaobing：Now you see the world in which I researched this book. I look forward to the book you write here."（"寄语小兵：如今你也亲临哈佛校园，置身于这个当初我研究和撰写这本书的世界。我期待着你将在这里完成的作品。"）

余生也晚，当我能够有机会到哈佛访学的时候，我所敬仰的孔飞力教授已经辞世有年。十年前我在UBC留学时，对我影响最大的两位历史学家齐慕实和卜正民都曾受教于孔飞力，一个聚焦在20世纪中国的政治史和知识分子史，一个致力于明清以降的中国知识人历史、社会文化史甚至全球史，而卜正民教授的著作《纵乐的困惑：明代的商业与文化》、《为权力祈祷：佛教与晚明中国士绅社会的形成》以及《维梅尔的帽子：从一幅画看全球化贸易的兴起》都成为学术领域里的经典。他主编的《哈佛中国史》更是浩瀚精深，他自己撰写的元明一卷从日常生活和社会文化史视角切入来理解历史深处的脉动与变迁，真是史笔精湛，鞭辟入里。他的历史写作既充满洞见，又有灵动之气，文笔更是得孔飞力《叫魂：1768年中国妖术大恐慌》之历史叙事的真传。而齐慕实教授则与我亦师亦友，可以无话不谈，没有半点名教授的派头或架子，对中国学生的关切与提携是发自内心的真诚。西方学者与学生之间大多公私分明，界限清晰，很难掏心掏肺交流，但齐老师是特别坦率、温和、热情和善意的学者，他总是会从学生发展的角度来考虑问题。十年前我出国没赶上争取国家留学基金委的经费，自己寒微出身，又系脱产在读，最后是齐老师与时任UBC圣约翰学院院长的卜正民教授联手解决了我在该院的食宿问题，同时我也申请了华师大的海外研修费用，又补贴了少量的费用在UBC访学一学年。那是我第一次出国，一切都那么新鲜有趣，富有文化的冲击感，那时候我刚学会使用博客，所以在网络上记录了许多让我印象深刻的事情、人物与风景。如今追忆，真是学生时代的黄金时刻啊。其人其事，其情其景，至今铭记在心，不敢或忘。

有趣的是，2007年访学之前，也正因为齐慕实教授一个在沪交流博士生鲁大伟的介绍，让我参与了一个中西学生的上海读书会，结识了孔飞力教授的关门弟子何若书博士。若书父母早年从香港移民美国，她在耶鲁读书时曾经到我的家乡湖南长沙雅礼中学做了两年志愿者教师，后来到哈佛师从孔飞力教授攻读博士学位。有一年她自美来沪，送我一本孔飞力教授亲笔签名的英文版《叫魂》作为礼物，让已经拥有中文译本的我很感激（中文译本的翻译者恰恰是我的同事刘昶教授以及历史系毕业的陈兼教授）。她提前买了书去一个养老社区拜访已退休的孔飞力教授时特意为我求了一个签名。若书博士毕业后先后在肯塔基州立大学和香港中文大学任教，前年回到母校耶鲁历史系任教。每次跟她在一起谈史论学，或者聊家常，都会有一种很亲切自在的感觉，她经常会帮助我了解西方学术界跟我的研究主题相关的进展，正是她鼓励和帮助我申请哈佛燕京的访学项目。在齐慕实教授和卜正民教授的印象中，孔飞力教授不苟言笑，极为严厉，所以求学期间私下交往不多，只是时隔多年才深觉导师学术之博大精深、人格之正派耿直，而在若书的记忆之中，孔飞力教授却要温和宽厚得多，或许这就是时光流逝带来的缓冲效果吧。这是从与西方学者有关的师承和友谊的脉络可见我跟哈佛的缘分。

而从中国的脉络来看，我与哈佛的最初缘分始于2003年的秋天。那一年我离湘到沪求学，住在华东师范大学小桥流水的丽娃河畔。那一年秋天，导师许纪霖教授开设了一门中国思想史研究的研究生课程。选修、旁听的博士、硕士济济一堂（至少五十人），课程采取的是北美大学常见的阅读研讨课形式。许老师开了一些思想史研究的经典让同学们各自挑选。我初生牛犊不怕虎，居然选了被称为美国中国史学界莫扎特式的天才史学家列文森（哈佛博士）的代表作《儒教中国及其现代命运》。这本书安排在研讨课的第一次，且不说当时自己无从得到这本书的英文原本来对照研读，更不知这本经典著作中译本的“粗糙”，只凭着一些碎片化的不成系统的知识积累，以及极有限的历史理解，居然厚着脸皮写出了读书报告而且在课上激情洋溢地评点了一番，甚至对列文森的历史观念与认知框架还进行了“批判性的思考”，如今想来就觉得羞赧不已。时隔多年，我来到了列文森当初求学过的哈佛，稍微探知一点哈佛学术的历史脉络，就知道仅凭自己那一点三脚猫的功夫，哪能探测到列文森教授学术海洋的一鳞半爪。这就像日本著名中国思想史家沟口雄三在一篇著名的演讲《关于历史叙述的意图与客观性问题》里所言，若不能扔弃拐杖（所谓主题先行或后见之明等）两手空空地进入历史的海洋，去碰触、感知和理解经验到的历史的枝蔓与碎片，就没法形成对历史图景的整体理解。求真是求解的前提，而求解是求真的最终目的。也正是在许老师的课上，我第一次知道哈佛曾经有另一位研究中国思想的杰出学者史华慈教授。从史华慈教授的《寻求富强：严复与西方》开始，我们对于近代中国的个人主义、自由主义与国家主义之间的关系有了更为精深和本真化的理解，对于富强与文明之间的脉络也开始有更复杂化理解的自觉。史华慈教授绝非一个“中国学家”的头衔可以涵盖，他是一个犹太裔的研究世界文明与价值体系之间关系的学者，早已超出了对某个人物、某段历史或某个国家的研究，而是对人类文明的深层次困境的洞察。他的《古代中国的思想世界》等都具有开创性的经典价值。这在他生前最后的几篇文章之一比如《中国与当今千禧年主义：太阳底下的一桩新鲜事》也可以体察到他对人类文明前景的深层忧虑。那还是 20 世纪末的历史时刻的思索，对照如今土崩瓦解的世界秩序、群雄逐鹿的政治空间和狼突豕奔的人类心灵，不得不佩服史华慈教授惊人的预见性。

到了 2006 年的初冬，华东师大与哈佛大学费正清东亚研究中心、上海社会科学院，在丽娃河畔联袂举办了一场空前绝后的国际学术会议，会议主旨是纪念已故史华慈教授诞辰 90 周年。研究中国思想史、政治史和社会文化史的海内外名家云集，林毓生、张灏、李欧梵、叶文心、柯文、麦克法夸尔、杜赞奇、裴宜理、舒衡哲、张仲礼、王赓武、张芝联、章开沅、刘梦溪、张隆溪、葛兆光、许纪霖、高华、杨奎松、沈志华等都提交论文与会。参加会议的很多学者都跟史华慈教授有师承关系或者曾经从其学术成果中汲取灵感与方法。那真是一场学术的盛宴，荟萃了人文和历史领域最顶尖的一批学者，如今想来仍旧心潮澎湃，那也是华东师大自21世纪初人文学术复兴之后最璀璨的一个黄金时刻，真是此曲只应天上有，人间能得几回闻！正是在那次会议上，我第一次见到了1959年就自台赴美在哈佛师从史华慈教授研读中国思想史卓然成家的张灏教授，当时还曾请他在《张灏自选集》上签名留念。

12年之后的冬末初春之际，我趁着去华盛顿参加美国亚洲协会年会的机会，与UBC东亚系的杜迈可教授、丘慧芬教授一同打车到华盛顿郊区雷斯顿张灏教授从香港科技大学人文学部退休后置业居住的寓所去拜访。这时候张灏教授都已经82岁了，精神尚好，谈兴也好。因夫人身体不好需要时时照顾（2019年8月28日，张灏先生夫人在美东去世，谨补记于此，表达我对她的哀思），张先生一般谢绝访客。这次之所以答应我们驱车近一小时去见面，也是因为丘老师系林毓生先生的高足（林与张乃当年台大同学，都是殷海光先生的弟子，而在美国同治中国思想史，与余英时先生都是数十年的学界挚友，可谓中国思想史研究领域的北美三杰），事先打了电话预约，而我的导师许老师也一直尊张灏先生为其恩师，所以算起来我算是师孙辈了，更关键的是一直有联系的前辈余英时先生也为我们的拜访特意打了电话给张先生。拜访虽然只有短短的一个半小时，却足以回味一生。张灏先生的《危机中的中国知识分子：意义与秩序的追求（1890—1907）》《幽暗意识与民主传统》《烈士精神与批判意识：谭嗣同思想的分析》《梁启超与中国思想的转型》等都是现代中国思想史与知识分子史研究的典范性著作，是可以常读常新的经典。他从幽暗意识的角度对中西文明传统与民主制度之间的关系的阐发、他对近代中国转型时代的阐释、他对传统中国儒教关系与历史观之间关系的洞见、对五四思想两歧性的阐释等，都是深思熟虑之后发人之所未发。而张先生晚年纪念其台大恩师殷海光先生的文章《殷海光先生的理想主义道路》更是弥漫着一种人文情怀与公共意识，是对殷海光先生一生行状、心态与思想的最佳理解之一。他如是写道："在殷先生的心灵深处，在他的理想主义的深处是有一股强烈的精神创造的冲动，以及乌托邦的向往，与他的自由主义同为他作为公共知识分子的重要思想资源。他为自由主义所作的努力，已为世人所共知。但他的理想主义以及随之而来的乌托邦意识，我想却不那么容易为世人所了解。因为，大家不要忘记，我们今天所处的时代是一个反乌托邦主义的时代。这种反乌托邦的意识，在今天盛行并不足怪。只要看看建构型乌托邦主义主宰 20 世纪所造成的巨大的政治灾害，便可以了解。但是同时，如我所强调，我们也要认清乌托邦思想的复杂性，不能不分青红皂白地对乌托邦主义做全面的否定，我们必须记住在建构型之外，还有一指标型的乌托邦主义。我相信这种乌托邦主义，只要人类存在一天，只要人性中仍然有价值意识，仍然有精神创造的冲动，它就不会消失，它就会不时地出现。殷先生这一生作为公共知识分子所留下的生命纪录，就是一个例证。”谈话间，张灏先生提及不解为何李敖去世后有如此多的怀念，更不解李敖为何被封为自由主义大师。他说李敖无学、更没有思想，只是有点冷嘲热讽的才气而已，称之为骂街大师或许更贴切。由此触发他多次感慨“人最大的敌人是他自己”，也言及“人是一个复杂的存在”，不由得让我想起他的老师史华慈教授曾经指出史学研究的终极目标之一是对人的未能全部破解的复杂性的理解，真是有异曲同工之妙。

提及60年前在哈佛的求学岁月，他除了感慨波士顿冬天的酷寒以外，也谈及他很尊敬的史华慈教授。他直言从教师教学这个角度来看，史华慈教授不算是一个太优秀的教师，因为他是沉默寡言的人，即使在办公时间学生去拜访请教，他也只对自己感兴趣的、觉得有价值的问题加以阐发，除此以外的问题，他往往只是看着你微微笑着。但博士毕业到俄亥俄州立大学历史系开始执教以后，张灏教授越来越觉察到其实史华慈教授是一个真正能够对人类文明困境进行深刻反思的学者，也因此而越来越佩服和尊敬其人其学。张灏教授感慨今天的哈佛在中国思想史研究领域再也没有大师的落寞。其实，不仅仅是张灏教授如此认为，早两年去世的费正清东亚研究中心的研究员林同奇先生晚年也特别崇敬史华慈教授。他先后写下《他给我们留下了什么？——史华慈史学思想与人文精神初探》《人、神、自然：忆老友本·史华慈——希·普特南教授访谈录》等，后来都收录在其论文集《人文寻求录：当代中美著名学者思想辨析》中。林同奇先生在中西思想之间所做的工作极为重要，远比国内那些对西方学术思想一知半解却又装神弄鬼的人更有“智性上的诚实”，他对待学术的态度是严肃而真诚的，他能够洞察入微地探究研究对象的人生、生命与其学术、思想之间的关联。2006年初冬纪念史华慈诞辰90周年的学术研讨会，本拟与会的林先生由于身体原因未能来到上海，最后是托人代读了论文《史华慈论帕斯卡尔》。这次访学哈佛，未能赶上拜访林同奇先生，与先生缘悭一面，是一个特别大的遗憾。十年前同门学友成庆在波士顿学院政治学系访学时就时时能够亲炙林同奇先生的学问与人格，而之后来哈佛燕京访学的本校同事萧延中教授也得以与林先生时常会面，共同致力于重译史华慈教授的《古代中国的思想世界》，可惜天不假年，事未竟而人已逝。幸好，林先生的文字还在，我们可以沿波讨流追根溯源，去重温他晚年的思考与志趣。

2017年秋天从上海直飞波士顿的长途旅行途中，为了消磨时光随手带了一本台北“中研院”院士黄进兴教授以笔名吴咏慧撰写的《哈佛琐记》，算是对从未去过美国的自己提前补课。这本书写得诙谐有趣，将哈佛的历史、学者与自然风物熔为一炉，诚如学者翟志成在一篇书评中所言：“读《哈佛琐记》，就等于是重游哈佛。这次多了吴咏慧做导游，只见他一时口若悬河、舌底翻莲，一时闭目吟哦、念念有词，一时比手画脚、上蹿下跳。《琐记》中的吴咏慧，不再是檀岛时那个言语无味、傻头傻脑的书虫。伊变成了手持麈尾、谈玄说空的魏晋高士；变成了泽畔行吟、浅斟低唱的骚人词客；变成了在知识海洋的沙滩上拍手欢呼，一面捡拾贝壳、一面嬉戏逐浪花的小孩。吴咏慧对哈佛的款款深情，在不知不觉之中，竟消融了我对哈佛的疏离和冷漠。在他的带引和讲解之下，我开始慢慢体味到了哈佛的各种各样与众不同之处。

徘徊在罗伊斯、帕尔默、詹姆斯，还有桑塔亚纳曾散过步的‘哲人之路’，和怀特海对谈，和古代各大哲神交千载，上下与天地同流，原来是如许的神怡心旷；那条渐被毒水污化了的查理士河，在斜阳照晚、薄雾轻笼之际，原来竟会如许的楚楚可人；‘大学馆’墙壁的常春藤，在四季转换中，像变色龙一般，由青而墨绿，由墨绿而橙黄，由橙黄而火红，由火红而灰白，原来也不输伯克利四季葱绿的红木林；还有那在大师授课后拍烂手掌的滋味，以及偶被大师品题时的既惊且喜，一切的一切，既遥远又贴近，既陌生又亲切，让人心旌摇摇，熏熏然有点醉意。”

1970年代后期，黄进兴之所以离台赴美读书是为了追随其时在哈佛任教的余英时先生。遗憾的是他到了哈佛没多久，余英时先生为了远离哈佛的喧闹就转到耶鲁任教去了。余英时先生本人也是“哈佛制造”，他1955年离港赴美，在哈佛读书、任教有年。他在晚年追述一生学思历程的文章《我走过的路》中这样评述哈佛学术训练对其一生治学之影响：“从1955年秋季到1962年1月，我一共有六年半的时间在哈佛大学安心地读书。第一年我是访问学人（visiting scholar）(正是我这次申请的哈佛燕京访学项目，可谓缘分——引者注)，以后的五年半是博士班研究生。这是我一生中唯一接受严格的学术纪律的阶段。这一段训练纠正了我以往十八年（1937—1955）的自由散漫、随兴所至的读书作风。依我前十八年的作风，我纵然能博览群书，最终免不了泛滥无归的大毛病，在知识上是不可能有实实在在的创获的。尽管我今天仍然所知甚少，但我至少真正认识到学问的标准是什么。这是中国古人所说的‘虽不能至，心向往之’。我的运气很好，在香港遇到了钱先生，在哈佛大学又得到杨联陞教授的指导。杨先生特别富于批评的能力，又以考证谨严著称于世。他和钱先生的气魄宏大和擅长总合不同，他的特色是眼光锐利、分析精到和评论深刻。这是两种相反而又相成的学者典型。”治中国思想文化史和知识分子史，华人学术界的领袖余英时先生的著作永远是最重要的参考书，因此能够来到余英时先生当年就读、工作过的知名学府访问，心中自然有一份难得的激动。诚如张灏先生所言，在中国研究领域，哈佛已经没有了像史华慈教授这样的大师级学者，但哈佛至少还有像王德威教授、裴宜理教授这样的顶尖学者在这里执教，能够向他们请益也是学术之途上难得的机缘与幸运吧。王德威教授主要研究20世纪中国的文学与知识分子，而裴宜理教授主要致力于研究20世纪革命的动员与历史记忆等问题，正好与我近些年的学术兴趣吻合，也真可谓机缘巧合。更何况100年前，赵元任、竺可桢、陈寅恪、汤用彤、梅光迪、吴宓等中国青年，都曾在哈佛求学取经，他们成了近代中国留学史上群星闪耀的传奇。当我行走在哈佛的校园，经过前辈们学习或工作过的建筑，踩踏在他们曾经涉足的这片土地上，想象着他们在此地的言路与心路，《吴宓日记》里记载的那些留学往事就如层涛叠浪纷至沓来。个体的学术生命与轨迹，只有融入了前人所构建的历史谱系之中，才能找到安放灵魂的位置，也才能汲取到生生不息勇猛精进的精神动力。

后记 一个人的阅读史

法国作家圣·埃克絮佩里在《人类的大地·前言》中写道："在这茫茫的夜海之中，每一处灯光都显示出一种心灵的奇迹。在这户人家，人们在看书，思索，推心置腹地交谈。在另一户人家，人们可能在努力探究宇宙的秘密，在辛劳地计算北半球上空的仙女星座上的旋涡星云。在那一处灯光下，人们正在恋爱。田野上远远近近闪耀着这些需要添薪加油的火光，包括那些最隐秘的，诗人的火光、教师的火光、木匠的火光。然而，在这些闪耀的灯光中，好多窗户都是关闭的，好多灯火熄灭了，好多人们入睡了……必须努力重新会合，必须争取和田野里那些疏落火光下的某些人取得联系。"在我看来，阅读、思考和交谈就是与"疏落火光下的某些人取得联系"的心灵通道，而好的书籍和书评往往就成为"重新会合"的接头暗号。在这个世界上，对于一个纯粹的读书人而言，没有比自由自在的读书、思考和写作更愉快的事情了。何兆武先生在《上学记》里的这段话，我想可能是绝大多数读书人的共同心声吧："读书不一定非要有个目的，而且最好是没有任何目的，读书本身就是目的。读书本身带来内心的满足，好比一次精神上的漫游，在别人看来，游山玩水跑了一天，什么价值都没有，但对我来说，过程本身就是最大的价值，那是不能用功利标准来衡量的。”我在想，一个人的阅读史所折射的往往就是他的精神成长史和心智生命的尺度。阅读对于我而言，其意义就在于扮演这种角色。

在我看来，严肃阅读和据此而撰写严肃的书评是对一个作者最好的尊重，标志着心灵的碰撞和学术上的砥砺。我记得十多年前离湘来沪求学的时候，正是书评文化崛起、公共领域繁盛的黄金时代，经同门友人成庆兄介绍给其时刚创刊的《东方早报》阅读版断断续续写了一系列书评，如今回头重读这些文章有不忍卒读的“悔少作”之感，因为这种书评的写作过于轻率和急就章，个别书评甚至成了书摘。当倡导独立阅读的友人王晓渔兄发表一篇文章严厉批评一些书评成了书摘或者成了“书托”时，我很受刺激和震撼。痛定思痛，返璞归真，从那时候起，我开始思考一篇真正有价值的学术书评何以可能。我决定“壮士断腕”，尝试摆脱此前习以为常得心应手的书评写作模式，学会认真而严肃地对待每一本书，就像古时敬惜字纸的读者那样，虽没到沐浴更衣焚香静坐的地步，但也至少让自己屏息静气沉潜进去。好的书评既应该入乎其内，能够进入所评析的著作的脉络和肌理之内，了解一本书的价值关切、史料运用、逻辑推演、写作风格与学术贡献，同时又能够出乎其外，建立自身的学术主体性来对此书的优长之处和遗憾之处给予恰如其分的提炼和评析，并以所评论的书为媒介打开一个与之相关的更为宏阔和深远的学术世界，为读者提供一个知识上的导航地图。与此相关，我也开始思考：学术性的书评对于中国社会的公共文化建设有怎样的意义与作用？我曾在北京三联出版的随笔集《与民国相遇》的后记里提及当代中国公共领域历史读物的粗糙和浮浅，那么对于严谨而有贡献的历史学著作的引介和分析，就应该为阅读公众认知和了解20世纪中国历史提供一份靠谱的阅读指南。

如今摆在读者诸君面前的这本小书，就是从我十余年来发表的书评里选出来的敝帚自珍的文章。毫无疑问，它是个人性的阅读史，自然跟我个人的趣味、价值和偏好有关，但这种个人性如果细细琢磨和推敲，就会发现其中折射着一个时代的公共文化与学术浪潮变迁的草蛇灰线，每个风格独特的书评人都有一座属于自己的沉默而深邃的梭罗式的瓦尔登湖，而湖光水纹自然映照着整个世界，即此而言，越是个人性的阅读和写作，恰恰就越具有某种普遍性。这个小集子的一个主线是有关中国知识分子的历史与命运，围绕着传统中国知识人的价值观念、从传统士大夫到新式知识人的转型、启蒙与革命之间的知识人、知识人的共同世界如何重建等议题，我对于一些相关学术著作给予了评析和商榷，而与此同时，我也借由年谱、书信、日记和回忆录等第一手的史料写到了陈寅恪、吴宓、沈从文、殷海光、林毓生、王鼎钧等卓然不群独立不羁的知识人，在天旋地转的20世纪中国的人生与心灵，也希望借与他们在历史中相遇的机会重新汲取面对充满不确定感的时代的精神力量。另外一个线索是对于与上海文化、广东文化、成都文化等城市文化相关的历史著作的研读和分析，试图展现大一统观念主导的中国内部的复杂多元，正如许倬云先生所论：“中国的历史，不是一个主权国家的历史而已；中国文化系统也不是单一文化系统的观念足以涵盖。不论是作为政治性的共同体，抑或文化性的综合体，‘中国’是不断变化的系统，不断发展的秩序。”或许正因为这种内部的多元性和竞争性，才赋予了中国文化以一种生生不息的生命力，越是同质化的文化越单调和容易趋向萎缩，越是多元混杂和异质交错的文化，才越有精神上的魅力和创造性。大到一个民族的历史文化，小到一个共同体的文化生活，概莫能外。

在2019年岁末沪上凛冽的寒冬时刻，当我面对这本小小的书评集清样时真有今夕何夕之感，从四年前起念编订出版一本书评集，对自己专业研究之外的书评人角色做一个回顾与反思，到如今这本书终于在新年的第一缕阳光打在脸上的时刻与读者诸君见面，中间可谓一波三折一言难尽，由于众所周知的原因，能够收录在这个集子里的文章并不能完整地反映我这些年写作书评的全貌，尤其是涉及20世纪中国革命的一些文章，但大致脉络和人文之思仍旧有迹可循清晰可见。与其说这是一册可让读者按图索骥了解历史著作的书评集，不如说是一个青年知识人在面对作为知识仓库的历史世界时竭尽所能的聆听、理解与对话，其言定有可商榷之处，而其情其感却是真切而严肃的。不管怎样，我对于帮助这本小书来到这珍贵人间的友人深深感激，特别是推动本书“诞生”的东方出版社资深编辑陈卓先生，正是他的韧性与智慧，让《书架上的近代中国：一个人的阅读史》得以面世。也要特别感谢陈冠中先生对拙作的高度评价，2013年岁末在北京大学举办的我的思想评论集《十字街头的知识人》沙龙上，陈先生倡导青年人要“活出时代的矛盾”，“将所有的毒药转化成养分”，这些睿智而深刻的话语我一直铭记在心，也尝试在自己的身上克服这个时代的虚无感。我也借此机会衷心感谢《读书》《二十一世纪》《思想》《随笔》《南风窗》《中国文化》《艺术风尚289》《天涯》《凤凰周刊》《东方早报·上海书评》《新京报·书评周刊》《中华读书报》《南方周末》《文汇报·文汇学人》等期刊和报纸的编辑朋友们，正是你们不依不饶的邀约和矢志不渝的文化情怀，让我在忙碌的教研工作和家务之外，仍旧能够凿开一个小小的可用于另一种深呼吸的窗口，以这些所评论的作品和那些尚在书架上安静站立着的图书，共同构成了一个环绕着我的日常生命的文化世界。确乎如此，是阅读与写作让凡俗的人生有了一种仰望星空的精神动力和自由渴望，也正是阅读和写作，让我们带着饱满的生命力和不竭的好奇心，重返我们的日常生活，审视我们的精神生命，将生活在别处与生活在此岸实现能动而优雅的结合。